MAGISCHE
SCHNITZEREIEN

stv

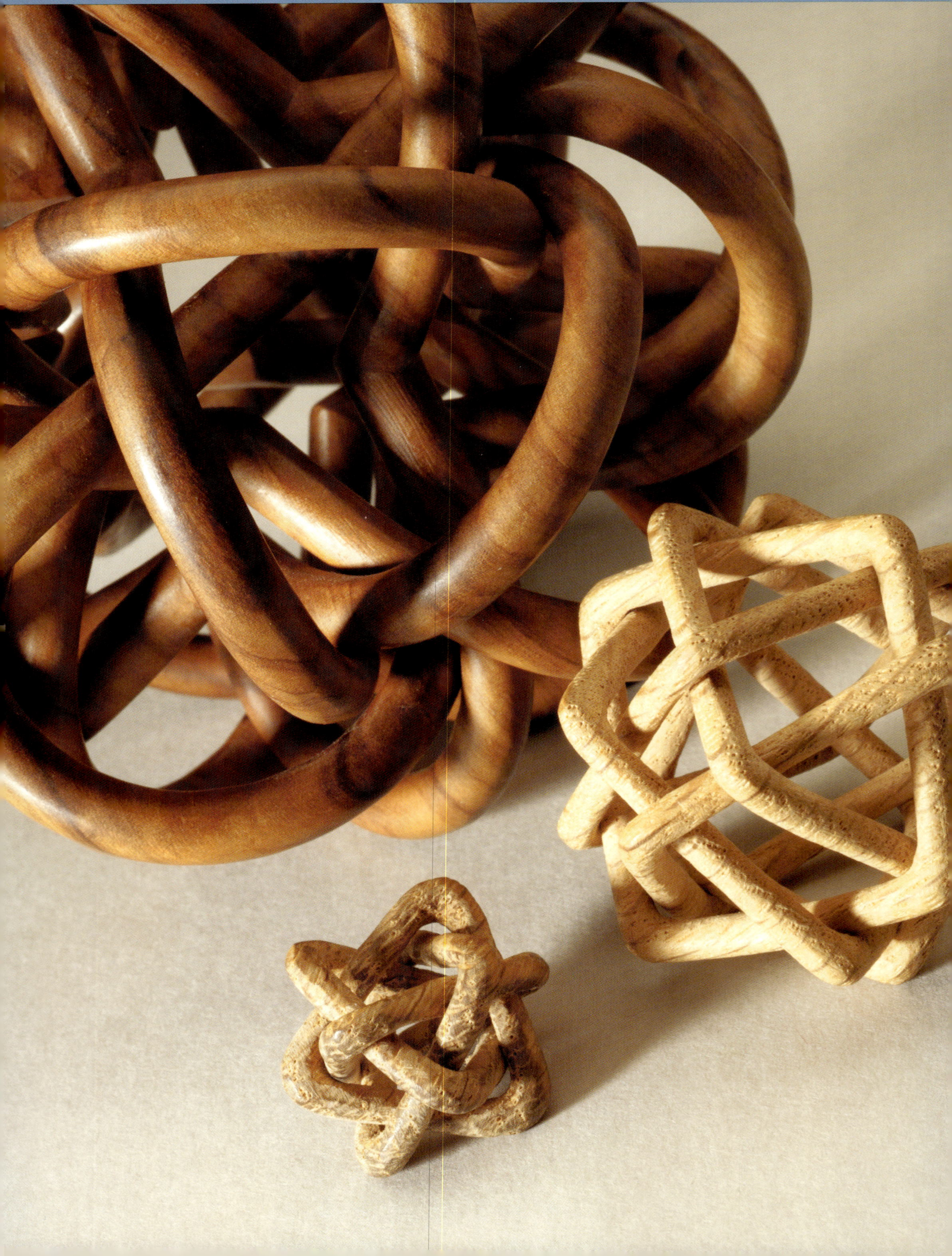

BJARNE JESPERSEN

MAGISCHE SCHNITZEREIEN

UNGLAUBLICHE FORMEN SCHNITZEN – SCHRITT FÜR SCHRITT

Leopold Stocker Verlag
Graz – Stuttgart

Für Poul, mit dem es anfing, und Anne und Lene, die mich angetrieben haben.

Umschlaggestaltung und Layout: Werbeagentur Rypka GmbH, A-8143 Dobl-Zwaring, www.rypka.at

Titelbilder: Scott Kriner
Bildnachweis: Alle Fotos stammen, so nicht anders angegeben, von Scott Kriner.
Illustrationen: Bjarne Jespersen.
Titel der englischen Originalausgabe: Bjarne Jespersen: Woddcarving Magic.How to transform a single Block of Wood into impossible Shape.With 29 Projects for Carving Interlocking Rings,Cages & other amating geometric Designs. ISBN 978-1-56523-523-6. © 2012 by Bjarne Jespersen and Fox Chapel Publishing Company, Inc., East Petersburg, PA.

Aus dem Englischen ins Deutsche übertragen von Mag. Nina Schön.

Bibliografische Information der Deutschen Nationalbibliothek
Die Deutsche Nationalbibliothek verzeichnet diese Publikation in der Deutschen Nationalbibliografie; detaillierte bibliografische Daten sind im Internet unter http://dnb.d-nb.de abrufbar.

Hinweis: Dieses Buch wurde auf chlorfrei gebleichtem Papier gedruckt. Die zum Schutz vor Verschmutzung verwendete Einschweißfolie ist aus Polyethylen chlor- und schwefelfrei hergestellt. Diese umweltfreundliche Folie verhält sich grundwasserneutral, ist voll recyclingfähig und verbrennt in Müllverbrennungsanlagen völlig ungiftig.

Auf Wunsch senden wir Ihnen gerne kostenlos unser Verlagsverzeichnis zu:
Leopold Stocker Verlag GmbH
Hofgasse 5/Postfach 438
A-8011 Graz
Tel.: +43 (0)316/82 16 36
Fax: +43 (0)316/83 56 12
E-Mail: stocker-verlag@stocker-verlag.com
www.stocker-verlag.com

ISBN 978-3-7020-1949-5

Danksagung

Dieses Buch wäre nicht entstanden, wenn ich nicht eine kleine Anmerkung von der Fox Chapel Publishing Company in David Springetts Buch *„Woodturning Wizardry"* gesehen hätte, in der um Autoren geworben wurde, die über das Arbeiten mit Holz schreiben können.

Ich bin dankbar, dass es diese Art von Verlag gibt. Meine Dankbarkeit wuchs immens, als Fox Chapel meinen Buchvorschlag begeistert entgegennahm.

Diese Menschen verdienen besonderen Dank: Literaturagentin Peg Couch, die mir vom ersten Moment an das Gefühl gab, angenommen zu sein, sowie alle anderen bei Fox Chapel, die mich und meine Frau so warm empfangen haben, wenn wir vorbeikamen, um meine Arbeit fotografieren zu lassen.

Der Fotograf Scott Kriner, der meine Schnitzereien so in Szene setzte, dass man die Rundungen und die Maserung schier fühlen kann; er allein hat meine Reise lohnenswert gemacht.

David Heim, mein neuer Freund und Lektor, hat nicht nur meinen Text natürlich klingen lassen. Er hat auch ein Gutteil meines Verschnitts einfach weggeschnitzt, alle Dellen abgeschliffen und so seidig glänzend poliert, wie ich es mir gar nicht besser hätte vorstellen können. Kurz: Er hat es geschafft, dass dieses Buch Freude beim Lesen bereitet.

Lindsay Hess und Jason Deller entwarfen dieses schöne Buch, als ob sie meine Träume gesehen hätten, während Kerri Landis ihnen den Rücken freihielt, indem sie alle losen Enden vertäute. Einige Menschen und Institutionen halfen mir auch durch die Bereitstellung der Bilder für Kapitel 1; mein Dank geht an sie alle.

Meine Reise in die USA hätte nicht ohne eine sehr großzügige Subvention der „The David Collection" in Kopenhagen stattfinden können.

Ihnen allen bin ich dankbar. Die Subvention erlaubte mir, zwei Künstlerkollegen und Seelenverwandte zu besuchen, die ich nur durch das Internet kannte: Bathsheba Grossman im kalifornischen Santa Cruz und George Hart in Stony Brook im Bundesstaat New York. Mein Treffen mit George eröffnete ein neues Kapitel in meinem Leben, weil er mich zu Bridges gebracht hat, einer Organisation, die jährliche Konferenzen über die Verbindungen zwischen Kunst und Mathematik abhält. Ich bin sehr froh, dass George zugestimmt hat, das Vorwort zu schreiben.

Schließlich möchte ich meiner Frau Lene für ihre Geduld und Unterstützung während der Monate, die ich mit der Arbeit an diesem Buch verbracht habe, danken.

Der Autor

Bjarne Jespersen ist ein international anerkannter Holz- und Skulpturenschnitzer mit einer Leidenschaft für Mathematik und Geometrie. Er nutzt kreative Geometrie, um frischen Wind in das „Magische Schnitzen" zu bringen. Dabei handelt es sich um das Schnitzen eines Werkstücks, dessen Einzelteile zwar lose sind, jedoch nicht voneinander getrennt werden können. Er lebt in Dänemark.

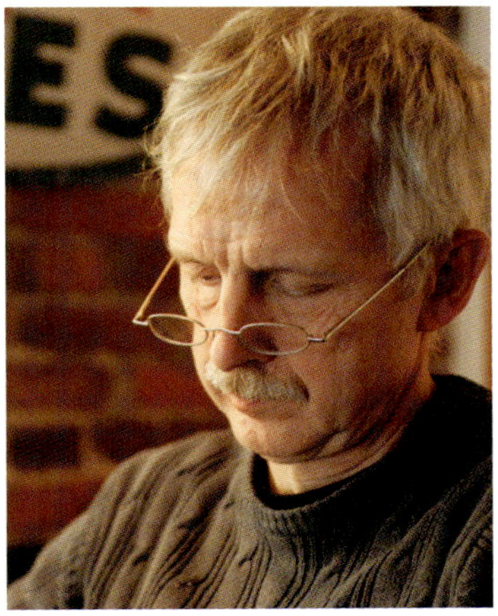

Inhalt

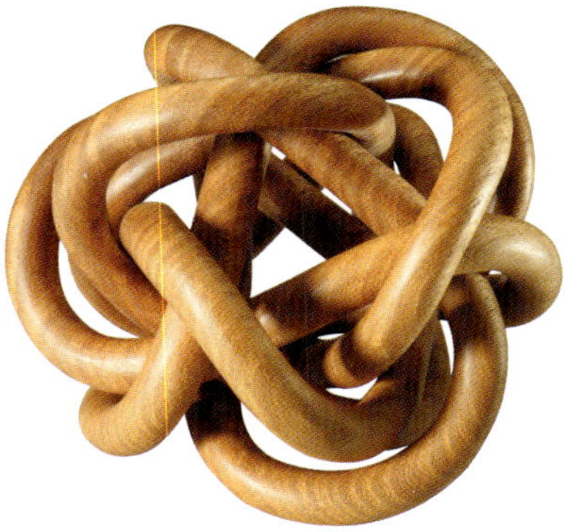

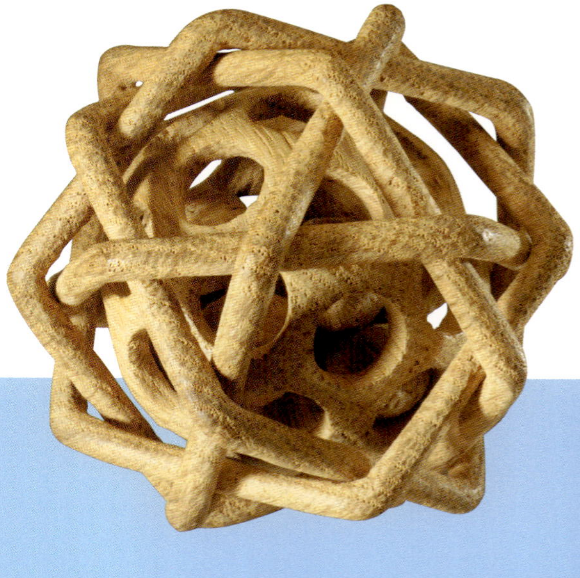

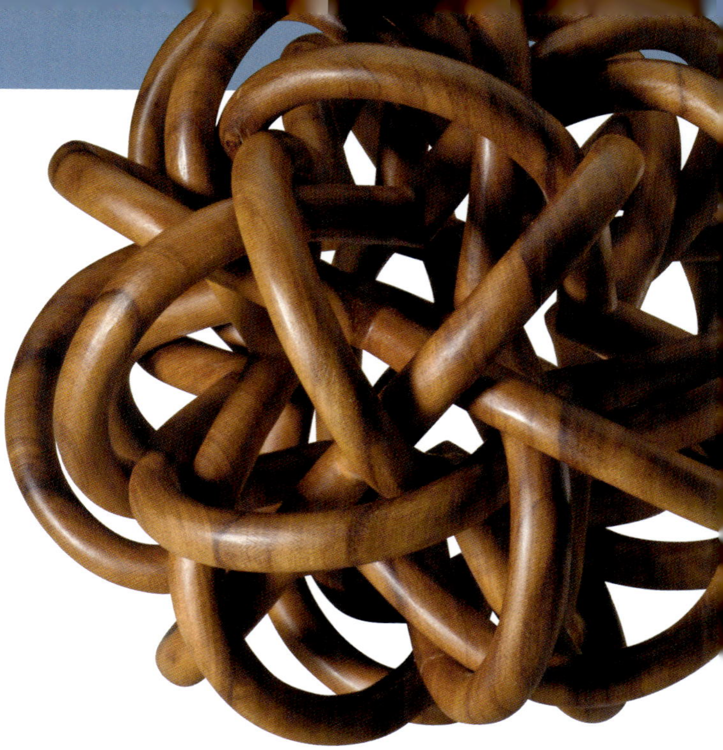

Über dieses Buch

Das Herz dieses Buchs besteht aus den vielen Projekten, die Sie schnitzen können. Sie werden in Kapiteln nach ihrer Grundform gruppiert: flache Ringe, verschlungene Ringe, Knoten und so weiter.

Alle Projekte einschließlich Variationen und Prototypen für künftige Schnitzarbeiten werden hier abgebildet, um Ihnen dabei zu helfen, das Model, das Sie suchen, schnell zu finden, auch wenn Sie weder Namen noch Typ kennen.

Die ersten fünf Kapitel präsentieren Wissen, mit dem Sie vertraut sein sollten, bevor Sie mit dem Schnitzen beginnen. Wenn Sie jedoch schon ein bisschen geschnitzt haben, kennen Sie das meiste davon schon. Das letzte Kapitel stellt geometrisches Wissen für all jene vor, die wirklich Feuer fangen und ihre eigenen Schnitzherausforderungen annehmen möchten.

Ich hoffe, Ihnen bereitet das Gestalten magischer Schnitzarbeiten ebenso viel Freude wie mir.

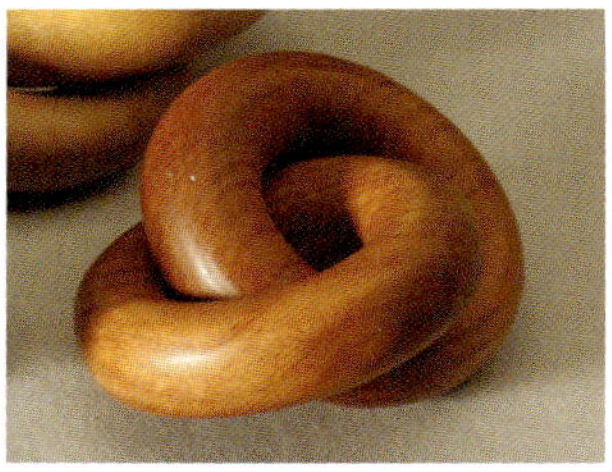

Hopf-Verschlingung. Seite 56.

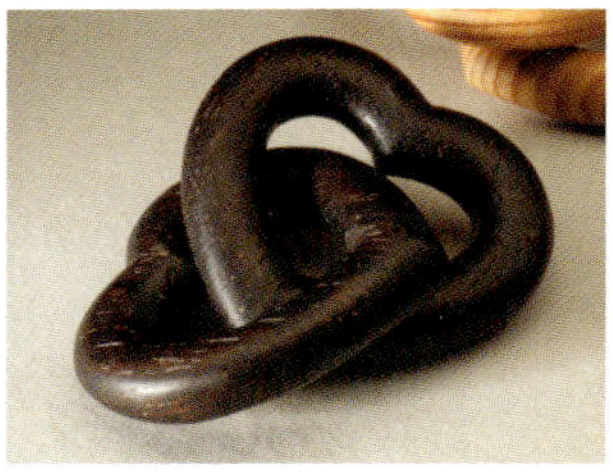

Verschlungene Herzen. Seite 59.

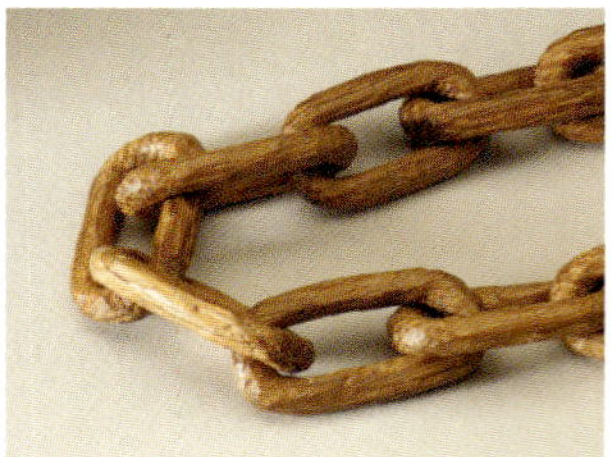

Ketten. Seite 61.

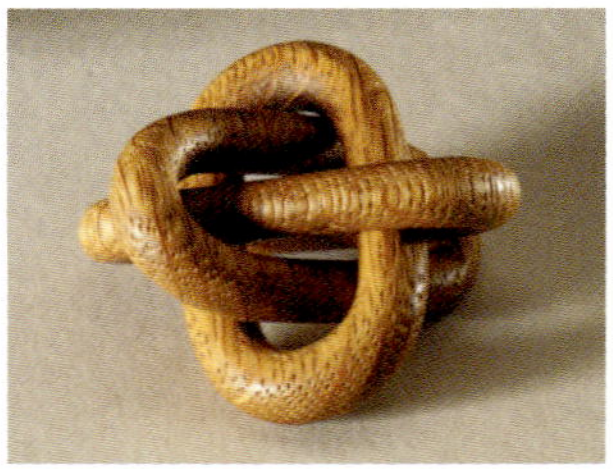

Borromäische Ringe. Seite 62.

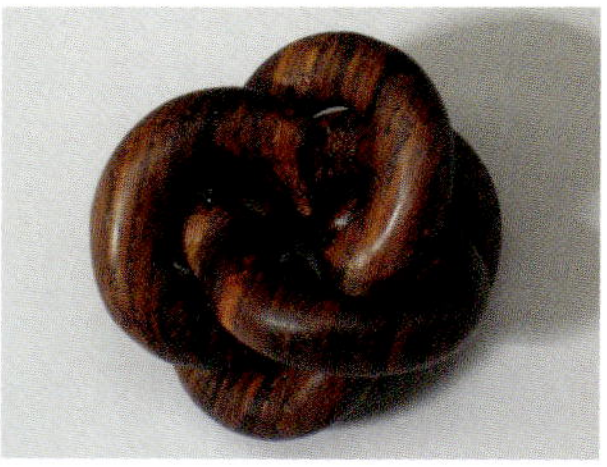

Variation der Borromäischen Ringe. Seite 63.

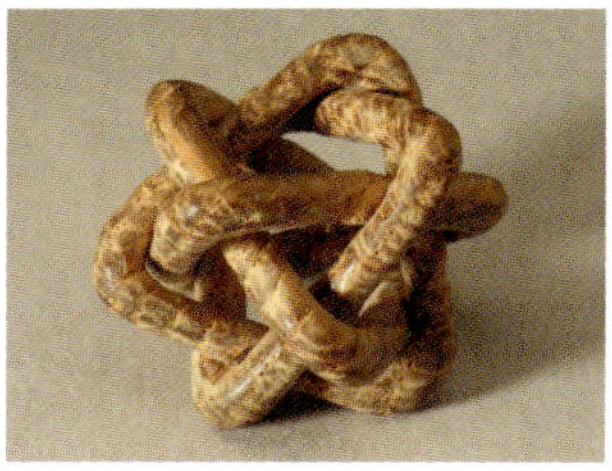

Vier Dreiecke. Seite 65.

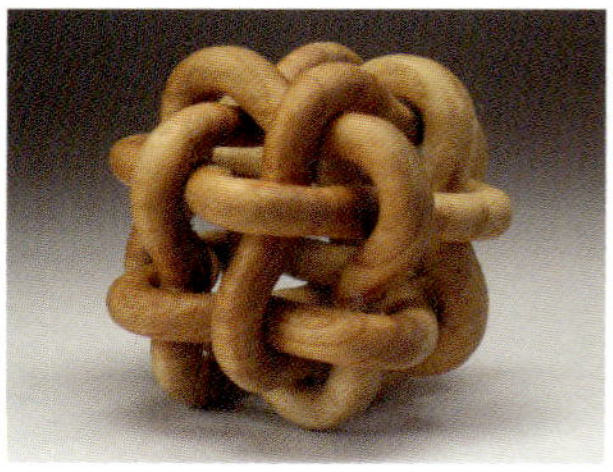

Variation von Squaredance. Seite 68.

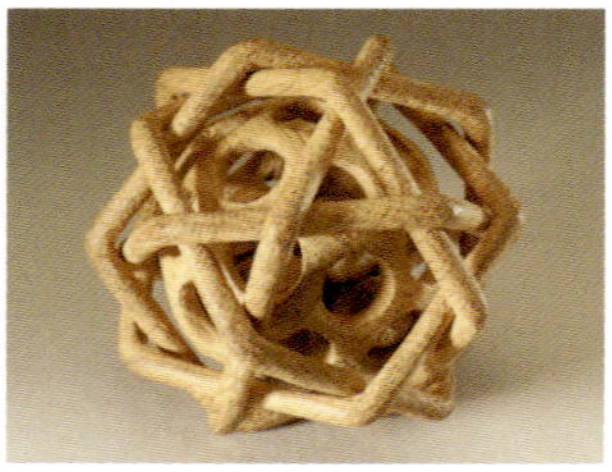

Sechs Fünfecke. Seite 69.

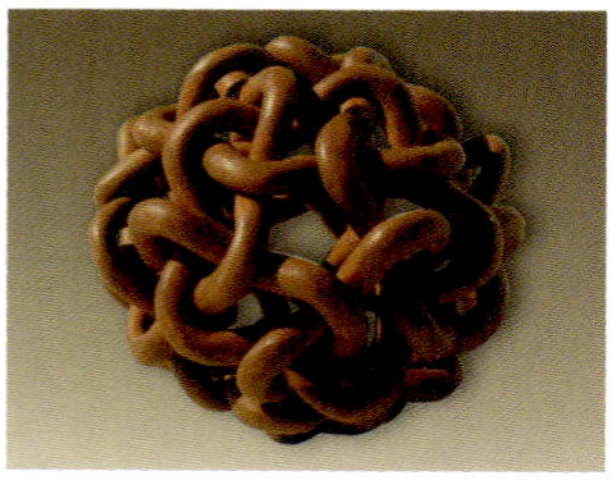

Sternenhaufen. Seite 71.

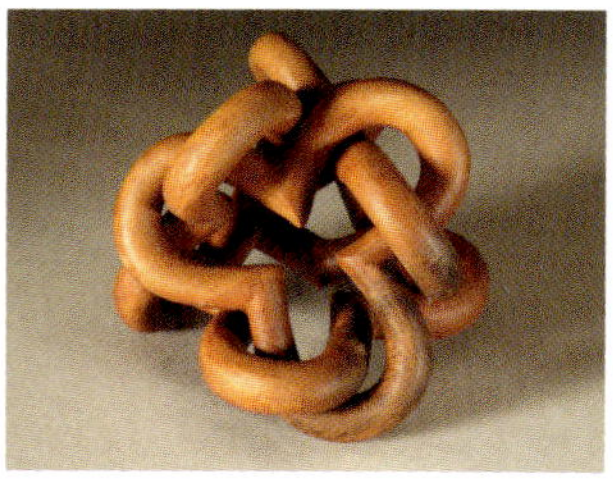

Kleeblätter. Seite 72.

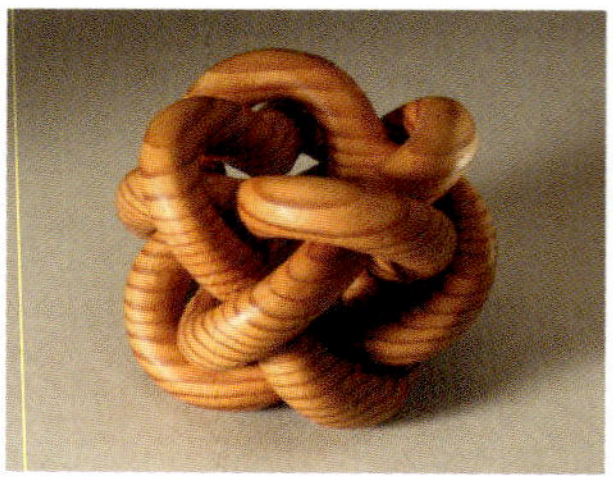

Variation der vier Dreiecke. Seite 66.

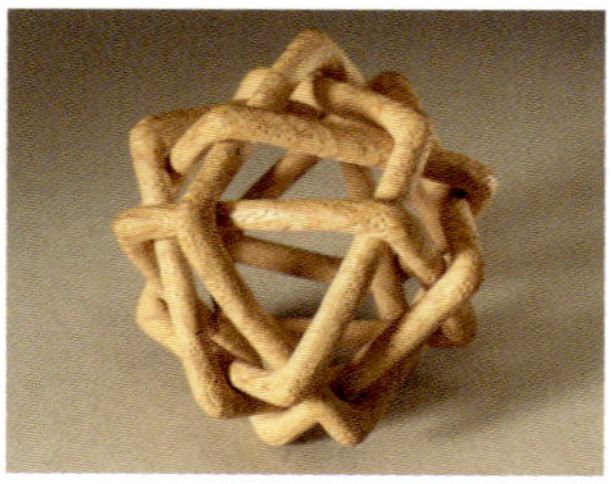

Squaredance. Seite 67.

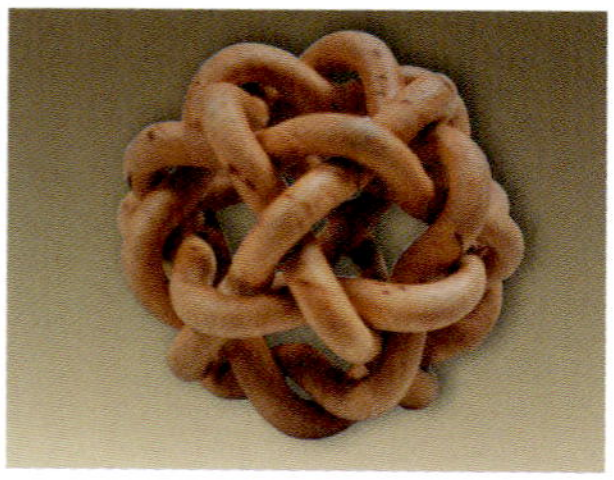

Variation der sechs Fünfecke. Seite 70.

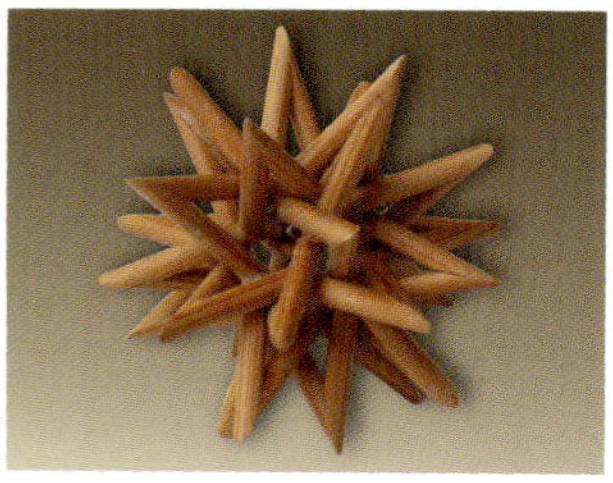

Sechs Fünfecke, Holden's Version. Seite 70.

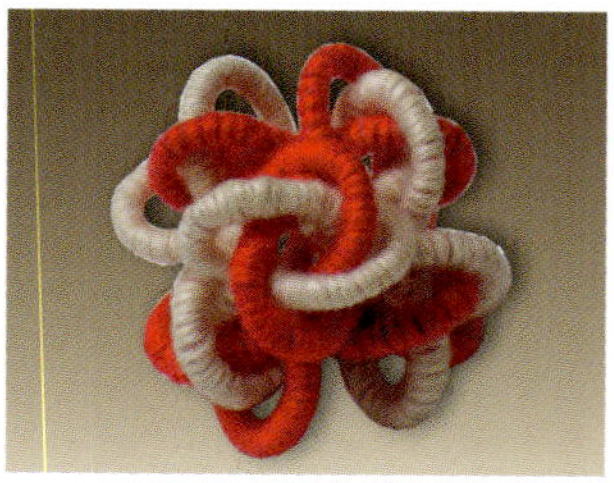

Königliche Oktoverbindung. Seite 73.

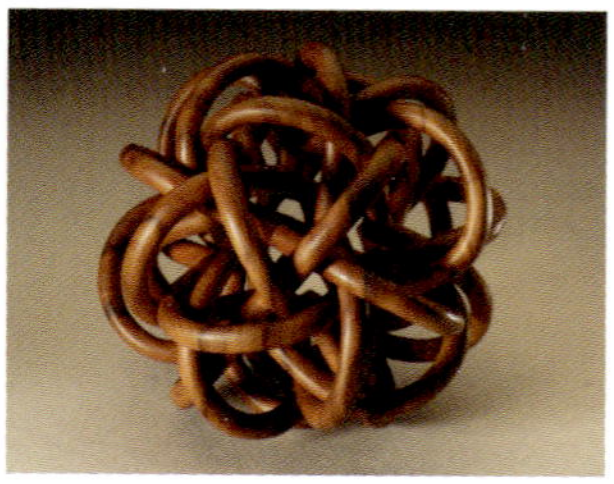

Halo. Seite 74.

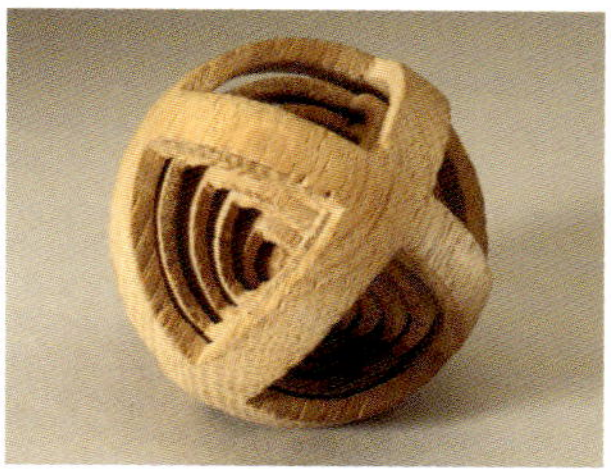

Oktokugel. Seite 76.

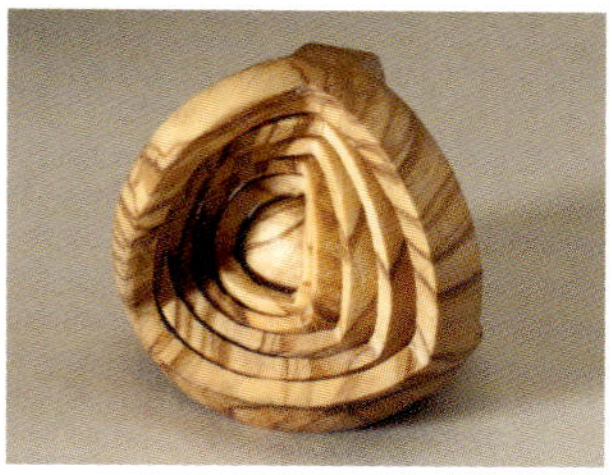

Tetraball. Seite 77.

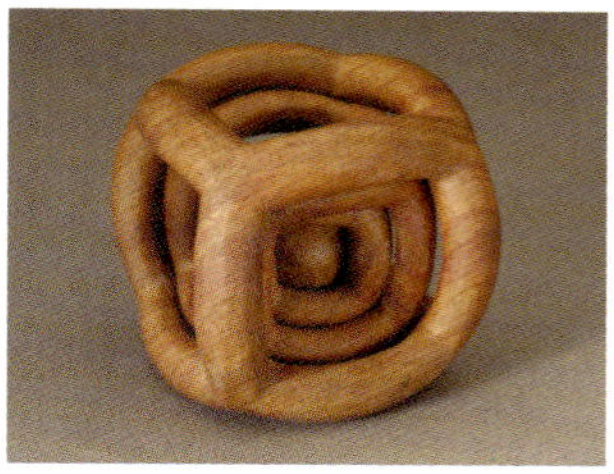

Hexaball. Seite 77.

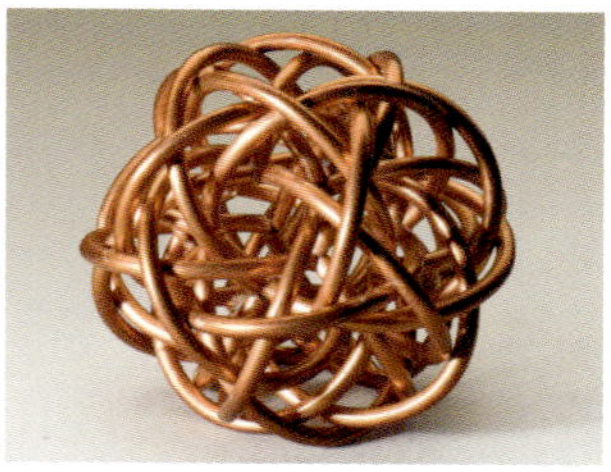

Hosoedrische Decaverbindung. Seite 86.

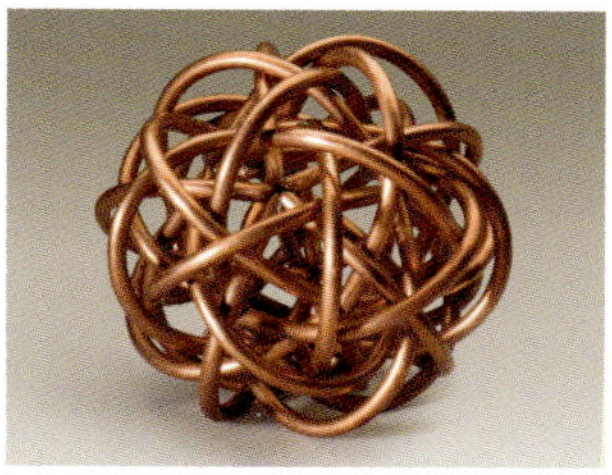

Hosoedrische Hexaverbindung. Seite 85.

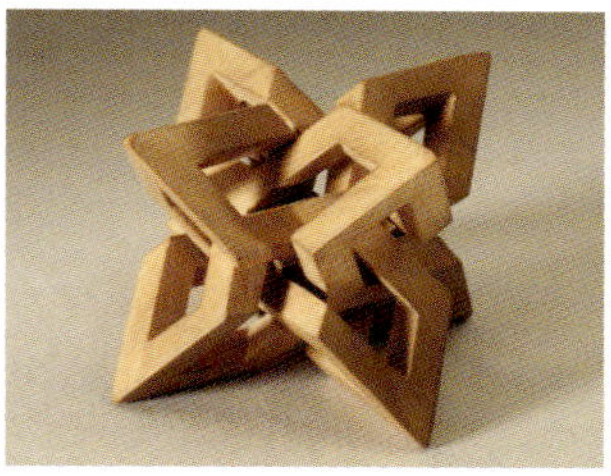

Doppelstern. Seite 78.

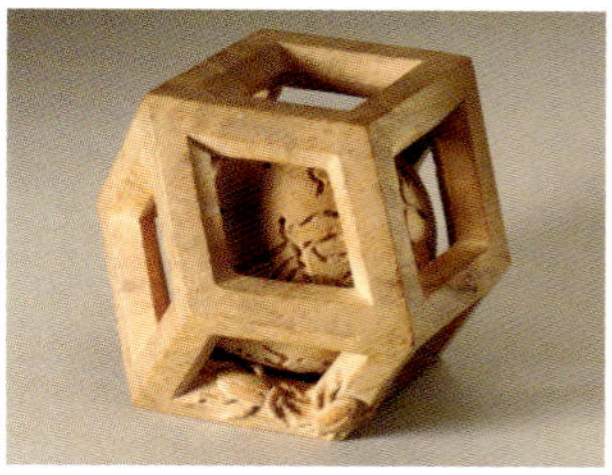

Memento Mori. Seite 81.

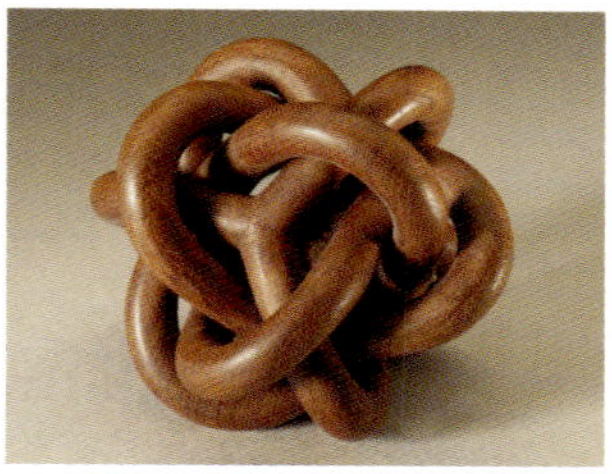

Flexus. Seite 82.

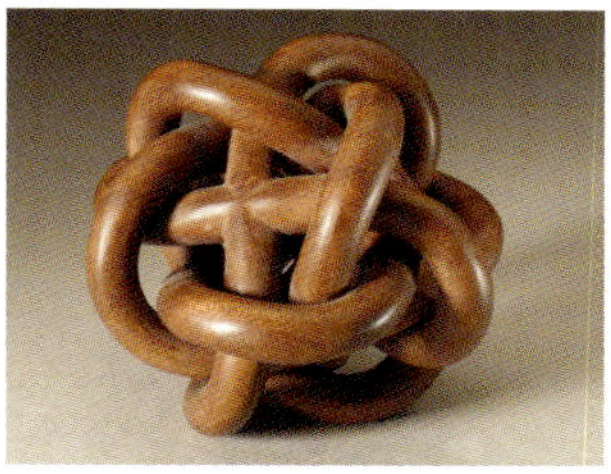

Verbindung nach Asgard. Seite 84.

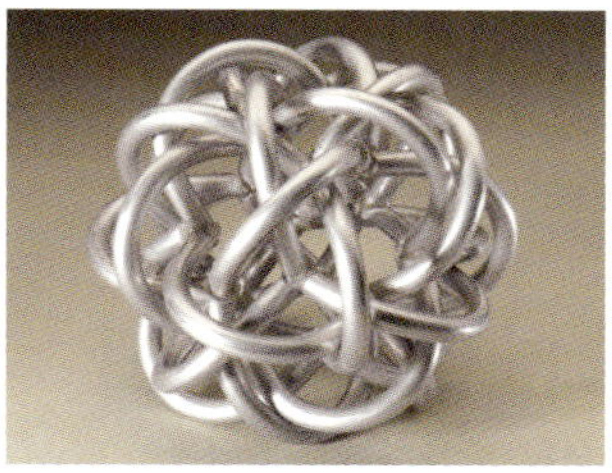

Fünf invertierte Tetraeder. Seite 87.

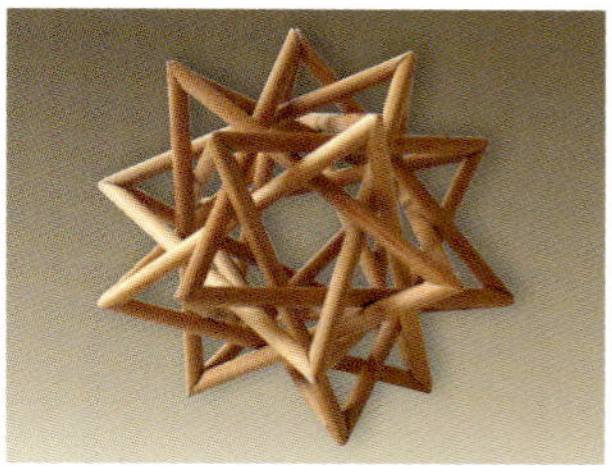

Fünf Tetraeder. Seite 87.

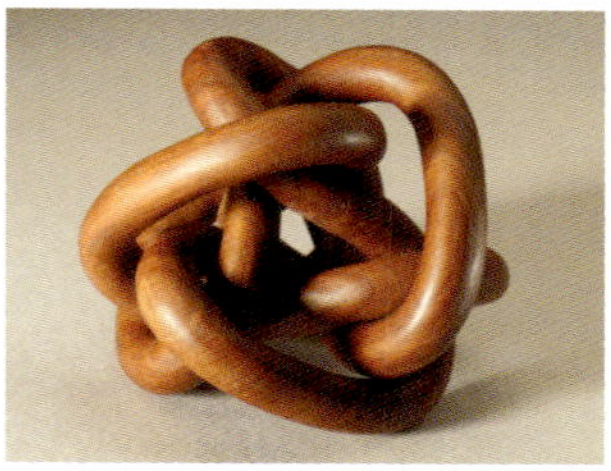

Dreifacher Whitehead. Seite 90.

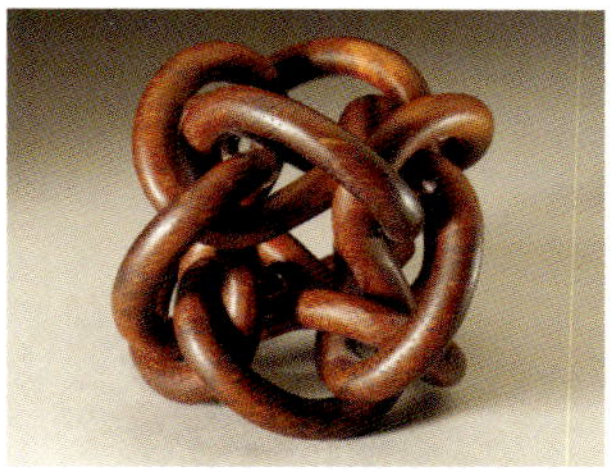

Dreifachspirale. Seite 92.

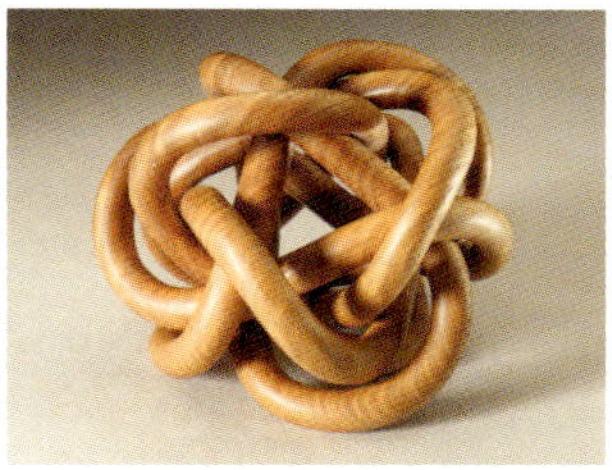

Wellenpäckchen. Seite 94.

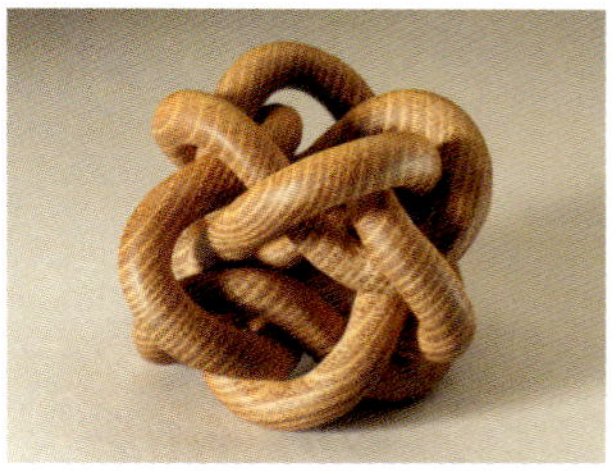

Helicon. Seite 95.

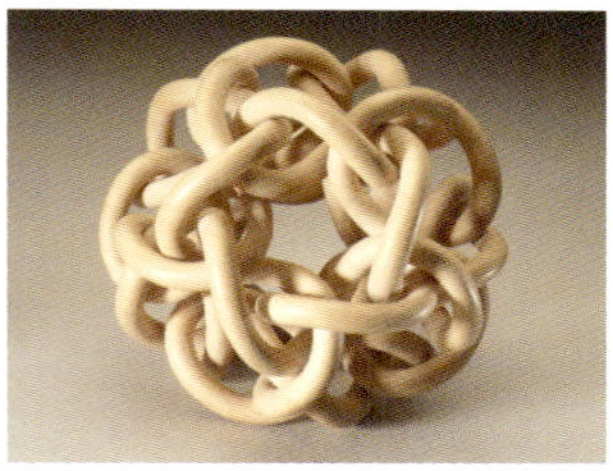

Hexa-Spirale. Seite 96.

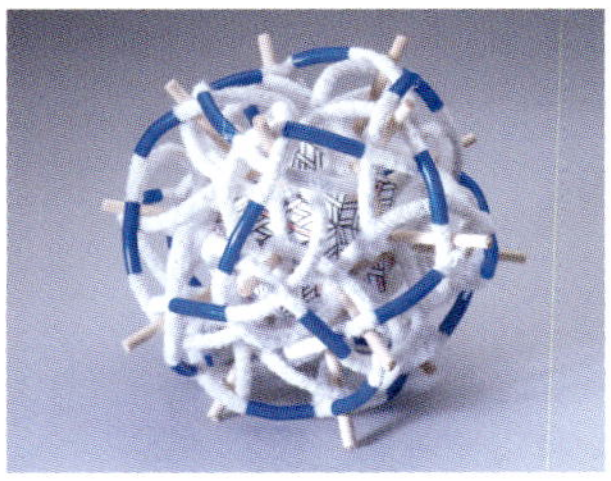

Prototyp der Deka-Spirale. Seite 41.

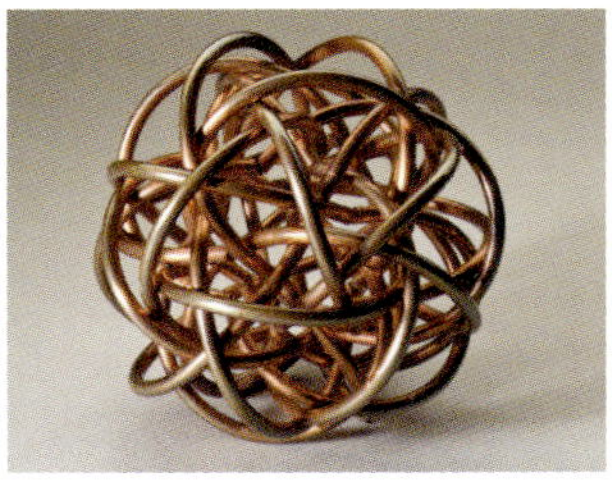

Fünffache Borromäische Ringe. Seite 97.

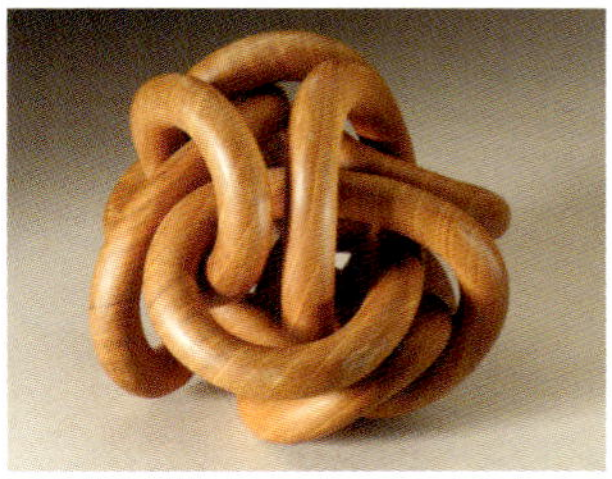

Kleiner Vierfachknoten. Seite 99.

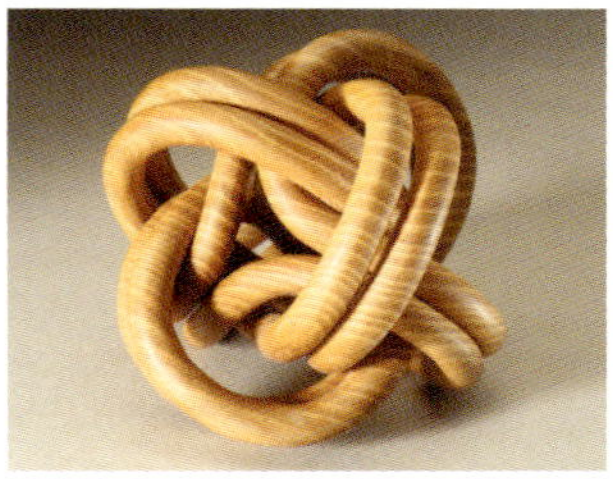

Großer Vierfachknoten. Seite 100.

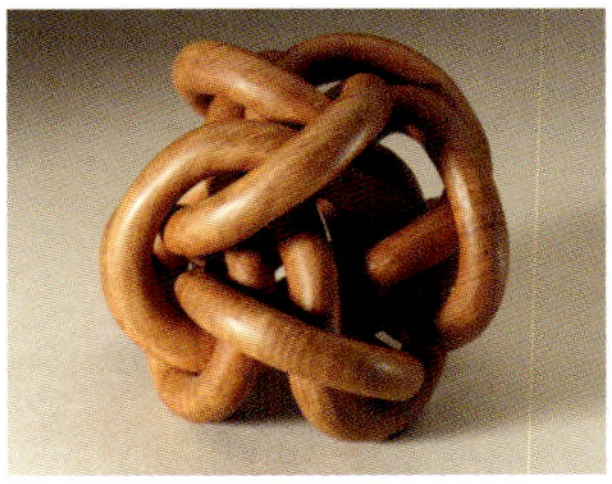

Umgekehrter großer Vierfachknoten. Seite 102.

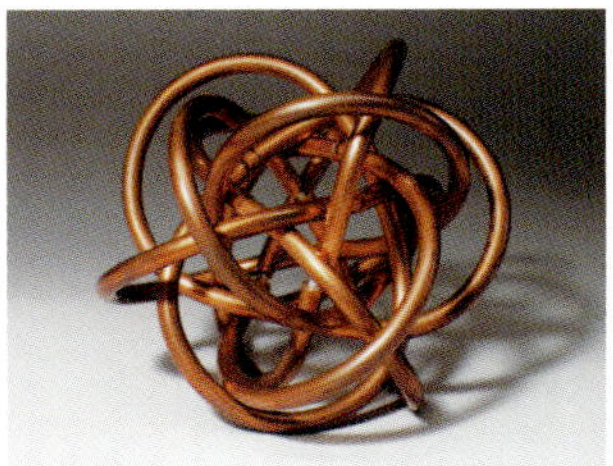

Kleiner konzentrischer Vierfachknoten. Seite 103.

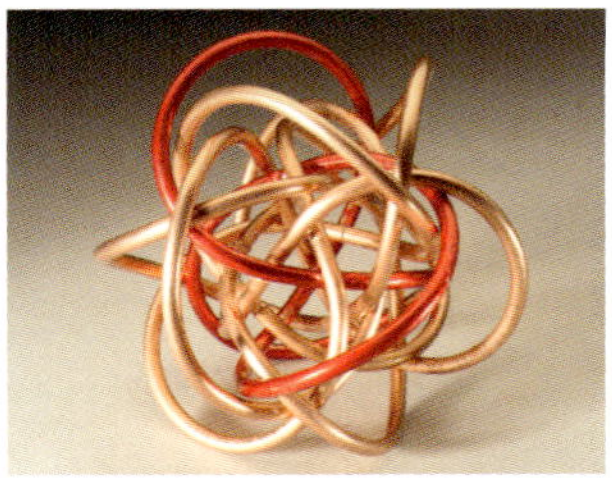

Großer konzentrischer Vierfachknoten. Seite 104.

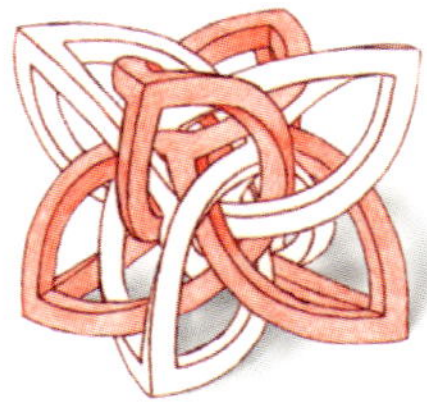

Geknoteter Doppelstern. Seite 111.

Über den Autor

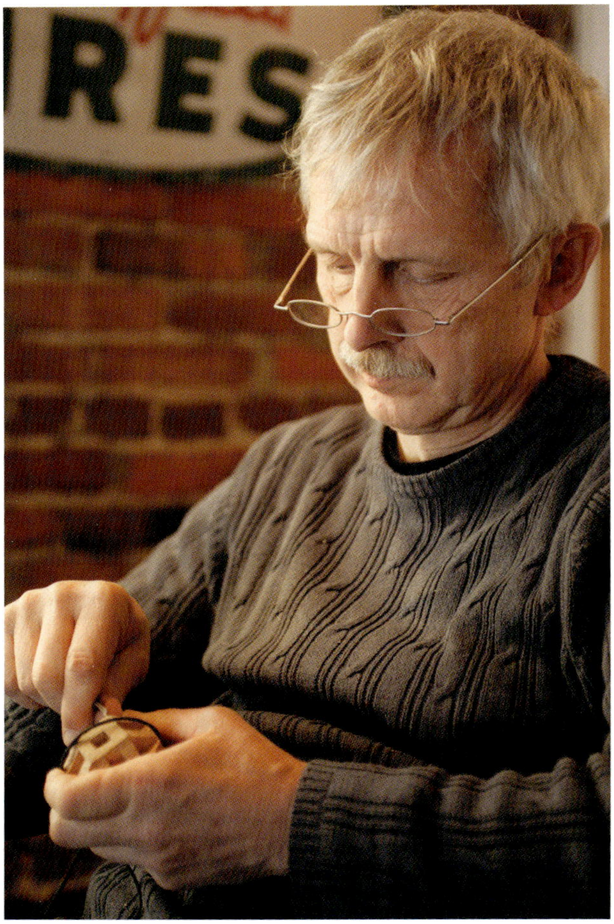

Viele Menschen finden den größten Teil Ihrer Identität in der Arbeit und haben eine Lieblingsbeschäftigung, um ihre Freizeit zu bereichern. Einige wenige Glückliche schaffen es, ihre Arbeit mit dem Hobby zu kombinieren, die Pflicht mit dem Genuss. Magisches Schnitzen oder Trickschnitzen ist nicht die Art Arbeit, mit der Sie Ihre Brötchen verdienen werden, und dennoch finde ich hier den größten Teil meiner Identität wieder. Daher bringt es nichts, näher darauf einzugehen, womit ich meinen Lebensunterhalt verdient habe.

Es genügt zu erwähnen, dass ein Großteil meines Lebens von Ausstellungen vereinnahmt wurde, sowohl in Museen als auch bei gewerblichen Veranstaltungen. Ein paar Mal war ich auch daran beteiligt, Firmen im IT-Bereich zu entwickeln, und seit Kurzem bin ich im sonderpädagogischen Bereich tätig.

Als Schnitzer bin ich kompletter Autodidakt. Auch wenn ich immer gerne mit Holz gearbeitet habe, habe ich es nie offiziell gelernt. Mein Interesse an Festkörpergeometrie wurde durch einen sehr engagierten Lehrer der School of Architecture in Kopenhagen geweckt, wo ich ein paar Jahre in den 1960ern studiert habe.

Dort habe ich auch Martin Gardners monatliche Kolumne *„Recreational Mathematics"* (zu Deutsch in etwa „Mathematik in der Freizeit“) im *Scientific American* entdeckt, den ich daraufhin über viele Jahre abonniert hatte. Eine weitere Inspirationsquelle war der niederländische Künstler M. C. Escher, dessen wahrlich magische Drucke einen bleibenden Eindruck in der mathematischen und wissenschaftlichen Gemeinschaft hinterlassen haben.

Ich hatte ein paar erfolgreiche Ausstellungen, die viel Aufmerksamkeit auf sich zogen, jedoch mit recht begrenzter Besucherzahl. Durch dieses Buch kann ich so viel Publikum erreichen wie nie zuvor.

Vorwort

VON GEORGE W. HART
Kurator, Museum of Mathematics
http://momath.org / http://georgehart.com

Dieses Buch ist ein Geschenk. Ganz gleich, wie viel man dafür bezahlt haben mag, es ein Geschenk des Autors an uns alle. Bjarne Jespersens immenses lebenslanges Projekt ist, originelle Holzschnitzereien zu gestalten, die schön und geistreich sind. Ich habe viele dieser Objekte aufgenommen und hatte das wundervolle Vergnügen, sie in meinen Händen drehen und sie aus vielen Winkeln betrachten zu dürfen und ihre komplexe Tiefe zu begreifen. Unzählige Stunden technischer Arbeit und kreativer Gedankenleistungen sowie wiederholter Verfeinerungen sind auf diesen Seiten konzentriert. Was auch immer für ein Honorar vom Erlös der Bücher entsteht, ich bin sicher, dass Bjarne praktisch nichts als Stundenlohn für die Lebenszeit erhält, die er hier hineingesteckt hat. Erfreuen Sie sich an seinem Geschenk an uns!

Geometrie ist ein universelles Prinzip in unserer körperlichen Existenz. So leben wir beispielsweise in einer dreidimensionalen Welt, in der nur bestimmte Strukturen mathematisch möglich sind. Sie können sechs Quadrate zu einem Würfel zusammenfügen, aber Sie können keinen geschlossenen Festkörper aus fünf oder sieben Quadraten zusammensetzen. Das liegt nicht daran, dass Sie sich nicht genug bemühen; es liegt am Raum selbst, denn sogar in der Leere des Vakuums sind die Möglichkeiten begrenzt. Es gibt eine Schule mathematischer Kunst, die die Grenzen dessen erkundet, was in unserem Raum möglich ist, und Bjarne ist ein Meister dieser Kunst. Er ist darauf aus, die Struktur des Raums zu enthüllen, indem er in Holzstücke hineinschaut und alles wegschnitzt, das nicht seinen Vorstellungen entspricht.

Die technischen Aspekte des feinen Schnitzens liegen nicht in meiner Expertise, doch ich habe genug in meinem Leben geschnitzt, um die enorme Arbeit zu schätzen zu wissen, die in die Handwerksfähigkeit auf Bjarnes Niveau fließt. Es ist eine Schande, dass die heutige Jugend bei den vielen Ablenkungen durch die Popkultur vielleicht niemals mit traditionellen Handwerken, wie dem Holzschnitzen, in Berührung kommt. Es gibt so viel zu lernen, wenn man körperlich arbeitet, um etwas Greifbares herzustellen, das sonst nur in der eigenen Vorstellung existieren würde. Es wäre fantastisch, wenn dieses Buch so etwas wie eine Schnitzbewegung hervorrufen könnte. Diese visuell einnehmenden Modelle scheinen für die heutige High-Tech-Zeit so geeignet!

Man lernt am besten in der Praxis. Also möchte ich Sie ermutigen, Ihr Messer in die Hand zu nehmen und die Späne fliegen zu lassen. Schon bald werden Sie die feinen Spitzen sowohl des Schnitzens als auch des präzisen räumlichen Denkens zu schätzen wissen. Einsteiger finden hier die ersten Schritte, um anfangen zu können. Wer bereits ein paar Schnitzerfahrungen gesammelt hat, trifft auf Herausforderungen, um sein technisches und räumliches Vorstellungsvermögen zu stärken. Erfahrene Schnitzer können die neuen, dargebotenen Formen studieren und würdigen. Und alle können die schönen Fotografien von Bjarnes Meisterwerken genießen.

Als Mathematiker bin ich versucht, weiter über Symmetriegruppen und Polyederformfamilien zu schwadronieren, die diesen Kreationen zugrundeliegen. Ich lasse das aber sein, da die beste Art, solche mathematischen Konzepte zu erfassen, das intuitive Lernen ist, indem man symmetrische Objekte herstellt. Die Kraft und Schönheit der universellen, internationalen Sprache der Mathematik spricht auf diesem Weg für sich selbst.

Bjarnes Reise entlang dieses Pfads wird durch dieses Buch hübsch präsentiert. Kunst und Mathematik finden auf schöne Weise zusammen.

Sie werden die Kraft eines fokussierten Geists, sich immer wieder neuen Herausforderungen zu stellen, bemerken. Seine Arbeit bringt diesen Bereich der Handwerkskunst voran und legt die Messlatte für andere Holzschnitzer höher. Ein reiner Techniker hätte sich vielleicht einfach gefordert, indem er immer längere Ketten geschnitzt hätte, doch stattdessen geben diese Seiten eine kontinuierliche Entwicklung und eine visuelle Fülle preis.

Hinter diesen verwundenen Schlingen und Verbindungen liegt ein kreativer menschlicher Geist, der seine Entdeckungen und seine Expertise teilt. Wenn ein Autor ein Buch wie dieses verfasst, weiß er, dass viele Menschen einfach daran vorbeigehen könnten. Einige blättern es schnell durch und legen es wieder zurück. Für ein paar wird es jedoch die Inspiration, ein Messer in die Hand zu nehmen und loszuschnitzen. Und einige wenige werden diese Ideen mit offenen Armen annehmen und sogar noch weiter vordringen und damit meistern, was sie sehen, und die Zeit einbringen, darüber hinauszuwachsen, um neue, eigenständige Schnitzarbeiten zu gestalten. Ich hoffe, dass diese Entdecker dieses Geschenk in Erinnerung behalten und einen Weg finden, ihre Entdeckungen als Geschenk an künftige Generationen weiterzugeben.

George W. Hart

Einleitung

Wir haben alle schon einmal gesehen, wie ein Magier eine lebende Taube aus einem leeren Hut gezaubert hat. Wir wissen, dass das unmöglich ist, und wir fragen uns, wie er das gemacht hat. Auf ähnliche Weise hat jemand eine hölzerne Taube in einen hölzernen Käfig gesetzt, ohne die Stäbe zu zerbrechen. Wieder wissen wir, dass dies unmöglich ist, und fragen uns, wie er das wohl gemacht haben mag.

Ich habe keine Ahnung, wie der Magier seine Taube in den Hut bekommen hat – ich habe den Verdacht, er hatte sie in seinem Ärmel –, aber ich weiß, wie der Vogel in den Käfig gekommen ist. Er war dort schon von Anfang an – sowohl der Vogel als auch der Käfig wurden aus einem einzigen Stück Holz geschnitzt. Das ist Magisches Schnitzen.

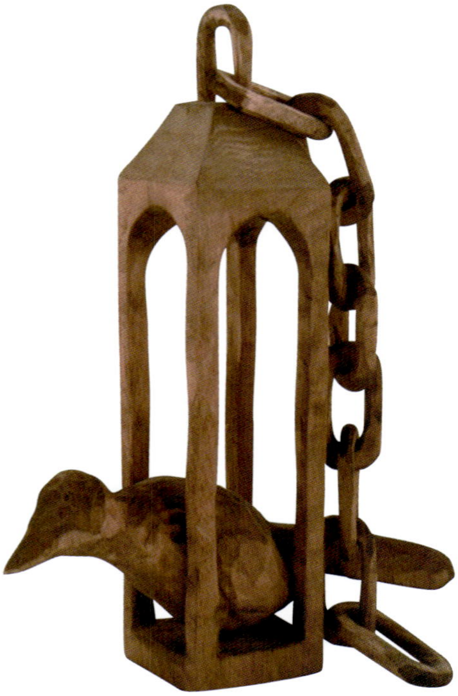

JOHN STARKEY

Magisch. Ein Zauberkünstler kann mehrere Tauben aus einem Zylinder zaubern, aber könnte er diesen Vogel beschwören, in seinen Käfig zu gehen? Der Trickschnitzer kann das. John Starkley aus Virginia ist der Meister hinter dieser Schnitzarbeit.

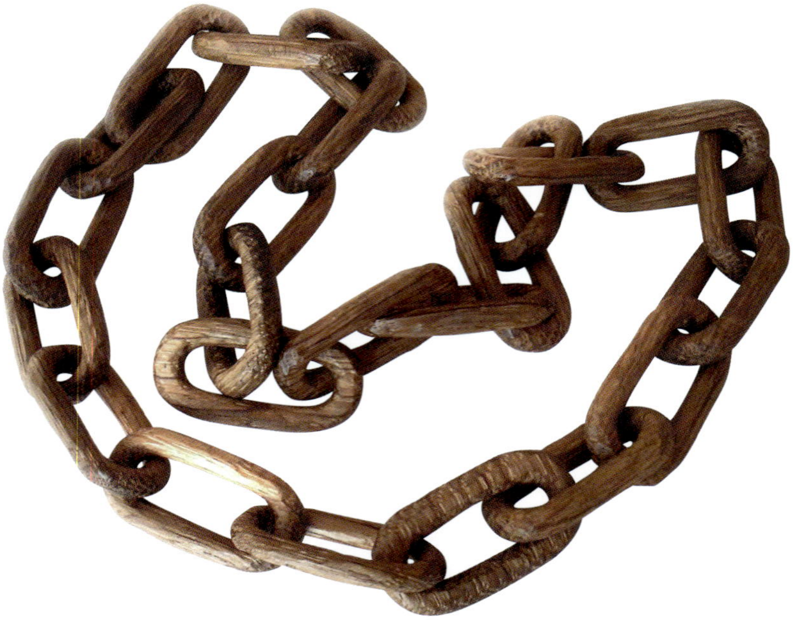

Bemerkenswert. Eine gewöhnliche Metallkette ist kaum einen zweiten Blick wert. Mit einer hölzernen ist das eine ganz andere Geschichte.

Die erste Trickschnitzerei, an die ich mich erinnern kann, habe ich im Kopenhagener Nationalmuseum gesehen. Ein kleines Fass war mit einem hölzernen Stopfen verschlossen, der von einer hölzernen Kette an einer hölzernen Öse gehalten wurde, um zu verhindern, dass er verlorengeht. Ein Stück Schnur hätte den Zweck ebenso erfüllt, weshalb also würde man Stunden damit verbringen, eine hölzerne Kette – etwas völlig Unnatürliches – zu schnitzen? Wäre eine Schnur an dem Stopfen befestigt gewesen, ich hätte es wohl kaum bemerkt. Die hölzerne Kette hinterließ hingegen so einen Eindruck, dass ich wieder in das Museum gehen musste, um sie anzusehen, als ich einige Jahre später nach Kopenhagen zog. Leider war sie dann nicht mehr da, aber ich erinnere mich noch heute daran, mehr als ein halbes Leben später. Tatsächlich ist es sowohl lustig als auch erfüllend, Ketten und andere scheinbar unmögliche Dinge aus einem einzigen Stück Holz zu schnitzen. Der Zauber liegt in dem aufregenden Gefühl, das Unmögliche zu sehen.

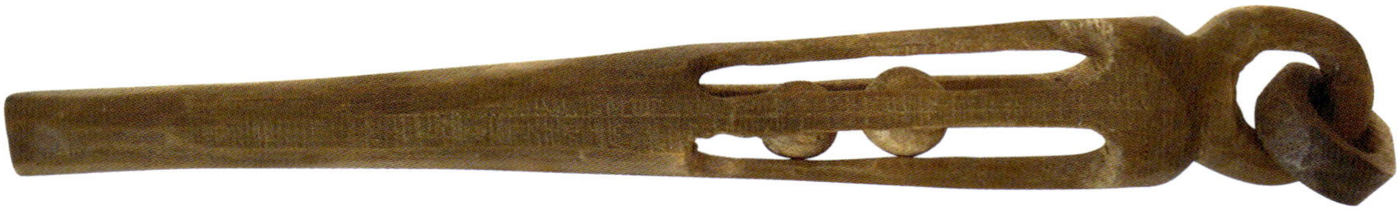

Anfänge. Das Schnitzen dieses Objekts hat mich nach dem Trickschnitzen süchtig gemacht. Auch wenn das Vorbild ein Brieföffner war, so ähnelt es bei näherer Betrachtung doch eher einer Wollspule.

Der Gegenstand, der mich dazu bewegt hat, mit dem Magischen Schnitzen zu beginnen, war ein Brieföffner, den mein großer Bruder als Weihnachtsgeschenk für unsere Eltern geschnitzt hatte. Die Klinge hatte Eichenblätter und Eicheln als Intarsien eingelegt; der Griff war mit geschnitzten Eichenblättern und Eicheln verziert und darin befand sich eine lose Kugel, die von vier verdrehten Streben gefangen war. Der Gesamteindruck war atemberaubend.

Ich war viel zu jung, um auch nur daran zu denken, etwas Ähnliches selbst zu machen, doch ich hatte definitiv diesen Brieföffner im Hinterkopf, als ich Jahre später herausfinden wollte, was ich mit einem Messer anstellen könnte. Das Endergebnis des Stabs mit den zwei Kugeln darin war weit entfernt von dem Brieföffner meines Bruders, doch ich hatte mir selbst bewiesen, dass ich den Trick beherrschte. Ich schnitzte an der Oberseite sogar ein Kettenglied, da ich an die Kette, die ich im Nationalmuseum gesehen hatte, dachte. Ich hing von nun an am Messer.

Nachdem ich verschiedene Formen der Kugel im Käfig und endlose Ketten ausprobiert hatte, begann ich, nach neuen Herausforderungen zu suchen.

Unter meinen frühen Arbeiten befand sich ein interessanter Verbund dreier ovaler Ringe, die mir später als die bestens bekannte Figur namens „Borromäische Ringe“ unterkamen. Ich entdeckte sie, als ich ein Afrikanisches Tablettgestell, das meine Eltern besaßen, genauer untersuchte. Die drei Stäbe, die das Tablett hielten, hatten in der Mitte eine lustige verflochtene Verbindung; wenn man die Beine auffaltete, konnte man sehen, dass sie aus einem einzigen Stück Holz geschnitzt worden waren. Ich analysierte die Verbindung und fand heraus, dass sie zu drei ovalen Ringen vereinfacht werden konnte.

Diese Ringe hatten etwas Perfektes, das meine frühen Arbeiten vermissen ließen. Eine Kette weist Symmetrie auf, ist jedoch auf eine dominante Längenachse limitiert; die Borromäischen Ringe jedoch sehen aus verschiedenen Richtungen gleich aus. Modelle der Kugel im Käfig verfügen ebenfalls über einen hohen Grad an räumlicher Symmetrie, aber es gibt eine innerste und eine äußerste Sphäre und einige darin eingenistete Sphären dazwischen.

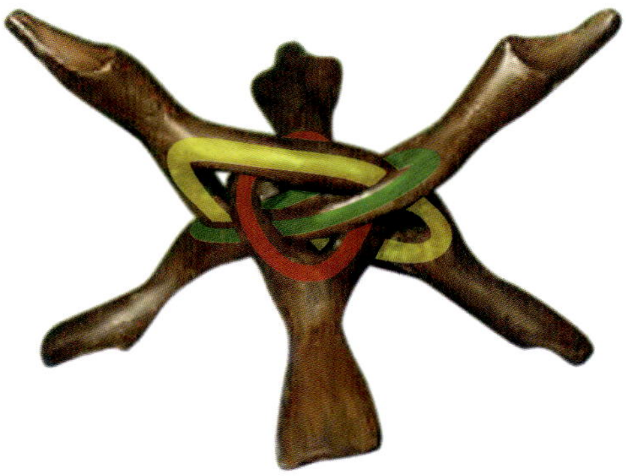

Originalquelle. Dieses afrikanische Tablettgestell wurde aus einem einzigen Stück Holz geschnitzt. Die Verbindung in der Mitte ist eine Figur, die Mathematikern bekannt ist, nämlich die „Borromäischen Ringe“.

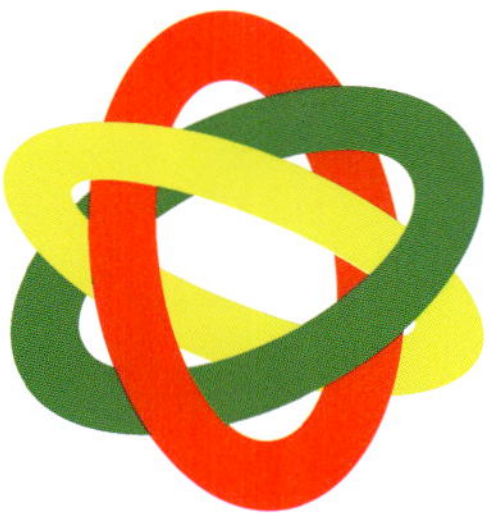

Schnitzplan. Hier ist dieselbe Verbindung, reduziert auf ihre einfachste Form. Es ist die Basis für eine meiner frühesten Trickschnitzereien.

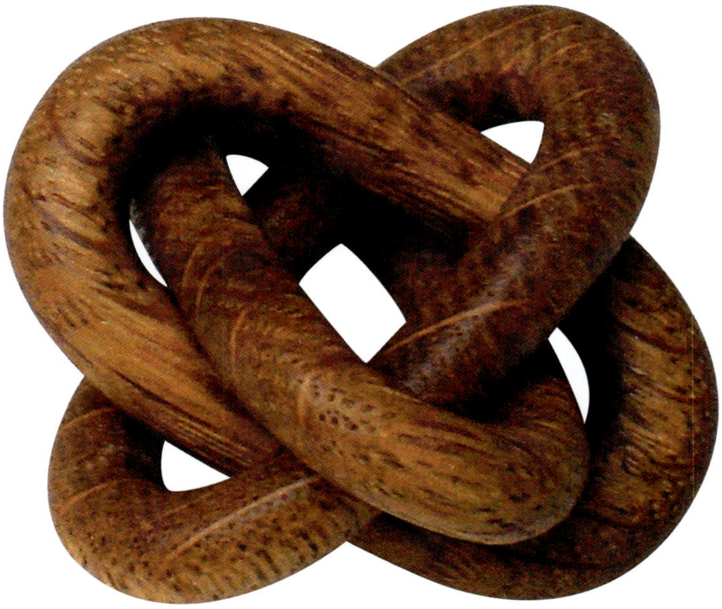

Geschnitzte Ringe. Die Borromäischen Ringe sind aus jeder Richtung symmetrisch, eine Art der Perfektion, die vielen anderen Figuren fehlt.

Das ist bei den Borromäischen Ringen ganz anders. Diese Ringe spielen identische Rollen, jeder umringt den zweiten und führt durch den dritten hindurch.

Wir könnten sagen, die Ringe sind topologisch symmetrisch (wobei Topologie hier als Lehre zu verstehen ist, wie die Dinge verbunden sind – die Aspekte der Geometrie, die nicht von Winkeln oder Messungen abhängig sind). Die Borromäischen Ringe sind auch paarweise getrennt – nur die Anwesenheit aller drei Ringe sorgt dafür, dass sie sich richtig in der Gruppe verbinden.

Borromäische Ringe wurden der Ausgangspunkt einer langen, aufregenden Erkundung des seltsamen Universums, in dem ich die meisten Modelle gefunden habe, die ich in diesem Buch präsentiere. Es ist eine Welt, in der Themen, wie Festkörpergeometrie, Topologie und Symmetrie, nebeneinander wohnen. Das Buch kann als Reiseführer für neue Besucher dieses Universums betrachtet werden. Ich werde einige Grundprinzipien vorstellen und einige kreative geometrische Techniken beschreiben, die ich entwickelt habe, und hoffe, dass Sie diese nützlich finden werden.

Es geht natürlich nicht nur um Geometrie. Ich habe genügend Herausforderungen für Leser beigefügt, die darauf brennen, mit Messer und Holz loslegen zu können, die dem freudigen Gefühl entgegensehen, das das Schnitzen des kleinen Spans mit sich bringt, der den ersten Teil loslöst.

Einfach. Zwei oder drei eingefärbte Kettenglieder weisen ein einfaches Schnitzprojekt aus.

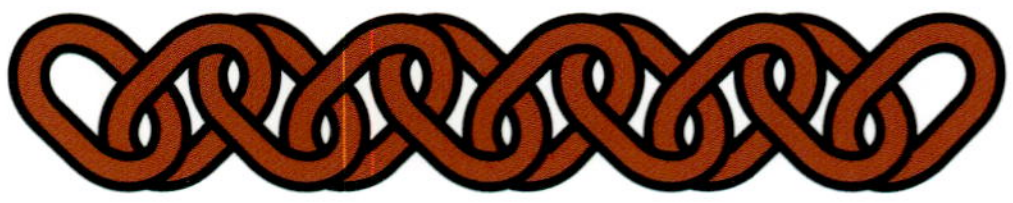

Komplex. Zehn eingefärbte Kettenglieder weisen ein extrem herausforderndes Projekt aus.

Die Projekte werden in verschiedenen Gruppen präsentiert und mehr oder weniger nach ihrer Komplexizität und Schwierigkeit sortiert. Jedes Projekt ist mit einem Symbol versehen, das seinen Schwierigkeitsgrad anzeigt: Zwei Kettenglieder bedeuten „leicht", zehn bedeuten „sehr, sehr schwierig".

Die ersten Projekte beinhalten schrittweise Zeichnungen und detaillierte Erklärungen. Wenn Sie jedoch schwierigere Projekte versuchen, müssen Sie sich in zunehmendem Maße auf Ihre wachsende Erfahrung verlassen. Es ist schlichtweg nicht möglich, Ihnen für die komplexeren Projekte detaillierte Anweisungen zu geben. Springen Sie nicht zu den komplizierteren Arbeiten, bevor Sie nicht erfolgreich ein paar einfachere fertiggestellt haben. Der Erfolg wird Sie ermutigen, voranzuschreiten, doch Misserfolg bewirkt genau das Gegenteil. Verzweifeln Sie nicht, wenn Ihr Ergebnis weniger perfekt als meines aussieht, ich übe bereits seit vierzig Jahren. Wenn Sie andererseits etwas schnitzen, von dem Sie glauben, dass es mich beeindrucken wird, lassen Sie es mich bitte wissen!

Bevor Sie mit dem Schnitzen beginnen, lesen Sie das Kapitel über Werkzeuge und Arbeitsweisen. Wenn Sie sich für die geometrischen Arbeitsweisen interessieren, die ich angewandt habe, um die Modelle zu entwickeln, schlagen Sie Kapitel 11 „Kreative Geometrie", S. 106, auf. Die meisten Menschen können meine Modelle genießen, ohne ihren mathematischen Hintergrund zu kennen oder zu verstehen, wie sie geschnitzt werden. Wenn Sie zu dieser Sorte Leser gehören, wünsche ich Ihnen gute Unterhaltung mit den Bildern – lesen Sie, was immer Sie mögen.

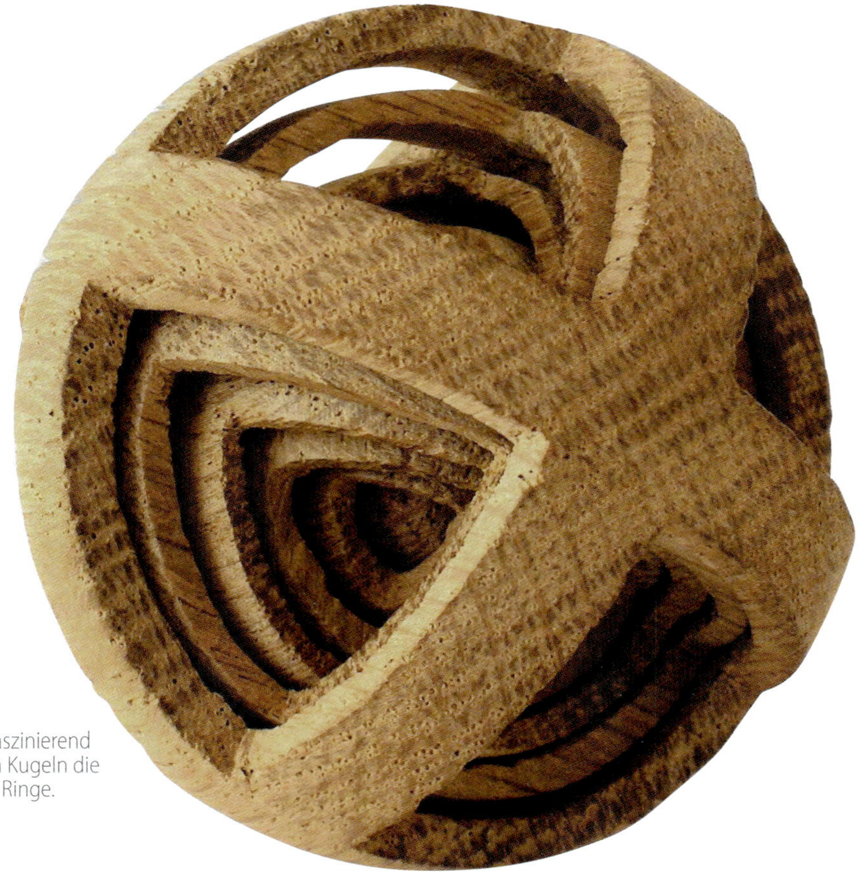

Verschachtelte Kugeln. Auch wenn sie faszinierend und attraktiv sind, fehlt den verschachtelten Kugeln die vollständige Symmetrie der Borromäischen Ringe.

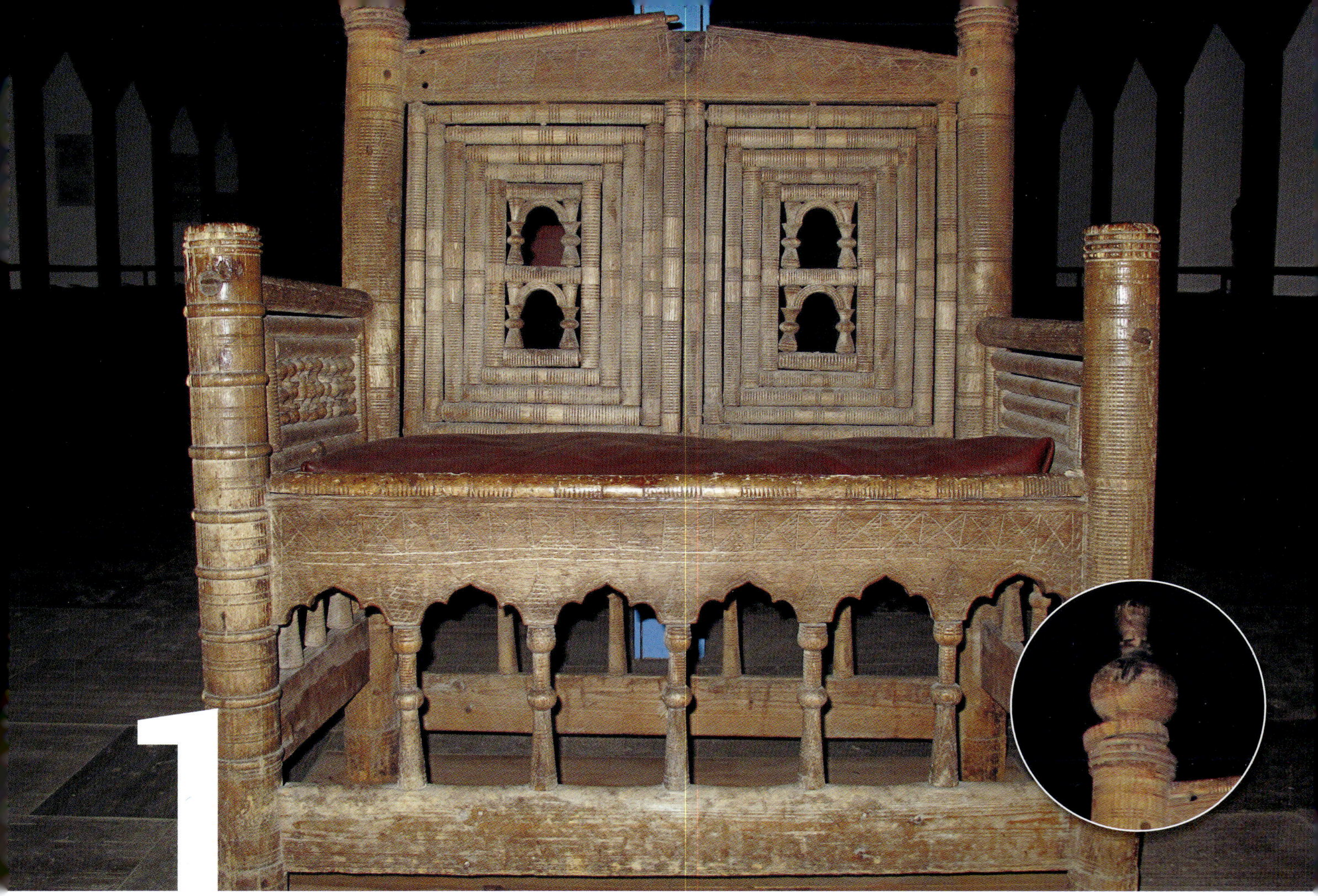

The Gotland Museum, Visb

Frühe Magie. Das Detail eines Brautsessel aus dem 13. Jahrhundert. Der lose Ring ist gedrechselt und nicht geschnitzt, muss aber magisch gewirkt haben.

1 Traditionen

Auch wenn ich kein Experte in der Geschichte des Trickschnitzens bin, fühle ich mich verpflichtet, mit Ihnen zu teilen, was ich darüber weiß.

Ich war noch nicht in der Lage, eine akademische Studie über das Thema zu finden. Es gibt nicht einmal einen Standardbegriff, der es beschreibt. „Magisches Schnitzen" oder „Trickschnitzen" (im englischen Original „magic woodcarving") ist der Name, den ich vorziehe, da ich die Arbeit wirklich magisch finde.

Die Natur dieser Schnitzarbeiten kennzeichnet eine Gemeinsamkeit mit einem gewissen Mehrwert, sodass Anthropologen einiges Interesse daran haben sollten, herauszufinden, wo und wann sie hergestellt wurden, um zu sehen, wie weit sie in der Zeit zurückreichen. Tatsächlich können Sie Beispiele aus nahezu jedem Teil der Welt vorfinden.

Das älteste Objekt, von dem ich weiß, ist ein Brautsessel aus dem 13. Jahrhundert aus der Kirche von Källunge auf Gotland, der sich nun im Gotlandsmuseum in Visby befindet. Der Sessel verfügt über lose Ringe an einigen seiner gedrechselten Teile. Auch wenn sie nicht handgeschnitzt sind, rufen Sie dieselbe Art Magie hervor wie die Schnitzarbeiten.

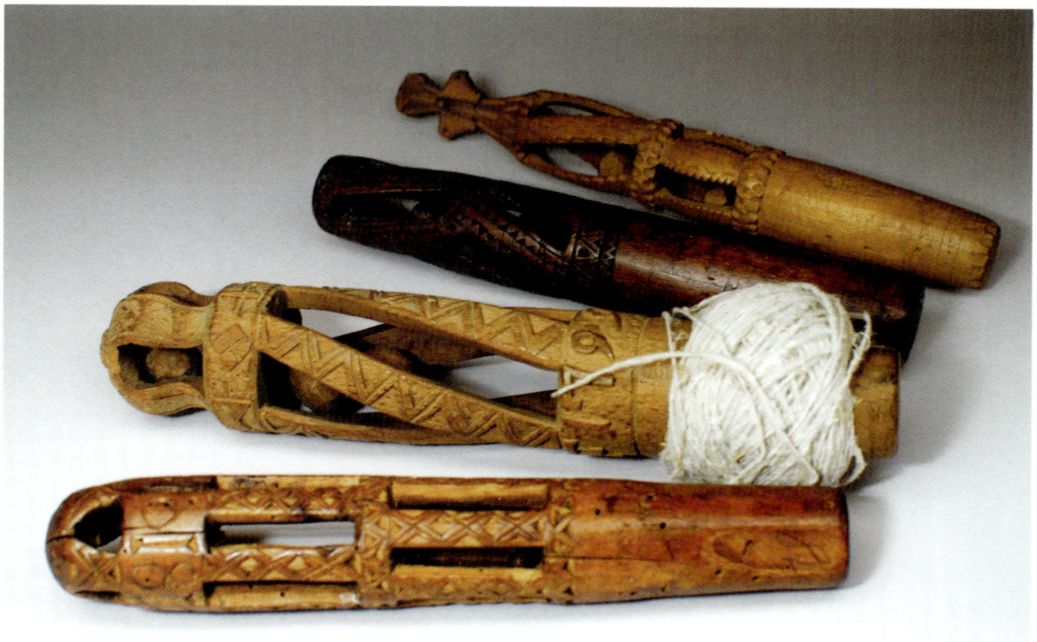

Wollspulen. Verehrer schnitzten diese praktischen kleinen Dinge, um zu zeigen, dass sie talentierte Männer waren, die eine emsige Partnerin erwarteten.

Im ländlichen Europa war es früher für junge Landarbeiter üblich, Wollspulen für ihre Angebetete zu schnitzen, mit losen Kugeln im Inneren des Griffs, damit sie beim Verwenden klapperten. Ein örtliches Museum hat einige Exponate, die auf 1799 und 1810 zurückdatieren. Es könnte sogar noch ältere Exemplare geben.

In Wales gibt es eine starke Tradition des Liebeslöffelschnitzens. Sie sind mit einer Bandbreite an Symbolen für Liebe und Vertrauen ausgestattet und manchmal haben sie persönliche Züge, die sich auf die Merkmale oder die Persönlichkeit des Schnitzers beziehen. Oft befinden sich im Inneren des Griffs lose Kugeln sowie Kettenglieder an der Oberseite.

Zwei Löffel können auch durch eine Kette verbunden sein – die ihrerseits schon ein starkes Symbol ist.

Es gibt ein schönes Buch über Walisische Liebeslöffel mit dem Titel *Fine Art of Carving Lovespoons* von David Western, das bei Fox Chapel erschienen ist.

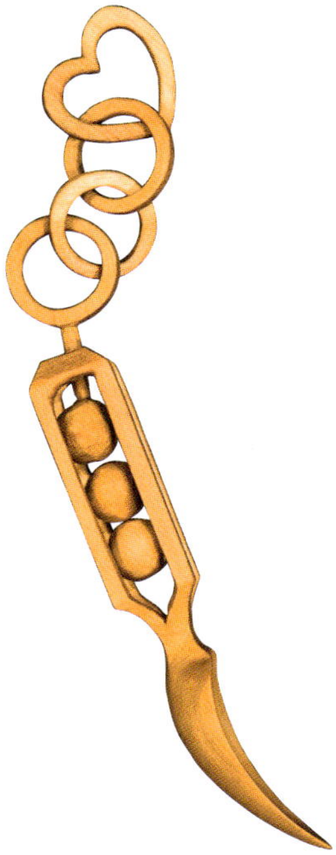

LÖFFEL VON DAVID WESTERN, BILD VON CHRIS ROBERTS.

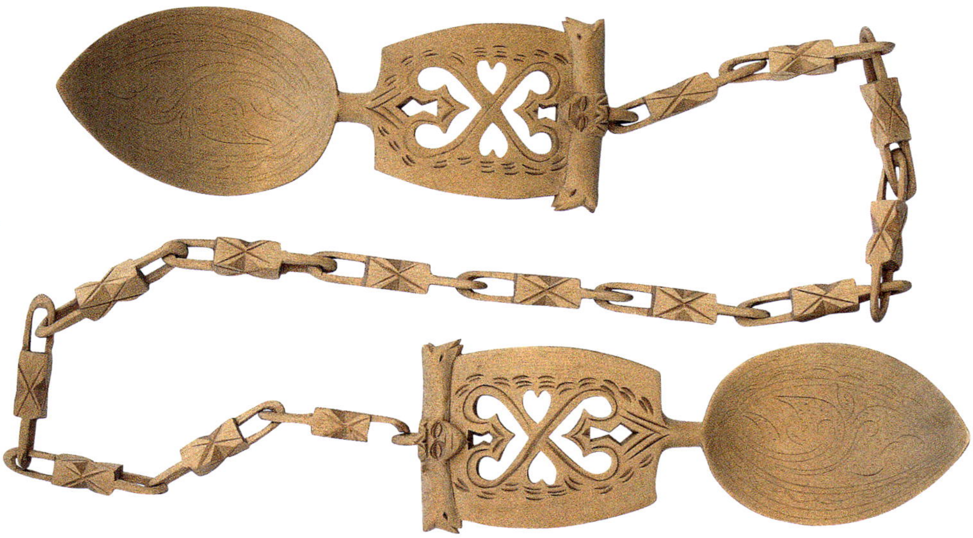

Liebeslöffel. Walisische Liebeslöffel wie diese haben viele trickgeschnitzte Details, etwa ineinander verschachtelte Kugeln und Kettenglieder. Einige werden sogar als verbundenes Löffelpaar geschnitzt. Diese Schnitztradition ist bis heute lebendig.

FOTO MIT FREUNDLICHER GENEHMIGUNG DES VESTERHEIM NORWEGISCH-AMERIKANISCHEN MUSEUMS IN DECORA (IOWA, USA)

Unter den Islamgläubigen im mittleren Osten ist es Tradition, Koranständer aus einem einzigen Brett, das durch ein Scharnier in zwei Teile geteilt wird, zu gestalten. Die ältesten Exemplare, die bis heute überlebt haben, scheinen aus dem 14. Jahrhundert zu stammen. Die raffinierten, zusammenklappbaren Tablettständer (siehe untere Fotos) kommen aus Afrika. Wenn der Ständer zusammengeklappt ist, kann man sehen, dass er aus nur einem Stück Holz geschnitzt wurde. Ich weiß allerdings nichts über den Ursprung oder das Alter dieser Schnitzart.

Vor einem Jahrhundert war es in Amerika für Wanderarbeiter und Landstreicher (so genannte „Tramps" oder „Hobos") üblich, dass sie bei ihrem Herumziehen mit einem scharfen Taschenmesser und einem Stück Holz ausgestattet waren, aus dem sie Kugeln in Käfigen, Ketten oder verschiedenste Kombinationen dieser Motive schnitzten. Ihre Produkte sind auch als „Hobo Art" oder „Tramp-Kunst" bekannt und wurden in großer Stückzahl hergestellt.

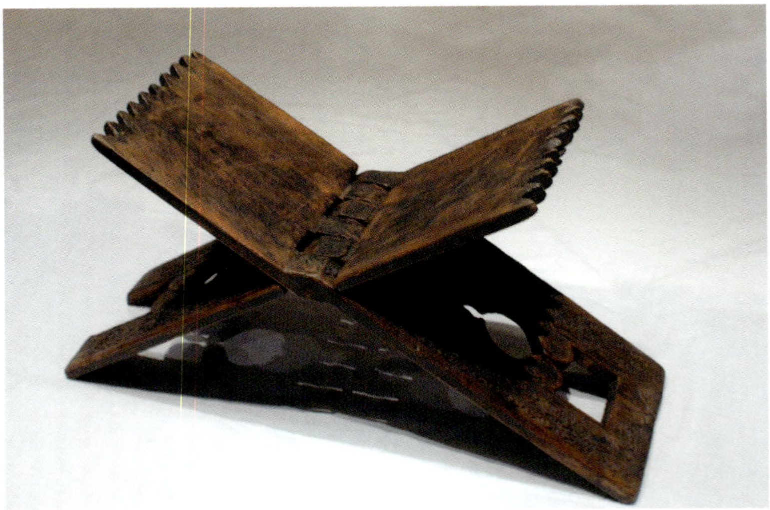

David-Kollektion, Kopenhagen.

Koranhalter. Halter wie diese stammen aus dem 14. Jahrhundert und sind aus einem einzigen Brett geschnitzt.

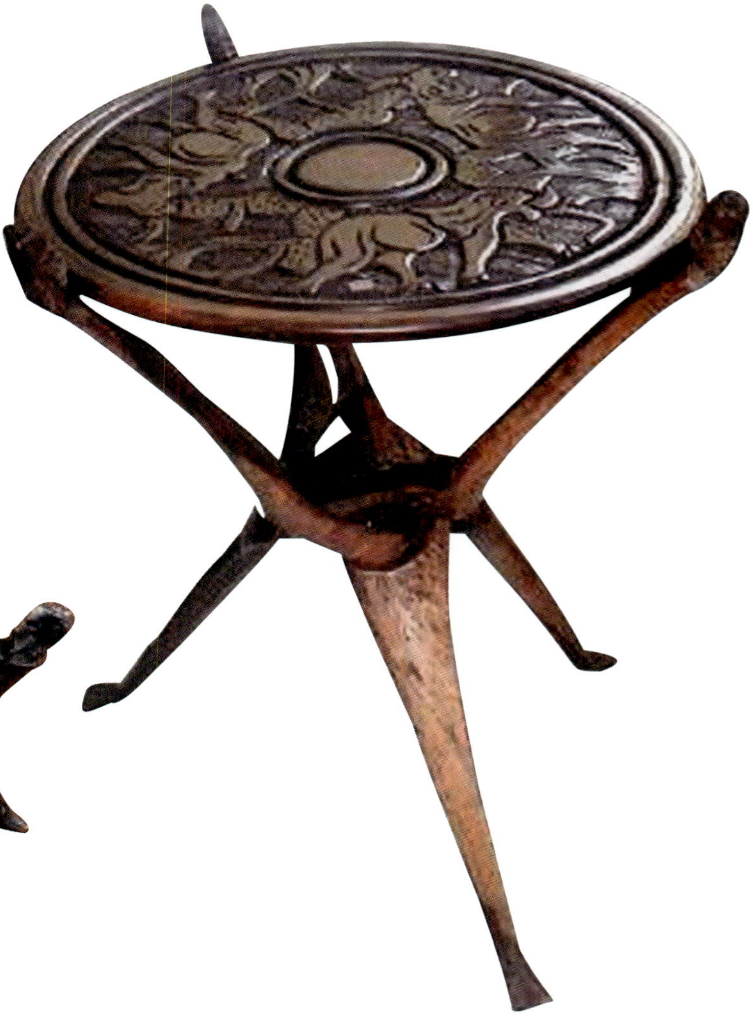

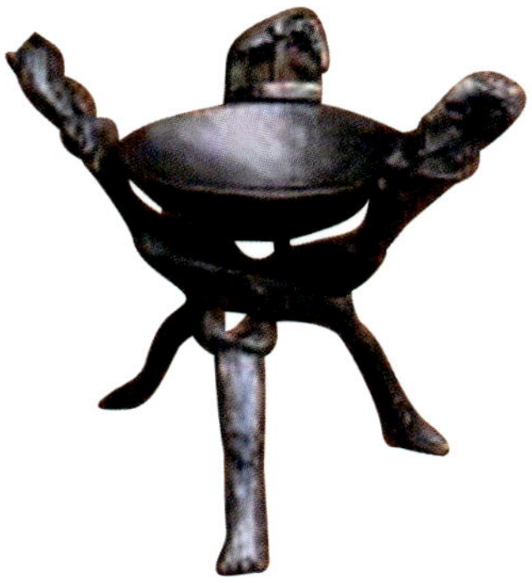

Afrikanische Gestelle. Die drei Beine dieser Gestelle wurden aus einem einzigen Stück Holz geschnitzt. Ich wünschte, ich wüsste, wann und wo diese geniale Erfindung entwickelt wurde.

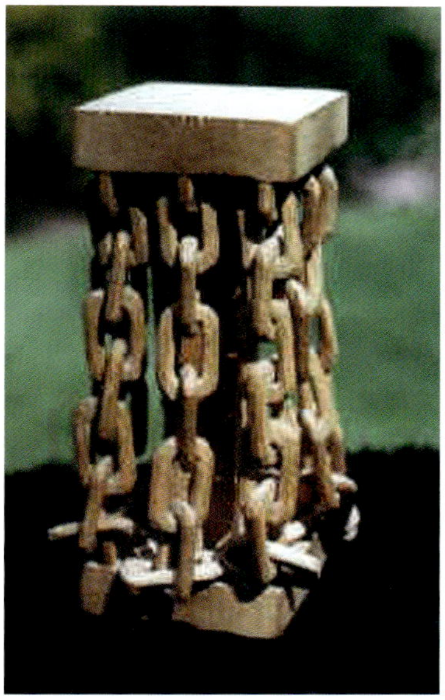

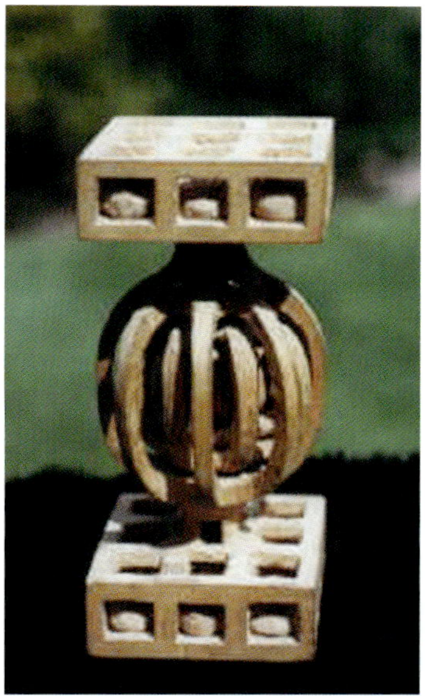

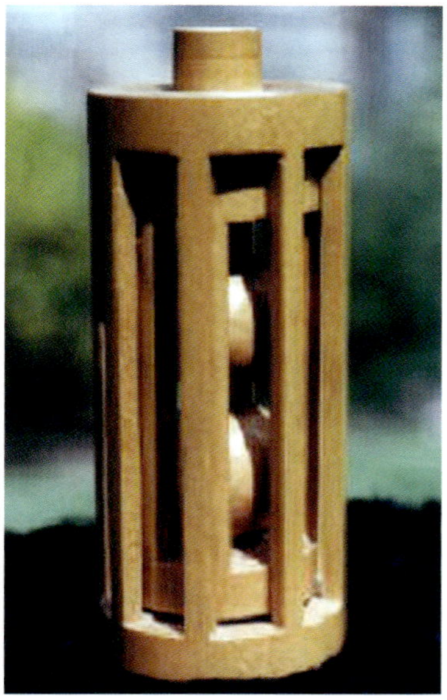

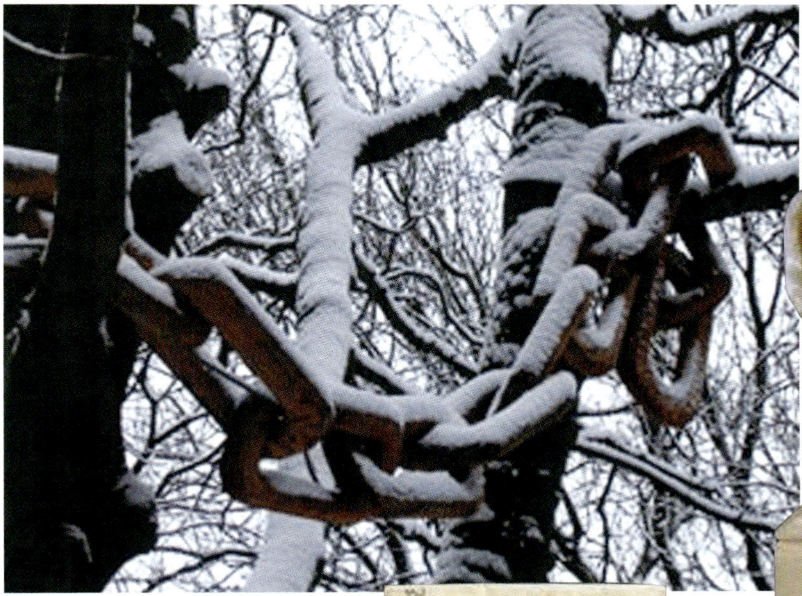

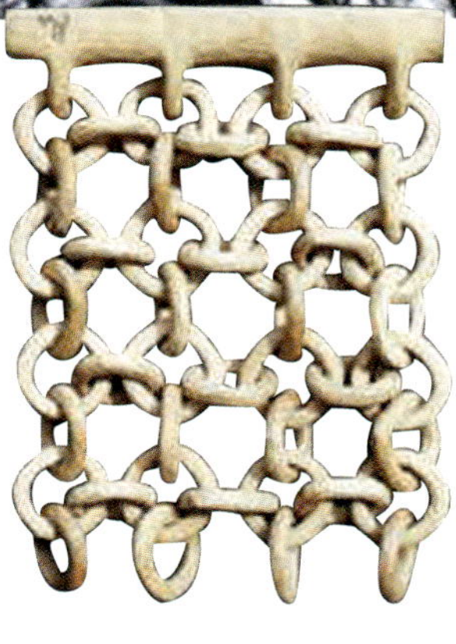

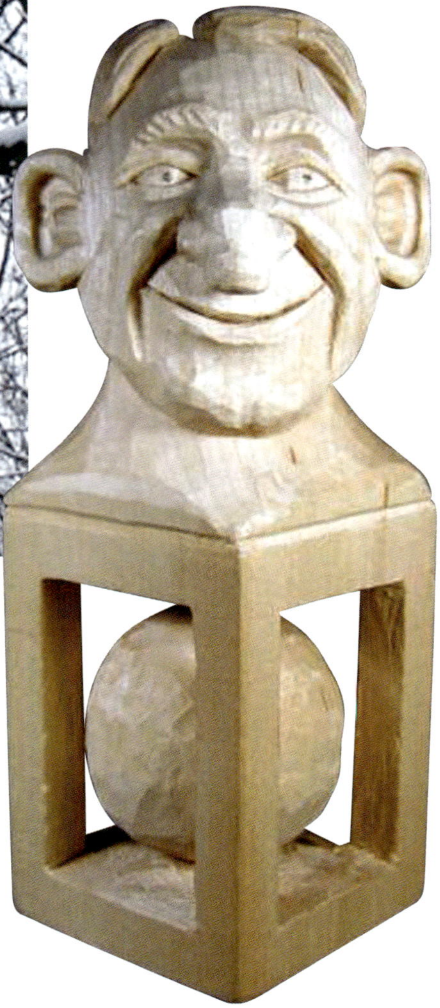

Amerikanische Tramp-Kunst.
Tramps nutzten ihre Taschenmesser, um damit einige sehr fantasievolle Schnitzarbeiten zu gestalten. Die meisten hiervon sind von M. Chorley.

Viele Menschen kennen die chinesischen ineinander verschachtelten Elfenbeinkugeln – Werke aus einer überraschend hohen Anzahl an Kugeln, die an Stoffspitze denken lassen, die ineinander liegen. Ich erwähne sie hier, auch wenn sie weder handgeschnitzt noch aus Holz hergestellt sind. Auch wenn sie aus Elfenbein gedreht werden, zeigen sie denselben Zauber wie die Schnitzereien. Ich dachte, diese Kugeln hätten chinesischen Ursprung. Tatsächlich erlernten die Chinesen diese Technik in Europa, wo Giovanni Ambrogio Maggiore sie vermutlich 1582 in Mailand erfunden hat. In den folgenden Jahrhunderten verbreiteten sich die verschachtelten Kugeln über ganz Europa und wurden beinahe schon zur Manie an den Höfen des Adels und der Könige. Jeder konnte sehen, dass Gott höchstselbst der ultimative Meisterdrechsler war und das Universum (Sonnensystem) selbst eine göttliche Drehbank war. Es war wichtig, dass alle Prinzen, und manchmal auch Prinzessinnen, dieses göttliche Handwerk erlernten.

Während der letzten Jahrzehnte haben Drechsler im Westen, allen voran David Springett, diese Technik wiederbelebt. Sein Buch *Woodturning Wizardry* (Fox Chapel, 2005) ist eine hervorragende Quellensammlung, die andere zu unglaublichen Ergebnissen beflügelt hat.

Chinesische verschachtelte Kugeln. Ineinander verschachtelte, polyedrische Kugeln werden immer noch in Hongkong hergestellt, jedoch eher aus mit Knochenstaub imprägniertem Kunststoff als aus Elfenbein. Die links abgebildete Kugel hat 14 Löcher, die als Scheitelpunkte eines rhombischen Dodekaeders positioniert sind. Sie ist 75 mm im Durchmesser groß und besteht aus 12 Kugeln, wobei die äußerste mit geschnitzten Drachen versehen ist. Das unten gezeigte Exemplar ist eine Schnitzarbeit mit einem spiralförmigen Halter.

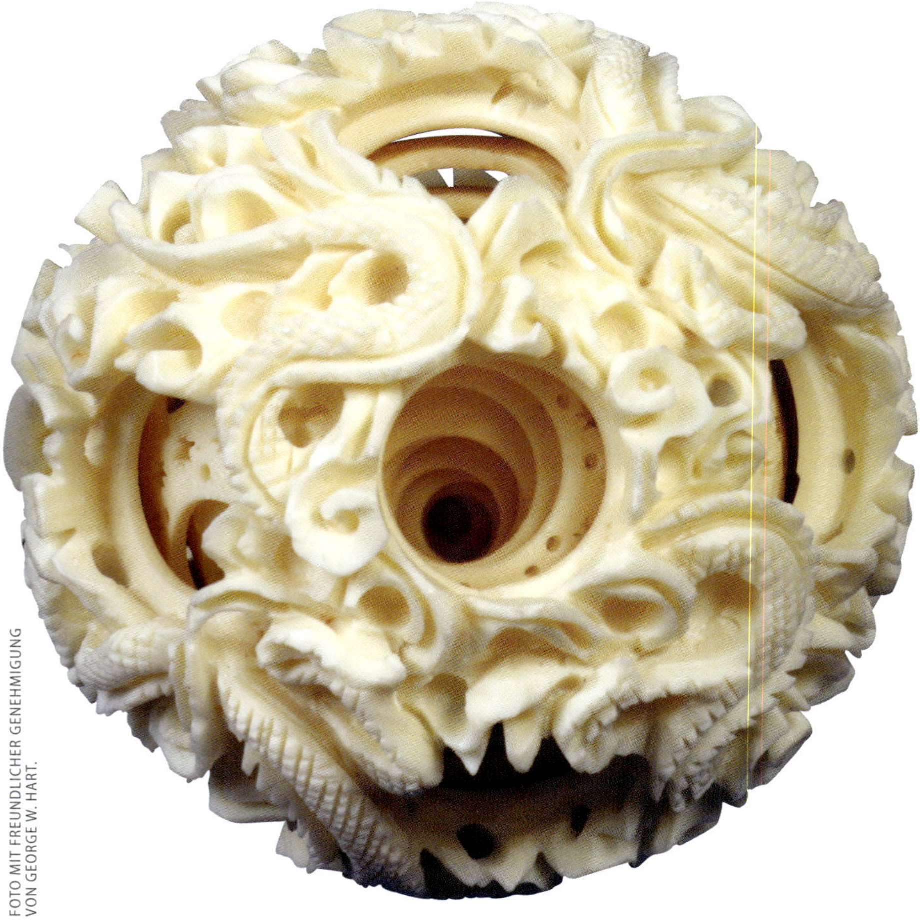

FOTO MIT FREUNDLICHER GENEHMIGUNG VON GEORGE W. HART.

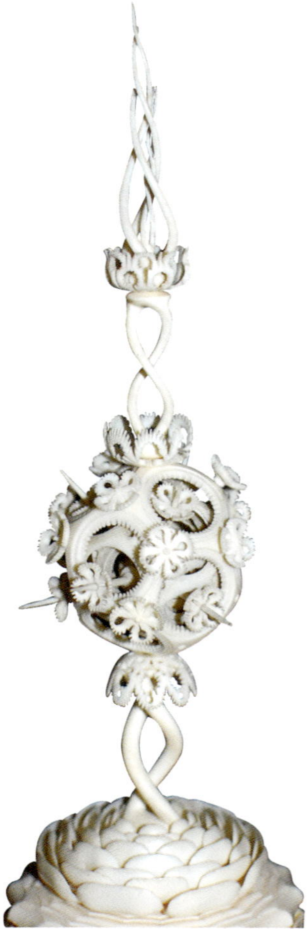

Sammlung des dänischen Königshauses, Kopenhagen

Liebe Leserin, lieber Leser,

herzlichen Dank für Ihr Interesse an unseren Büchern! Der Leopold Stocker Verlag ist ein unabhängiges Familienunternehmen, deshalb ist uns der Kontakt mit unseren Kunden besonders wichtig. Wir senden Ihnen in Zukunft gerne Informationen über unsere Neuerscheinungen zu und bitten Sie, uns Ihre Fragen, Wünsche und Anregungen mitzuteilen!

Mit herzlichen Grüßen

Mag. Wolfgang Dvorak-Stöcker

Diese Karte entnahm ich dem Buch: ______________________________

Fragen/Anregungen/Kommentare und Kritik zu diesem Buch oder unserem Programm:

____

____

____

Leopold Stocker Verlag GmbH, Hofgasse 5, 8010 Graz, Österreich
Tel.: +43/316/82 16 36, Fax: +43/316/83 56 12, E-Mail: stocker-verlag@stocker-verlag.com

Name

Straße

PLZ Ort

Telefon

E-Mail

☐ (Pflichtfeld) Ich bestätige, dass ich das 16. Lebensjahr vollendet habe und erteile meine ausdrückliche Zustimmung, dass die von mir oben angegeben Daten durch die Leopold Stocker Verlag GmbH zum Zweck der Vertragserfüllung und Leistungserbringung verarbeitet und an Auftragsverarbeiter weitergegeben werden, UND dass

☐ die angegeben Daten durch die Leopold Stocker Verlag GmbH zum Zweck des Newsletterversands verarbeitet, an Auftragsverarbeiter weitergegeben werden und ich werbliche Informationen und Angebote via Post, E-Mail, Telefon erhalte.

Ich kann meine Zustimmung jederzeit widerrufen. Dafür wende ich mich an die Leopold Stocker Verlag GmbH (Hofgasse 5, A-8010 Graz; Tel: 0043316/821636; E-Mail: datenschutz@stocker-verlag.com). Alle Infos: www.stocker-verlag.com/datenschutz.

Datum__________ Unterschrift ____________________

Bitte frankieren!

ANTWORTSENDUNG

Leopold Stocker Verlag

Postfach 438
Hofgasse 5
8011 Graz

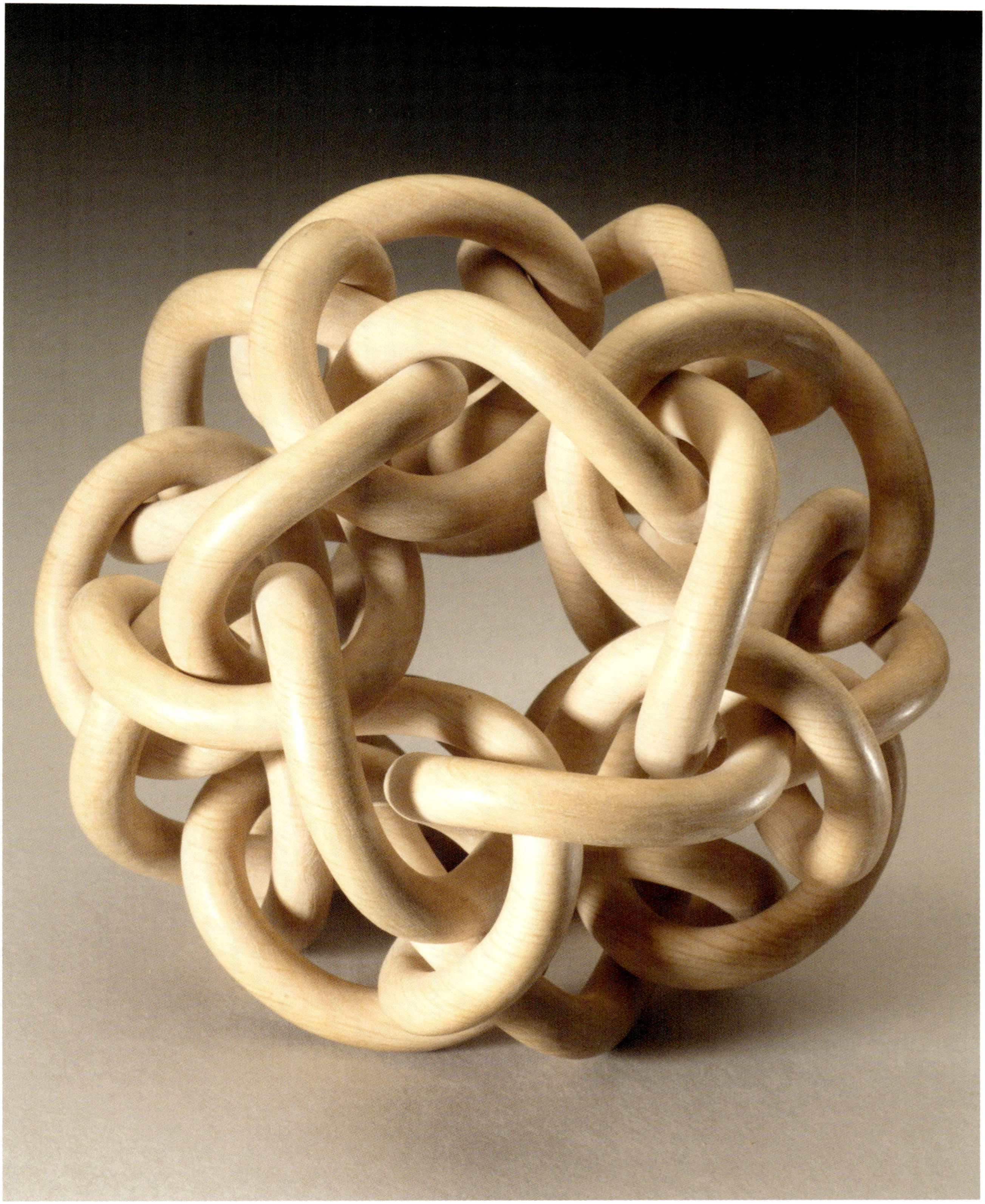

Ineinander verschlungene Ringe. Die oben gezeigte Hexa-Spirale besteht aus sechs verschlungenen Ringen. Die verschachtelten Kugeln finden sich in ihrem Muster wieder.

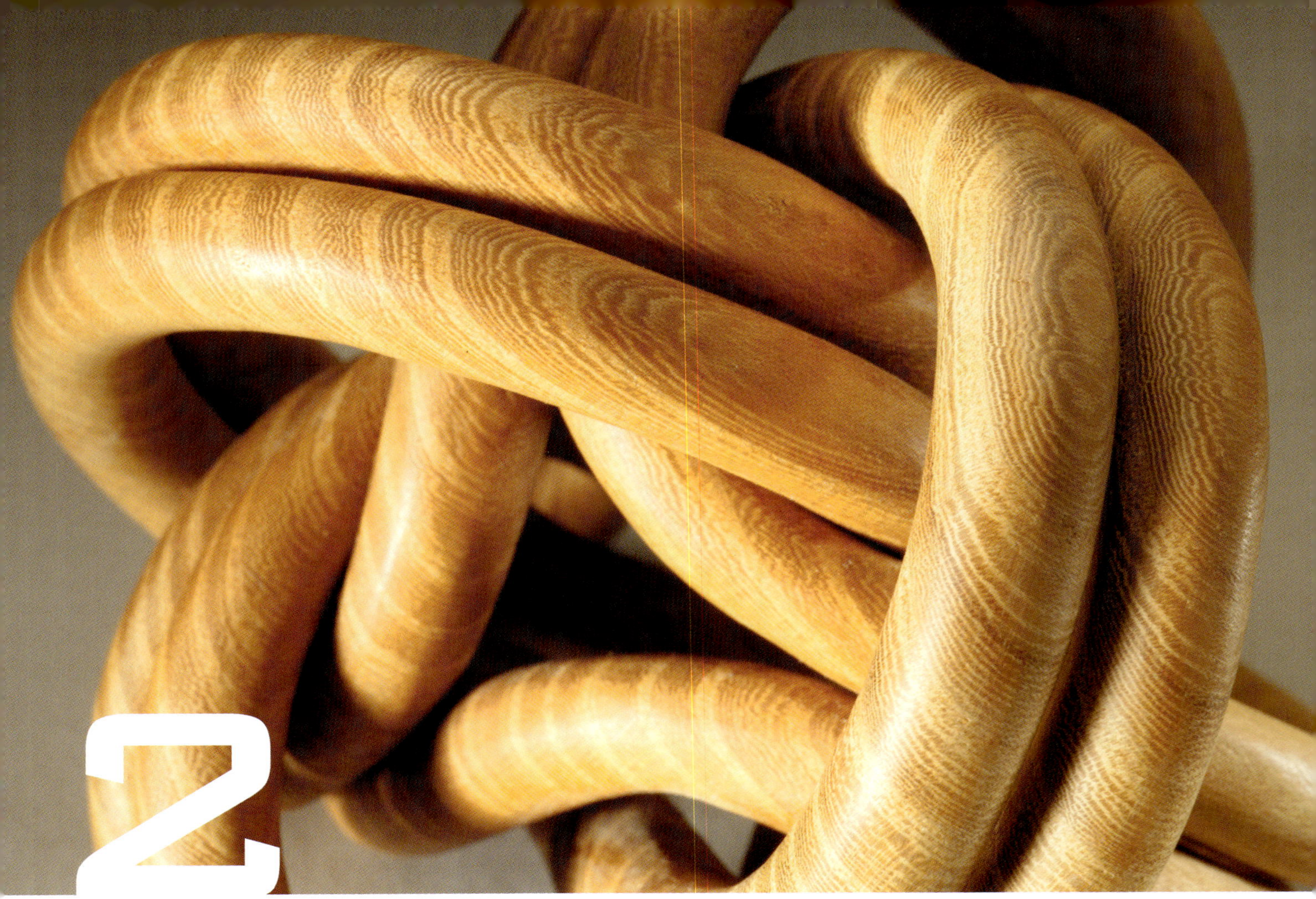

2

Holz

Holz ist ein wundervolles Material, um damit zu arbeiten; nicht, weil es leicht ist – ganz im Gegenteil, es kann ziemlich schwierig sein –, sondern weil es natürlich und schön ist (und vielleicht auch gerade, weil es so herausfordernd ist). Um effektiv mit Holz arbeiten zu können, müssen Sie über seine grundsätzlichen Merkmale und Eigenschaften Bescheid wissen. Für einen Trickschnitzer ist das Wissen im Kopf nicht genug: Es muss bis in seine Fingerspitzen reichen.

Wenn Holz bricht, folgt der Bruch in der Regel der Maserung. Konsequenterweise ist ein dünner Holzstreifen, der quer zur Maserung geschnitten wird, viel schwächer als einer, der in Maserungsrichtung geschnitten wird. Beim Trickschnitzen müssen Sie dünne Streifen in alle Richtungen schnitzen, was natürlich dem konventionellen Holzbearbeitungswissen zuwiderläuft. Deswegen ist es wichtig, die Holzqualität abzuwägen.

Ich probiere gerne viele verschiedene Holzarten aus.

Bei kleineren Projekten ist es mir egal, wenn ich ein Stück verwende, das schwierig zu schnitzen ist, wenn ich annehme, dass das Ergebnis gut aussehen wird. Letzten Endes ist jedes Projekt schon eine Herausforderung für sich, also warum nicht?

Ich erfreue mich an den unterschiedlichen Gerüchen, die verschiedene Hölzer mit sich bringen. Ich glaube, dass ich die meisten Holzarten, die ich kenne, allein an ihrem Geruch, den sie beim Bearbeiten verströmen, erkennen könnte.

Eine Tante gab mir einmal ein Stück Mooreiche, das ihr Vater, ein Möbeltischler, ihr überlassen hatte. Es war so schwarz, dunkel und hart, dass ich dachte, sie hätte sich geirrt: Es musste Ebenholz sein. Ich schnitt ein Stück ab, um ihr ein kleines Geschenk zu machen und fand heraus, dass sie Recht hatte: Den Geruch von Mooreiche kann man nicht verwechseln!

Ich mag die hier in diesem Kapitel gezeigten Holzarten ganz besonders und kann sie auch Einsteigern gefahrlos empfehlen.

Wünschenswerte Maserung und Form

Zusätzlich zur Maserungsstruktur, den Fasern, die der Länge nach der Richtung des Stammes oder des Astes folgen, hat Holz auch eine Ringstruktur, die sich aus dem jährlichen Wachstum ergibt. Jedes Jahr kommt ein Ring dazu. Bei einigen Hölzern, wie etwa Birne, sind die Ringe kaum wahrnehmbar.

Bei anderen Holzarten, wie etwa Pinie, wechseln sich Schichten aus sehr weichem und sehr hartem Holz ab. Diese Hölzer sind nicht gut für das Schnitzen geeignet. Wenn Sie über die Struktur schnitzen, scheint das Messer fast schon zu stolpern, während es die sich abwechselnden Schichten aus hartem und weichem Material durchschneidet. Wenn Sie in Maserungsrichtung schnitzen, splittert das Holz entlang der weichen Schichten zu leicht. Sie sollten nach Holz mit einer gleichmäßigen Struktur Ausschau halten.

Eine weitere Erwägung ist die Härte des Holzes. Ich würde sagen, dass mittelharte Hölzer wie Apfel, Kirsche, Birne und andere Obsthölzer, ideal geeignet sind. Ich empfehle, nichts Weicheres zu verwenden, wie etwa Buchsbaum. Es ist zu leicht, große und schnelle Schnitte zu schnitzen, was es fehleranfälliger macht.

HÖLZER, DIE ICH MAG: RIO-PALISANDER

Dieses Holz hat eine dunkelbraune, nach und nach ins Schwarze übergehende Färbung. Es ist ein Hartholz und Sie müssen auf die Maserungsrichtung achten. Da es so hart ist, besteht ein geringes Verletzungsrisiko, wenn Sie quer zur Maserung schnitzen.

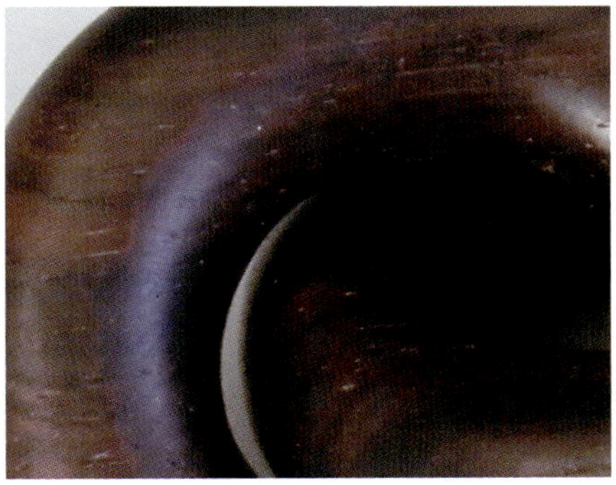

HÖLZER, DIE ICH MAG: KIRSCHE

Das ist einer meiner Lieblinge: Ich liebe die Farbe und die zart erkennbare Struktur. Für gewöhnlich ist es recht dicht und nicht sehr hart, was es leicht zu schnitzen macht.

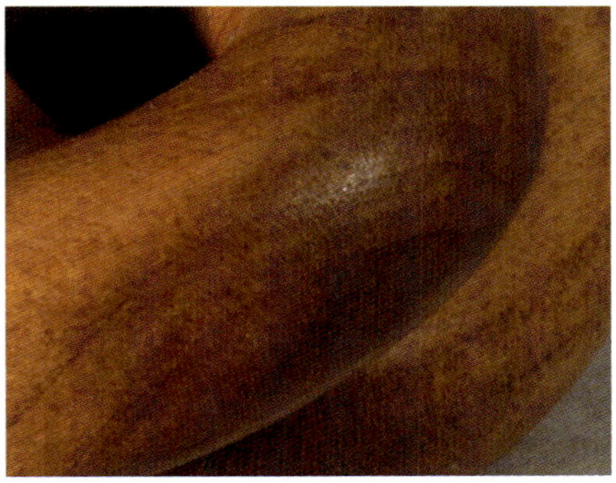

HÖLZER, DIE ICH MAG:
ULME

Ich liebe Ulme für ihre unübersehbaren Streifen in Gelb-, Grün- und Rottönen. Sie müssen ein bisschen vorsichtiger sein, wenn Sie Ulme schnitzen, um zu vermeiden, dass das Holz in Maserungsrichtung splittert. Vor Jahren gab es viel Ulmenholz in Europa, nachdem alle alten Ulmen an einer Krankheit gestorben waren, doch nun brauchen Sie Glück, jemanden zu finden, der noch ein wenig davon hat.

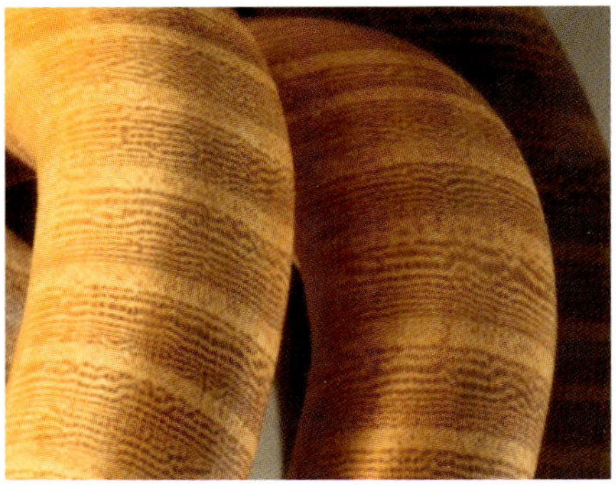

HÖLZER, DIE ICH MAG:
GOLDREGEN

Die schöne braune Struktur des Goldregens lässt ihn wie ein Tropenholz aussehen, auch wenn er in Europa und im Nahen Osten beheimatet ist. Er ist mittelhart und gut zum Schnitzen – auch wenn das Holz giftig ist: Drechslern wird geraten, eine Maske zu tragen, wenn sie es drechseln. Ich habe jedoch noch keine Unpässlichkeiten vom Schnitzen davongetragen.

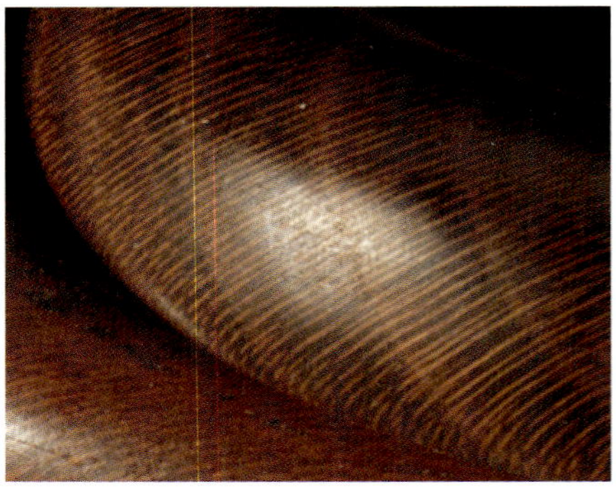

Außerdem könnten Sie auch unerwünschte Beulen in weichem Holz hinterlassen, nur weil Sie mit dem Griff eines Werkzeugs an der Oberfläche ankommen. Härtere Hölzer, wie Goldregen, Flieder oder Walnuss, sind eine bessere Wahl. Natürlich lassen sich diese schwerer schnitzen, was Sie dazu zwingt, ein bisschen langsamer zu arbeiten. Sie werden beim Magischen Schnitzen jedoch feststellen, dass langsames Arbeiten Ihnen zu besseren Ergebnissen verhilft.

Dann folgt der ästhetische Blickwinkel. Es wird gemeinhin gesagt, dass Streifen, Aufhellungen und andere ausgeprägte Muster zum Schnitzen vermieden werden sollten, da es die Wahrnehmung der Formen stört. Das mag für naturalistische oder gemusterte Schnitzereien stimmen, bei den geometrischen Formen, die ich schnitze, empfinde ich Streifen und hellere Stellen jedoch als Wahrnehmungsverstärkung der geschwungenen Formen. Die Maserung betont die Tatsache, dass das Stück aus einem einzelnen Stück Holz geschnitzt wurde.

Die Porengröße ist ein weiterer ästhetischer Faktor. Eiche und einige Tropenhölzer haben so große Poren, dass sie manchmal wie kleine Löcher an der Oberfläche des Hirnholzes und wie Furchen in Maserungsrichtung aussehen. Ich würde solche Hölzer nicht zwangsläufig vom Schnitzen ausschließen, ziehe aber Holz mit geschlossenen Poren, das glattgeschliffen werden kann, vor.

Kurz zusammengefasst: Suchen Sie nach Holz mit einer dichten und gleichmäßigen Struktur, das mittelhart ist und über Maserung und Muster verfügt, das die Biegungen und die Magie Ihrer Arbeit betont.

HÖLZER, DIE ICH MAG: FLIEDER

Flieder hat eine feine, helle Farbe mit gut sichtbarer Struktur. Er ist recht hart und kann ohne spezielle Oberflächenbehandlung auf Glanz poliert werden. Ich bin allein schon wegen des Dufts sicher, dass Sie damit gerne schnitzen werden: Er ist fast berauschend, wie das edelste Parfüm. Der Duft hält sich über Jahre hinweg, auch nach dem Schnitzen.

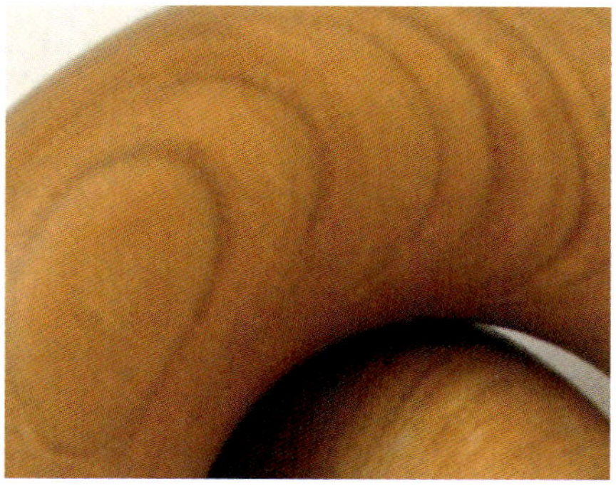

HÖLZER, DIE ICH MAG: OLIVE

Olivenholz ist hart und zeitraubend zu bearbeiten, aber es ist die Mühe aufgrund seiner atemberaubenden Schönheit einfach wert. Manchmal zeigt es extreme Kontraste zwischen fast Weiß und fast Schwarz. Ich ziehe Stöcke mit einer gewellten Mischung aus Hell- und Dunkelbraun vor. Es hat ein wundervolles Aroma.

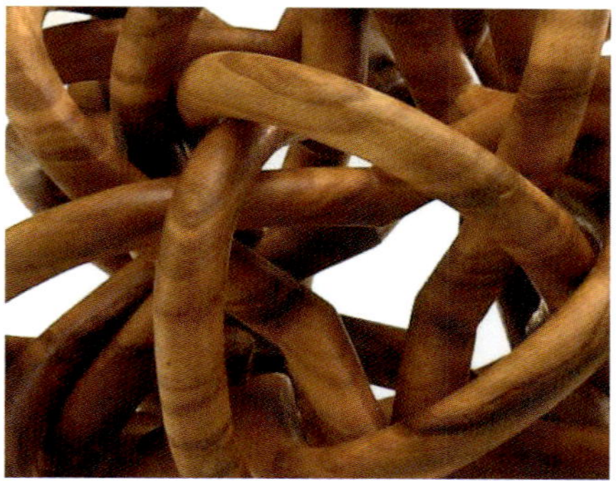

Holz finden

Sie können feine Stücke heimischen und exotischen Holzes natürlich bei Holzhändlern finden. Es gibt jedoch auch viele andere Wege, gutes Holz zum Schnitzen ausfindig zu machen. Viel exzellentes Holz endet im Kamin.

Immer wenn ich jemanden besuche und dort einen Stapel Feuerholz finde, inspiziere ich diesen genau und frage, was für Hölzer sich darin befinden und wann es geschnitten wurde. Sie können oft interessante Dinge, wie Apfel, Goldregen, Flieder, Birne und Eibe, finden. An den Rändern ist das Feuerholz schnell überprüft, doch für gewöhnlich befinden sich die guten Stücke in der Mitte des Stapels.

Sagen Sie Ihren Freunden und Verwandten, wonach Sie suchen. Wenn sie einmal wissen, was Sie mit Holz anzustellen in der Lage sind, werden sie an Sie denken, wenn sie einen alten Obstbaum umschneiden. Sie könnten auch das örtliche Gartenamt oder Baumchirurgen kontaktieren. Vergessen Sie nicht, ein Beispiel Ihrer Arbeit mitzunehmen, um sie zu beeindrucken, da Sie so die Chance erhöhen, dass man sich an Sie erinnert.

Schreinereien und Möbelreparaturservices sind ebenfalls gute Anlaufstellen für Holz. Sie lagern immer Reststücke verschiedener feiner Hölzer und verkaufen kleinere Stücke für gewöhnlich gerne oder geben sie auch einmal einfach so ab, wenn sie sehen, was Sie daraus machen können. Sie können sicher sein, dass das Holz gut abgelegen und verwendungsfertig ist. Wenn ich ins Ausland reise, halte ich immer Ausschau nach kleinen Werkstätten und frage auch manchmal die Einheimischen, wo ich diese finde.

Holz trocknen

Das meiste Holz, das Sie von Freunden, Baumchirurgen oder Gartenämtern bekommen, ist frisch und muss getrocknet werden, bevor Sie es verwenden können. Holz schrumpft, wenn es trocknet, und wenn es ungleichmäßig trocknet, machen innere Spannungen Ihr wertvolles Holz rissig. Risse sind für den Trickschnitzer gefährlich, also unternehmen Sie Schritte, um Ihrer Entwicklung entgegenzuwirken: Schneiden Sie das Holz in bewältigbare Längen (aber länger als Feuerholz), da Sie an den Enden immer wieder Risse abschneiden müssen. Spalten Sie große Holzscheite in der Mitte, um die Spannung zu verringern und das Trocknen zu beschleunigen.

Holz trocknet an den Enden schneller als in der Mitte, weshalb die Enden schnell spröde werden, wenn Sie sie nicht versiegeln. Sie können die Risse wahrscheinlich nicht ganz verhindern, aber Sie können sie minimieren.

Versiegeln Sie das Hirnholz mit alter Farbe, Leim oder Kerzenwachs, das Sie mit einem heißen Eisen auftragen. Sie können auch ein handelsübliches Produkt namens Anchorseal-Wachs verwenden, das Sie im Schnitzbedarf und online erhalten.

Versehen Sie jedes Stück mit dem Namen des Holzes und dem Jahr, in dem es geschnitten wurde, damit Sie es nicht vergessen.

HÖLZER, DIE ICH MAG: BIRNE

Birne ist wahrscheinlich das Beste, was Sie zum Schnitzen bekommen können. Es ist kleinporig, gleichmäßig und nicht sehr hart, sodass Sie in schier jede Richtung schnitzen können und kaum einen Unterschied spüren werden – es gibt keine Gefahr eines irrtümlichen Zersplitterns. Ich finde das gräuliche Braun allerdings ein bisschen langweilig und es gibt nur wenig sichtbare Struktur, außer Sie haben das Glück, eines der seltenen Stücke mit dunkler Zeichnung zu finden.

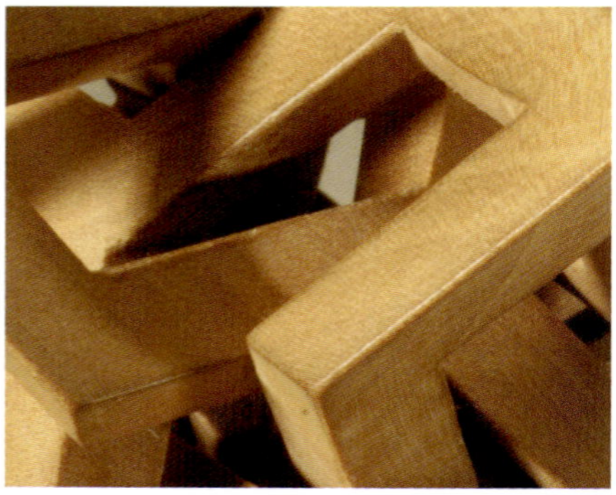

HÖLZER, DIE ICH MAG: WENGE

Dieses Tropenholz hat sowohl viele der Eigenschaften des Rio-Palisanders als auch ähnliche Farben. Die Verteilung von Braun und Schwarz ist jedoch anders und zeigt ein Muster aus eng aneinanderliegenden, schmalen regelmäßigen Streifen. Dies ergibt einen interessanten Effekt, den ich bei einfachen Projekten, wie der Hopf-Verschlingung (Seite 56), mag.

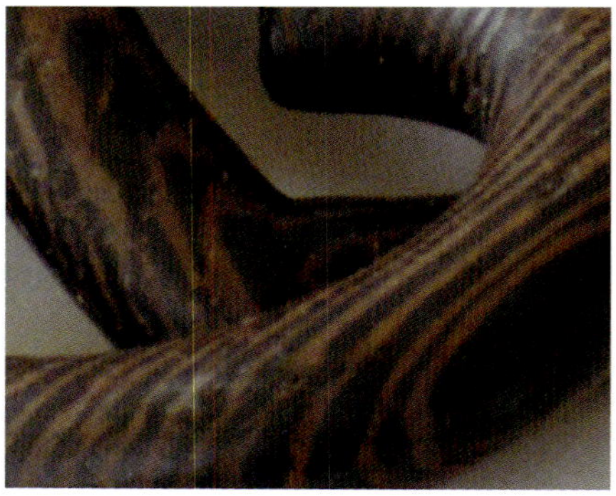

Langsames Trocknen bringt wahrscheinlich weniger innere Spannungen mit sich, also lassen Sie das Holz mindestens die ersten zwei Jahre draußen. Ein offenes Carport oder eine Gartenlaube ist ideal; eine mit Dachschindeln abgedeckte Palette in einer schattigen Ecke tut ihren Dienst aber ebenso.

Wenn Sie glauben, dass das Holz draußen nicht mehr trockener werden kann, können Sie es für ein oder zwei Jahre in Ihren Keller oder Ihre Werkstatt legen. Zu diesem Zeitpunkt können Sie damit beginnen, es rechtwinkelig zuzuschneiden, um es besser verstauen zu können. Wenn Sie es kürzen, versiegeln Sie das Hirnholz erneut.

HÖLZER, DIE ICH MAG: WALNUSS

Walnussholz wird für seine schöne graubraune Farbe mit dunklen Einschlüssen gelobt. Es ist mittelhart und gut zum Schnitzen geeignet.

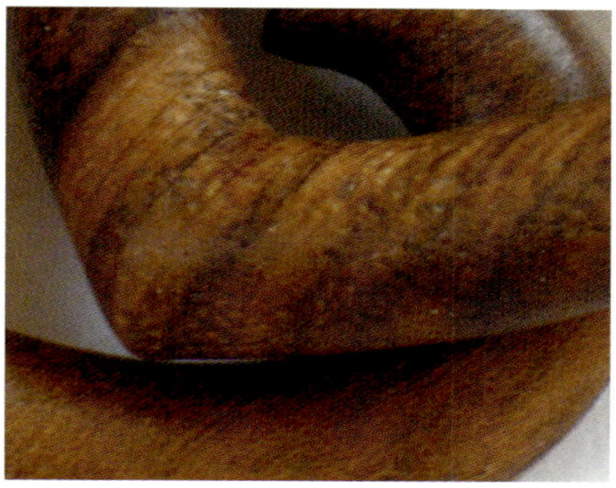

HÖLZER, DIE ICH MAG: EIBE

Es fühlt sich gut an, Eibe zu schnitzen, auch wenn sie nicht so sicher ist wie Birnenholz, aber solange Sie nur mittelmäßig viel Kraft anwenden, gibt es keine Gefahr und Sie brauchen nicht wirklich Kraft, weil das Holz nicht sehr hart ist. Ich liebe das warme Braun und die gestreifte Struktur. Das Splintholz ist sehr hell und von derselben guten Qualität, sodass Sie ein zweifarbiges Projekt schnitzen können. Ich hatte einmal ein Stück mit einem schwarzen Streifen zwischen Weiß und Braun: Ich habe ein schönes Paar Herzen daraus geschnitzt.

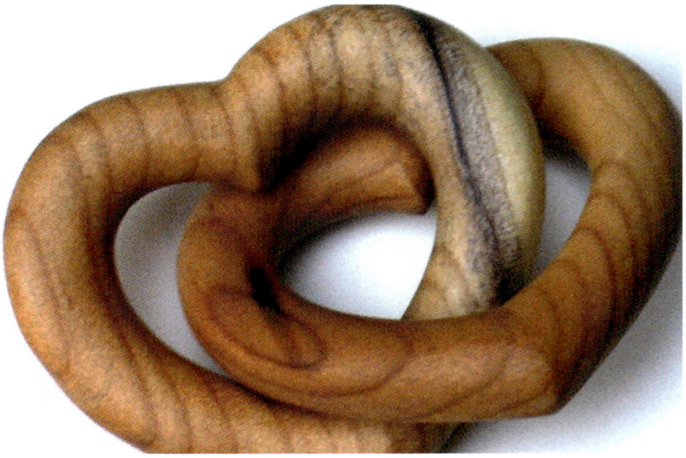

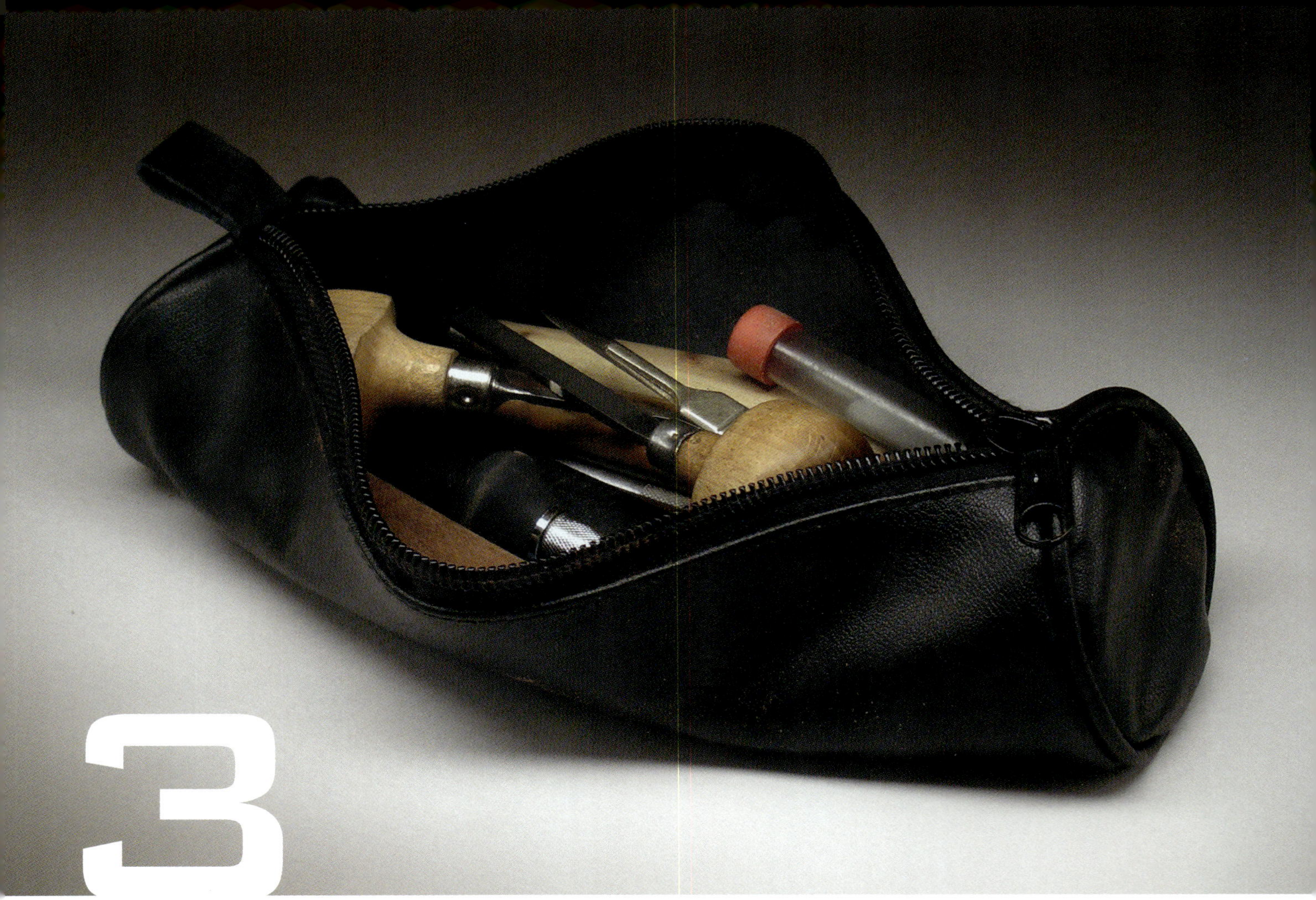

3

Werkzeuge und Arbeitsweisen

Meine Grundausstattung. Während der Hobo mit einem einzigen Taschenmesser durch die Lande gezogen ist, um seine charmanten Kleinodien zu gestalten, brauche ich ein bisschen mehr Werkzeug. Dieses kleine Täschchen beinhaltet alles, was ich für ein Projekt brauche.

Alle Projekte in diesem Buch wurden mit ein paar einfachen Handwerkzeugen hergestellt. Meistens verwende ich sie, während ich am Esstisch sitze.

Über die Jahre hat sich viel Werkzeug angesammelt. Wenn ich auf Reisen bin, besuche ich gerne Werkzeugläden; gelegentlich kaufe ich etwas und hoffe, es irgendwann auch zu verwenden. Menschen, die meine Arbeit kennen, bringen mir auch Werkzeug mit, von dem sie meinen, ich könnte es gebrauchen.

Das meiste davon verwende ich jedoch nie. Dafür habe ich ein paar wenige Werkzeuge, die ich immer wieder und wieder verwende, weil sie so gut sind. Trotzdem ist es immer einen Versuch wert, neue Arbeitsgeräte auszuprobieren. Tatsächlich ist mir eines meiner besten Werkzeuge erst vor zehn oder zwölf Jahren in die Hände gefallen. Es ist ein Stechbeitel mit Faustgriff und ich benutze ihn ständig. Ich kann nur schwer verstehen, wie ich ohne ihn arbeiten konnte.

Das Werkzeug, das ich am häufigsten verwende, passt in ein Schüttelpennal aus Leder, das ich überallhin mitnehme, wenn ich gerade an einem Projekt arbeite. Nur die ersten Schritte finden in meiner Werkstatt statt, wo ich das Werkstück in einem Schraubstock befestigen kann. Der Rest der Schnitzarbeit ist mehr oder weniger wie Stricken: Ich nehme sie überallhin mit und arbeite, wo immer ich sitze: Am Wohnzimmertisch, im Garten, am Kaffeehaustisch und im Park.

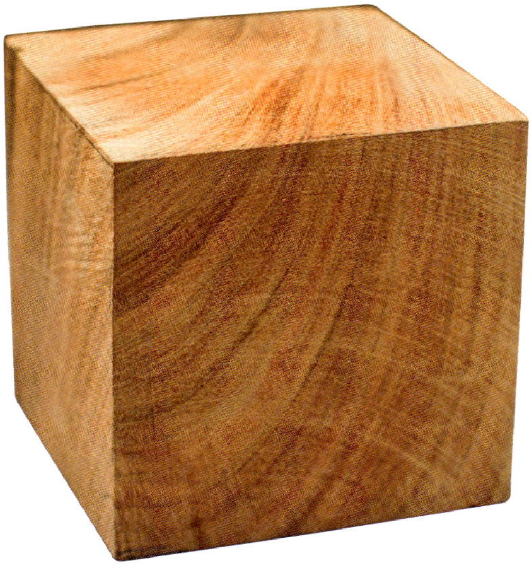

Der anfängliche Rohling. Die meisten einfachen Schnitzprojekte beginnen mit einem Würfel. Komplexe Werkstücke brauchen einen Rohling mit nicht weniger als 32 Seiten.

Die paar Späne, die ich dabei produziere, lassen sich leicht zu einem Häufchen zusammen und in die Hand schieben und wegwerfen. Wenn ich bei anderen Menschen zu Besuch bin, lege ich für gewöhnlich ein Papier auf, um die Splitter und Späne aufzufangen.

Im Park oder im Garten lasse ich die Späne einfach in meinen Schoß fallen. Wenn ich gehe, stehe ich auf und klopfe meine Hose ab.

Ich verwende nie einen Schraubstock, abgesehen vom anfänglichen Zuschnitt des Rohlings. Wenn ich schnitze, halte ich das Werkstück in meiner linken Hand, damit ich es schnell drehen kann, um den Schnitzwinkel zu ändern und die Arbeit von allen Seiten beurteilen zu können. Das hilft mir auch zu vermeiden, das Messer mit zu viel Kraftanwendung zu führen.

Üben Sie immer nur moderaten Druck auf das Werkzeug aus. Wenn Sie zu viel Kraft aufwenden, können Sie die Arbeit beschädigen oder Ihre Hand verletzen. Natürlich sollten Sie beides vermeiden. Kleinere Späne sind immer besser als große, auch wenn Sie viel Material entfernen möchten. Schneiden Sie nicht in Richtung Ihrer Finger. Sie können auch versuchen, mit einem dünnen Lederhandschuh an Ihrer Haltehand zu arbeiten – so können Sie einen besseren Halt bekommen und Ihre Hand ist vor leichten, versehentlichen Strichen mit dem Werkzeug geschützt.

Erste Schritte

Ein Trickschnitzprojekt besteht aus Tausenden mehr oder weniger absichtsvoll getroffener Entscheidungen. Ihre Hände erlangen Fingerfertigkeiten, derer Sie sich gar nicht bewusst sind – Fähigkeiten, die nur in der Praxis erlernt werden können. Was folgt, sind die Schritte eines typischen Projekts, eine Erklärung, was zu welchem Zeitpunkt zu tun und welches Werkzeug zu verwenden ist.

Den Rohling vorbereiten. Dabei handelt es sich sehr oft um einen Würfel. Falls Sie für Ihr Projekt einen exotischeren Rohling brauchen, finden Sie die Anleitung dazu in Kapitel 5, „Rohlinge zum Schnitzen vorbereiten“, S. 56.

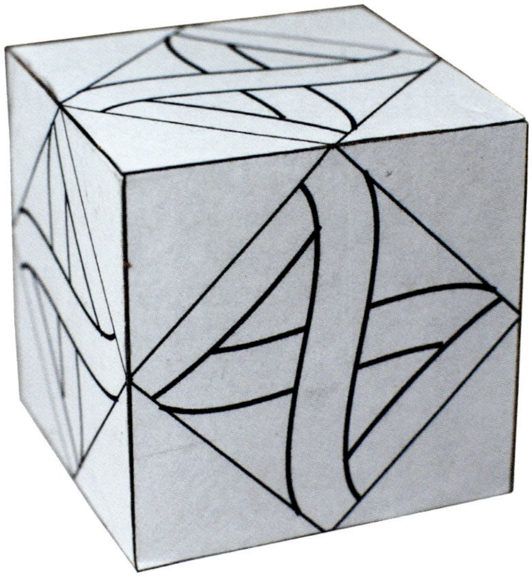

Muster in situ. Vielleicht gelingt es Ihnen, das Schnitzmuster direkt auf das Holz zu zeichnen, allerdings kann es leichter sein, das Muster auf Papier zu zeichnen und die Kopien aufzukleben.

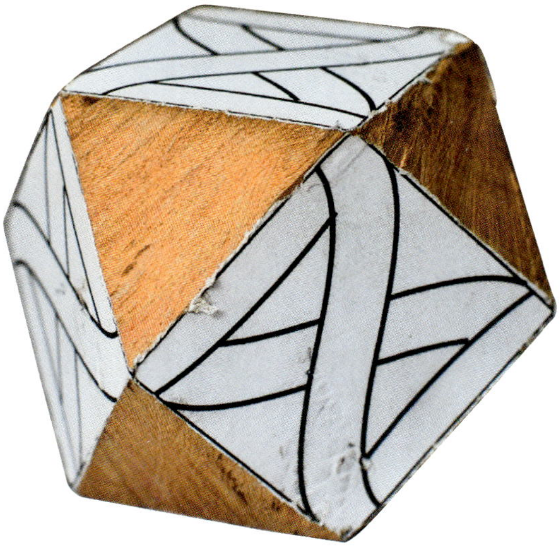

Erste Schnitte. Schneiden Sie Überschüsse weg, um den Rohling so zu formen, dass Sie mit dem Schnitzen beginnen können.

Zeichnen Sie das Muster auf den Rohling. Handelt es sich um ein einfaches, können Sie es abmessen und direkt auf das Holz zeichnen. Allerdings ist es oft einfacher, es auf Papier zu zeichnen und öfter auszudrucken, da es für gewöhnlich auf allen Seiten gleich ist. Schneiden Sie die Muster aus und bringen Sie sie an den Seiten des Rohlings mit Sprühkleber oder einem Klebestift an.

Wenn Sie die ersten Schnitte mit einer Säge machen können, tun Sie dies in der Werkstatt und halten Sie das Stück mit einem Schraubstock, während Sie es mit einer feinzahnigen Handsäge schneiden. Das Muster, das Sie gezeichnet haben, sollte Ihnen all Ihre Schnitte auf allen Seiten Ihres Rohlings zeigen. Die komplexeren Projekte erlauben das Sägen kaum, oft entfernen Sie nur ein paar Ecken.

Sägen Sie außerhalb der Linie, sodass diese noch intakt ist, nachdem Sie Ihren Schnitt gemacht haben. Wenn der Schnitt auf einen anderen Schnitt von einer anderen Seite trifft, sägen Sie nicht direkt in diese Schnittlinie; stattdessen hören Sie etwa eine Sägeschnittbreite entfernt auf. Versuchen Sie die Tendenz, auf einer Seite tiefer als auf der anderen zu schneiden, zu vermeiden, besonders auf der Außenseite des Schnitts. Jeder Schnitt entfernt einige Markierungen für die folgenden Schnitte. Erhalten Sie die Markierungen, indem Sie die passenden Linien auf die neue Oberfläche zeichnen, bevor Sie fortfahren. Seien Sie so genau, wie Sie nur können. Bei komplexeren Projekten gibt es nicht viel Sägearbeit, aber es ist schlau, diese zuerst zu erledigen, da so das Werkstück angenehmer zu halten ist.

Entscheiden Sie, ob Sie Öffnungen bohren möchten. Bevor Sie mit dem Schnitzen beginnen, entscheiden Sie, ob Sie Löcher in die Mitte bohren müssen. Das Bohren zu einem frühen Zeitpunkt hat zwei Vorteile: Es erlaubt Ihnen, eine Schnur durchzuziehen, die die Maserungsrichtung anzeigt, bevor Sie mit dem Schnitzen beginnen; wenn Sie präzise bohren können, helfen die Löcher Ihnen, die Symmetrie beim Schnitzen aufrechtzuerhalten. Dazu benötigen Sie eine gute Standbohrmaschine, und wenn sich die Löcher an den Eckpunkten befinden, eine Spannvorrichtung, die das Werkstück hält. Bohren Sie von allen Seiten in Richtung Mitte, aber nicht ganz hindurch.

Machen Sie die Löcher kleiner als die Öffnung des fertigen Modells. Sie können Ihre Oberflächenzeichnung nicht verwenden, um die Größe

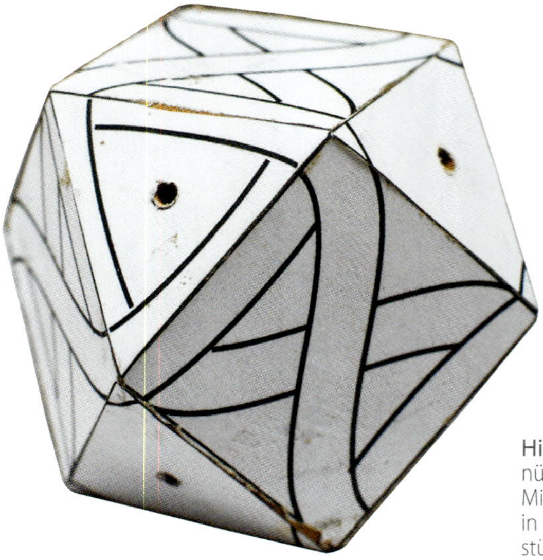

Hilfreiche Löcher. Es kann nützlich sein, Löcher von der Mitte einer jeden Fläche aus in Richtung Mitte des Werkstücks zu bohren.

Schnitttechniken. Lassen Sie immer ein bisschen Überstand zum Schnitzen. Sägen Sie also auf der Verschnittseite der Linie und beenden Sie den Schnitt, knapp bevor die Säge eine kreuzende Linie erreicht.

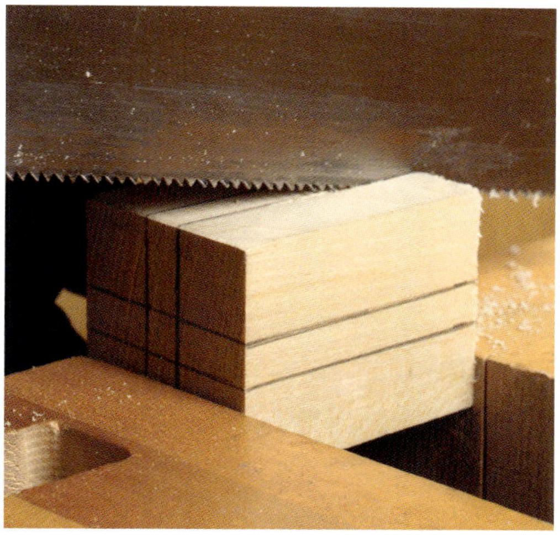

der Löcher richtig zu beurteilen. Die Öffnungen sehen an der Oberfläche viel größer aus, da sie immer kleiner werden, wenn Sie in Richtung Mitte arbeiten.

Löcher in einem frühen Stadium zu bohren, widerspricht einem meiner Grundprinzipien: Immer in kleinen Schritten arbeiten, in jedem Schritt die Symmetrie erhalten. Löcher von oben in die Mitte zu bohren, ist kein kleiner Schritt. Ich habe das einmal gemacht und das Ergebnis war ein Stück Abfall, weil ich mir nicht ausreichend darüber bewusst war, wie die Löcher zur Mitte hin schrumpfen. Ich rate jedoch nicht völlig davon ab. Es ist eine gute Idee, wenn Sie dies präzise erledigen können. Doch Ihre Motivation sollte eher Präzision als Schnelligkeit sein. Sie haben grundsätzlich keine Eile, wenn Sie magisch schnitzen!

Schnitzwerkzeuge

Stechbeitel. Für grobe Schnitzarbeiten, bei denen schnell Material entfernt werden soll, ist mein Lieblingswerkzeug ein 6-mm-Stechbeitel mit Faustgriff. Ich habe das Werkzeug von einem Künstlerfreund meiner Schwester geerbt. Er sieht aus wie das Gravierwerkzeug eines Goldschmieds, wurde aber wahrscheinlich vom Künstler selbst angefertigt.

Ich habe dasselbe gemacht. Ich kaufte einen Griff und fand einen 6 mm breiten Stechbeitel. Ich schnitt die Klinge auf eine Länge von ca. 10 cm zu und schliff eine etwa 2 cm lange schmale Spitze zu, die in den Griff gehämmert wurde. Etwa 8 cm Stahl stehen aus dem Griff heraus. Diese Länge sorgt für exzellente Kontrolle, wenn ich den Griff in meiner Hand halte und den Stahl nahe der Schnittkante greife. Ich habe auch ein paar Stechbeitel mit schmäleren Schäften und Schnittkanten hergestellt, doch dieser 6-mm-Stechbeitel ist der, den ich am häufigsten benutze.

Unverzichtbare Stechbeitel. Sie können die meiste Schnitzarbeit mit einem 6-mm-Stechbeitel (oben) erledigen, den Sie entweder kaufen oder selbst machen können. So oder so empfehle ich, das Werkzeug mit den hier gezeigten Griffen auszustatten, da es so leichter zu kontrollieren ist.

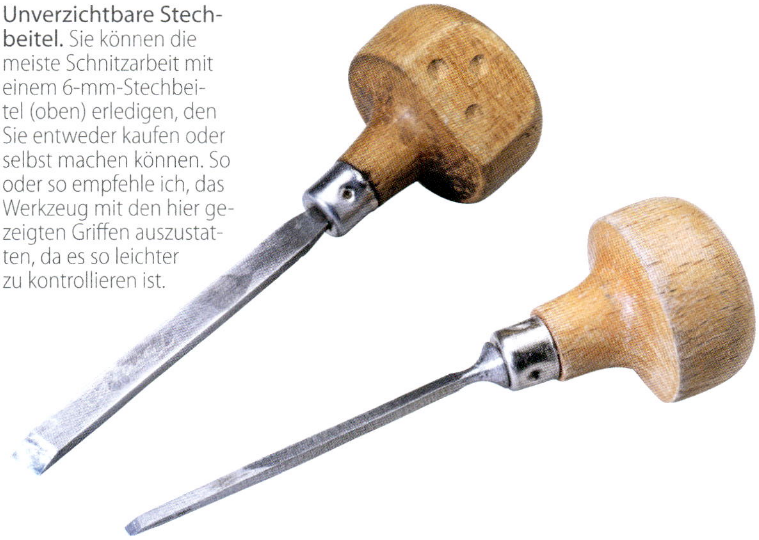

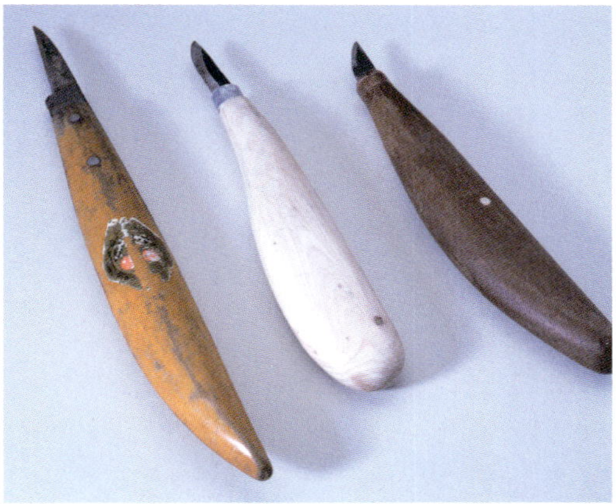

Unverzichtbare Messer. Dies sind die drei Messer, die ich am meisten benutze. Das linke ist ein Standardwerkzeug; die anderen haben handelsübliche Klingen, die in selbstgemachte Griffe eingesetzt wurden.

Messer. Ein einziges gutes Messer wäre ausreichend, ich finde es jedoch angenehm, eine kleine Auswahl zu haben: Eines mit gerader Schnittkante zum Abrunden und Schnitzen konvexer Oberflächen, ein spitzes, um in enge Furchen und Ecken zu kommen, und ein gebogenes für verschiedenste Zwecke. Ich verwende auch ein Chirurgenskalpell mit einer E11-Einwegklinge. (Auch wenn sie eigentlich in Krankenhäusern verwendet werden, können Skalpelle auch in einigen Apotheken und im Künstlerbedarfshandel erstanden werden.)

Messer mit sehr kurzen Klingen geben Ihnen die beste Kontrolle, da Sie für gewöhnlich mit der Spitze arbeiten. Sie können gute Messer im Internet finden. Einige Schnitzer stellen ihre eigenen Messer her oder lassen sie für sich spezialanfertigen. Ich habe ein recht gutes Messer mit gerader Klinge aus einem alten Küchenmesser gemacht, das ich auf die halbe Länge geschliffen habe und dem ich einen hübschen hölzernen Griff geschnitzt habe.

Wenn Sie versuchen, Ihre eigene Messerklinge mit einer Schleifmaschine zu formen, passen Sie auf, dass Sie die Härte des Stahls nicht verlieren, da es sich sonst nicht mehr zum Schnitzen eignet. Messerklingen werden gehärtet und angelassen, damit die scharfe Kante erhalten bleibt und sich immer noch leicht schärfen lässt, wenn sie stumpf wird. Überhitzung, etwa vom Schleifen, kann diese Eigenschaften leicht zerstören.

Stellen Sie einen Wasserbehälter neben die Schleifmaschine, damit Sie das Werkzeug regelmäßig kühlen können. Seien Sie besonders achtsam an der Spitze, wo Sie die beste Schneidkante brauchen, das Material jedoch dünn ist und leicht überhitzt.

Solange Sie die Klinge berühren können und die Oberfläche sauber und glänzend bleibt, sind sie gut unterwegs. Wenn die Oberfläche jedoch beginnt, die Farbe zu verändern, könnte es problematisch werden. Eine helle Braunfärbung ist die erste Warnung, dass Sie zu weit gehen. Eine violette oder bläuliche Färbung kann eine Beschädigung signalisieren. Eine glühende Spitze ist fatal. Arbeiten Sie langsam und wenden Sie nicht zu viel Druck an, ganz besonders nahe der Spitze.

Schnitztechniken

Arbeiten Sie langsam. Wenden Sie nicht zu viel Kraft mit dem Werkzeug an und nehmen Sie sich Zeit. Halten Sie immer wieder inne und begutachten Sie, was Sie tun. Einige meiner Modelle, etwa „Vier Dreiecke“ oder „Squaredance“ auf Seite 65 und 67, beginnen in der Formgebung erst als flache Scheiben. Das macht es recht leicht zu beurteilen, wo Sie schnitzen müssen, schneiden Sie die Scheiben jedoch nicht direkt auf die Stärke zu, die sie am Ende haben sollen.

Achten Sie auf Symmetrie. Modelle mit verdrehten oder verschlungenen Teilen sind schwieriger zu beurteilen. Beginnen Sie, indem Sie ein flaches Relief mit einer Extraschicht an Ringen oder Armen schnitzen. Wenn Sie tiefer und tiefer schnitzen, sollten Sie ein Gefühl für die Kurven der verschiedenen Teile erhalten, sodass Sie diese mit so gleichmäßigen und weichen Biegungen wie möglich im Hinterkopf zuschneiden können. Versuchen Sie, die fertige Form im Holz zu „sehen“. Arbeiten Sie allmählich in kleinen Schritten rund um ihr gesamtes Modell herum.

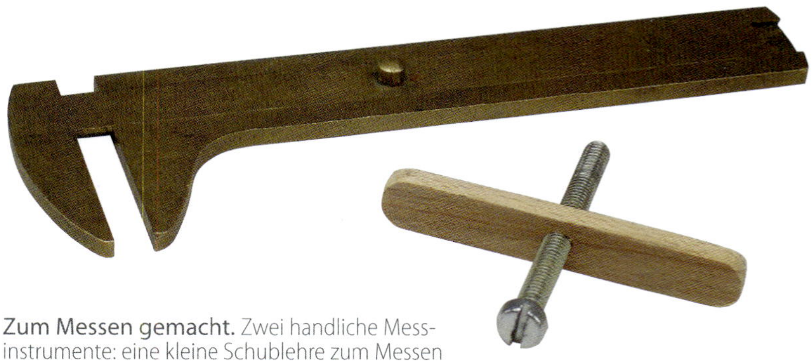

Zum Messen gemacht. Zwei handliche Messinstrumente: eine kleine Schublehre zum Messen der Stärke und ein selbstgemachtes Tiefenmaß. Beide passen locker in meinen Werkzeugbeutel.

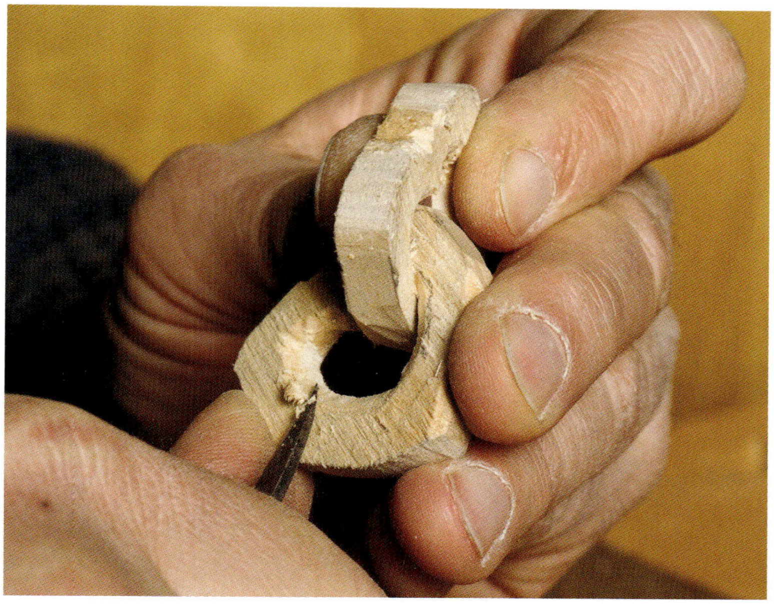

Gehen Sie es langsam an. Sie werden bessere Ergebnisse erhalten, wenn Sie langsam arbeiten und kleine, leichte Schnitte machen.

DIE 4 GOLDENEN REGELN DES TRICKSCHNITZENS

Folgen Sie diesen Regeln (oder behalten Sie sie wenigstens im Hinterkopf), um ein guter Trickschnitzer zu werden:

- Arbeiten Sie in kleinen Schritten und halten Sie die Symmetrie in jedem Schritt aufrecht. Vielleicht sind Sie versucht, eine Ecke zuerst fertigzustellen, um zu sehen, wie es wohl aussehen mag. Widerstehen Sie dieser Versuchung, sonst brechen Sie die Symmetrie des Werkstücks oder stören den natürlichen Fluss der Kurven.
- Lassen Sie immer ein wenig überschüssiges Material stehen, das erst später entfernt wird. Dies hilft Ihnen, den bestmöglichen Fluss der Kurven zu erzielen. Außerdem hilft es, Schäden zu verhindern, die entstehen, wenn ein Werkzeug aus Versehen an der Arbeit ankommt oder an einem Teil der Arbeit abgestützt wird, während Sie an einer anderen Stelle schnitzen.
- Lassen Sie das Werkzeug die Arbeit verrichten. So verhindern Sie, dass Späne sich lösen, wo Sie dies nicht wünschen – und schützen Ihre Hände. Statt das Werkzeug fester zu schieben, versuchen Sie, in einem anderen Winkel oder mit einem anderen Werkzeug zu schnitzen. Vielleicht muss das Werkzeug auch nur geschärft werden.
- Keine Eile. Trickschnitzen soll ein Genuss sein, also warum hetzen? Sie werden mehr Freude daran haben und weniger Fehler machen, wenn Sie langsam arbeiten.

Beachten Sie die Maserungsrichtung. Ein geübter Schnitzer weiß instinktiv, in welche Richtung er schnitzen und wann und wo er besonders vorsichtig sein muss. Hier sind ein paar Dinge, die Sie über die Maserung wissen müssen und die bei ungeübten oder unvorsichtigen Schnitzern zu Frust führen können: Die Maserung kommt an verschiedenen Teilen Ihrer Arbeit und in verschiedenen Winkeln an die Oberfläche. Wo sie im rechten Winkel oder nahe daran an die Oberfläche kommt, spricht man von Hirnholz. Hirnholz stellt kein besonderes Problem dar, auch wenn es sich vielleicht ein bisschen merkwürdig beim Schnitzen anfühlt und das Messer ein anderes Geräusch macht. Wenn das Holz nicht bester Qualität und Ihr Werkzeug nicht sehr scharf ist, könnten Sie eine beschädigte Oberfläche hinterlassen. Schleifpapier kann hier später Abhilfe schaffen.

Trifft die Maserung in einem spitzen Winkel auf die Oberfläche, versuchen Sie, ihrer Richtung aus der Oberfläche heraus zu folgen. Sie können im rechten Winkel zu dieser Richtung schnitzen, achten Sie jedoch darauf, nie gegen die Maserung zu arbeiten. Dies zwingt nämlich Ihr Werkzeug in das Holz hinein. Dieses Problem verschärft sich mit abnehmendem Winkel. Das Schnitzen ist dort am schwierigsten, wo die Maserung mehr oder weniger parallel zur Oberfläche verläuft. Ein dünner Span kann schnell zu einem großen Splitter werden, wenn die Maserung dies gebietet. Gebogene Oberflächen verschlimmern die Situation häufig. Das ist beim Trickschnitzen ganz normal.

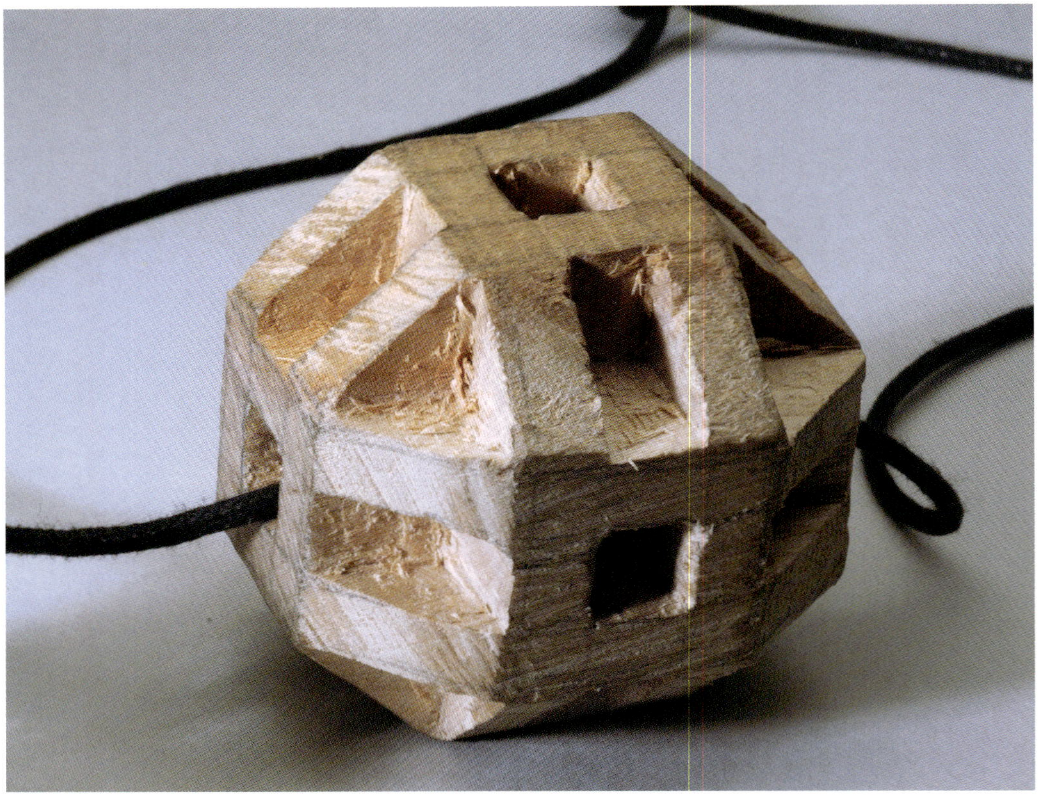

Ein schneller Leitfaden. Ein Stück Schnur, das durch die richtigen Löcher gefädelt wird, kann Ihnen helfen, die Maserungsrichtung im Blick zu behalten.

Hier ist ein Trick, der Ihnen helfen wird, die problematischen Stellen zu finden und zu entscheiden, in welche Richtung Sie schnitzen müssen. Sobald Sie Löcher durch die Mitte des Werkstücks gebohrt haben, ziehen Sie eine Schnur in Maserungsrichtung hindurch und legen sie zu einer Schlinge. Dies hilft Ihnen, die Maserungsrichtung schnell herauszufinden. Ziehen Sie die Schnur fest. Wenn die Oberfläche parallel zur Schnur erscheint, schnitzen Sie einen Testspan mit großem Bedacht. Ich hatte schon lange Jahre geschnitzt, bevor ich diesen Trick entwickelt hatte. Nun wende ich ihn ständig an.

Manchmal markiere ich Stellen mit schwieriger Maserung mit einem Farbstift (verwenden Sie keine Tinte, da diese das Holz befleckt). Die Markierungen sind wie durchgehende Bänder rund um die gebogenen Oberflächen.

Bricht ein großer Splitter ab, vergewissern Sie sich, dass er ohne Lücken in die Bruchstelle des Werkstücks passt. Dann kleben Sie ihn an und erzählen niemandem, was geschehen ist. Das ist das, was ich Ihnen raten würde, aber natürlich ist mir das noch nie selbst passiert.

Sie können die meisten Schnitzprobleme vermeiden, indem Sie qualitativ hochwertiges Holz verwenden, Ihr Werkzeug scharf halten und Ihre Kraft umsichtig dosieren. Sie können problematische Stellen, an denen leichter Fehler passieren, markieren. Es ist auch gut möglich, dass Sie automatisch besonders vorsichtig werden, wenn Sie sich dem Ende der Schnitzarbeit nähern.

Trennschnitte

Sind Sie sicher, dass Sie alle Elemente, so gut Sie können, geformt haben, können Sie damit beginnen, sie zu trennen. Machen Sie zuerst vorsichtige flache Schnitte. Wenn die Form nicht ganz richtig aussieht, sind Sie so in der Lage, die Schnitte ein bisschen weiter nach innen oder außen zu führen. Wenn Sie jedoch einmal mit tieferen Schnitten beginnen, sind solche Korrekturen nicht länger möglich.

Trennschnitte gibt es in verschiedenen Arten und variierenden Schwierigkeitsgraden. Die leichtesten finden Sie in den „Verschlungene Herzen" (Seite 59). Hier gibt es an jedem Ende einen Schnitt, den Sie mit einer Laubsäge ausführen können, und einen Schnitt in der Mitte, den Sie von allen Seiten aus arbeiten können. Sie können die beiden Herzen leicht mit einem spitzen Messer oder einem Stechbeitel voneinander trennen. Sogar bei komplizierteren Modellen können Sie oft den Trennschnitt mit einem spitzen Messer von beiden Seiten aus durchführen. Ein Skalpell ist gut für die tiefsten Teile des Schnitts geeignet; Sie können es nach hinten ziehen, um feine Späne mit der stumpfen Seite zu lösen.

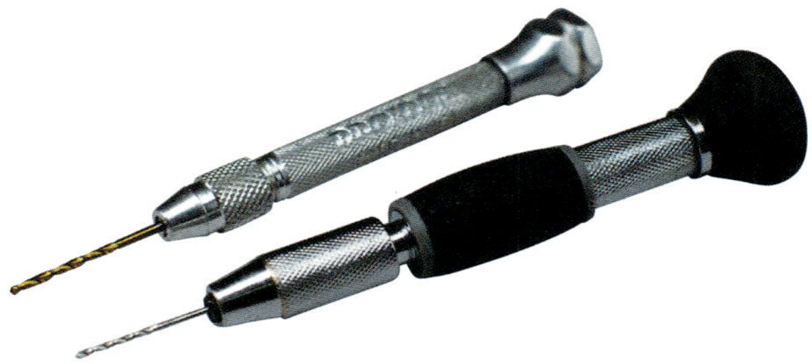

Handliche Bohrer. Ein kleiner Handbohrer ist eine praktische Alternative zu einer Bohrmaschine, wenn Sie ein kleineres Loch für ein Laubsägeblatt benötigen. Sie halten den sich drehenden Oberteil in Ihrer Handfläche und drehen den Bohrer mit ihren Fingern. Der Bohrer im Vordergrund hat zusätzliche Bits in seinem Griff.

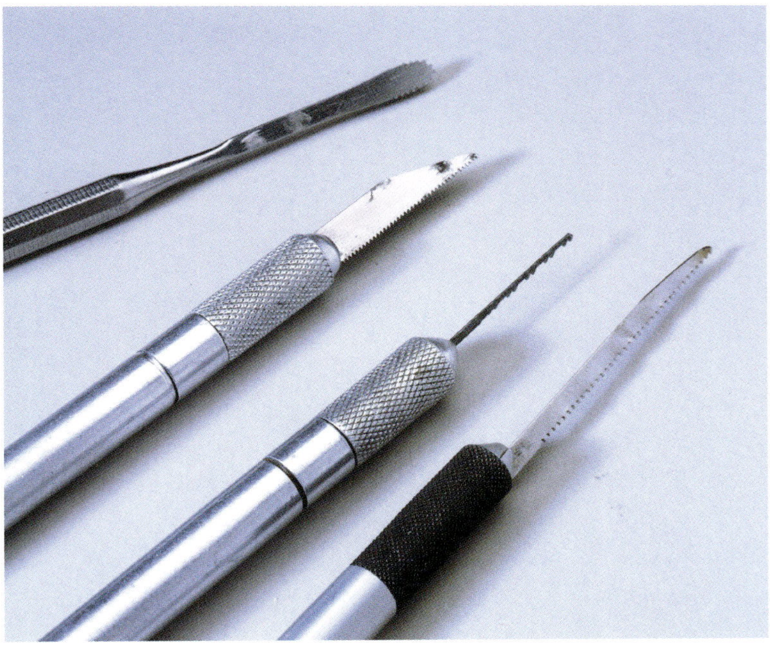

Unverzichtbare Sägen. Ich verwende diese kleinen Sägen, um die Trennschnitte in einer Schnitzarbeit fertigzustellen. Die drei Griffe sind mit einem Sägeblatt für Intarsien, einem Laubsägeblatt und einer Präzisions-Cuttermesserklinge ausgestattet. Ganz links ist ein Zahnarztwerkzeug mit selbst geschliffenen Sägezähnen an der Spitze.

Eine Mini-Stichsäge erleichtert die letzten Phasen des Trennens. Ich habe ein Stück eines Laubsägeblattes in den Griff eines Präzisionscuttermessers eingepasst, wie auf dem Foto zur Linken gezeigt. Verwenden Sie ein grobes Sägeblatt – die feinen sind zu weich – und verwenden Sie nur die Endstücke mit einem Abschnitt ohne Zähne, um die Festigkeit zu verbessern. Das Ende mit den zum Griff zeigenden Zähnen ist am nützlichsten, da Sie sägen können, während Sie die Säge ziehen. Am besten ist es, wenn Sie mit der Säge von den Enden des Schnitts aus arbeiten können.

Es kann helfen, ein kleines Loch für das Sägeblatt zu bohren; bohren Sie von beiden Seiten aus bis zur Hälfte durch, um sicherzugehen, dass sich das Loch da befindet, wo sie es haben möchten. Ein kleiner Handbohrer oder Feilkolben ist ideal. Er erlaubt Ihnen eine viel kontrollierbarere Handhabung als eine Bohrmaschine und Sie können ihn in Ihrem Werkzeugtäschchen mitführen.

Der letzte Trennschnitt, der dazu führt, dass sich ein Teil löst, ist immer am aufregendsten.

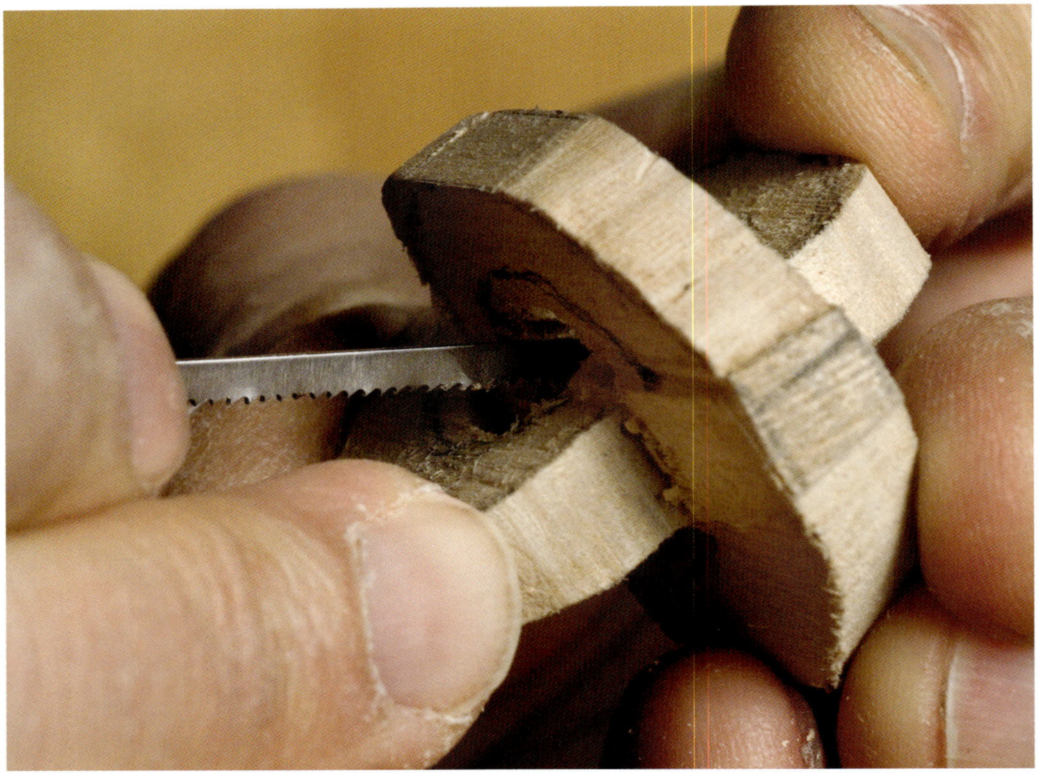

Sägetechnik. Wenn Sie ein Stück eines Laubsägeblatts verwenden, richten Sie die Zähne so aus, dass Sie schneiden, wenn Sie die Säge zu sich ziehen.

Wenn möglich, setzen Sie diesen Schnitt an einer Stelle, an der Sie durch die Maserung schneiden können. Dies vermindert das Risiko, dass das Stück sich von alleine löst (und das vielleicht nicht genau da, wo Sie es wollten).

Die schwierigste Art des Trennschnitts tritt auf, wenn drei oder vier Arme sich um ein enges Loch herumwinden (siehe Hexa-Spirale, auf Seite 96, zum Beispiel). Gehen Sie diesen Modellen aus dem Weg, bis Sie ein bisschen Erfahrung mit leichteren gesammelt haben. Um diese Art Schnitt auszuführen, bohren Sie ein Loch in der Mitte und schneiden und sägen dann in seine Richtung und in das Loch zwischen den verschlungenen Ringen hinein. Dies ist schwierig, weil die Schnitte spiralförmig angeordnet sind und Sie nur von außen arbeiten können. Auch wenn die gebogene spiralförmige Oberfläche sich aus geraden Linien zusammensetzt (wie die Stufen einer Wendeltreppe), können Sie die Säge nicht immer aus der gewünschten Richtung einführen. Es kann helfen, das Sägeblatt ein bisschen zu biegen. Es kann sein, dass Sie Material mit einem krummen oder gebogenen Werkzeug, wie etwa einem scharf geschliffenen Zahnarztwerkzeug, abtragen müssen.

Es ist hilfreich, eine Auswahl an Sägeblättern zu haben. Finden Sie so viele Arten schmaler Sägeblätter wie möglich – für Bandsägen, Laubsägen, Hobbysägen, was auch immer. Schneiden Sie ein kurzes Stück des jeweiligen Sägeblatts so zu, dass es in den Griff eines Präzisionscuttermessers passt, schleifen Sie die Rückseite rund und lassen Sie sie spitz enden oder schneiden Sie ein längeres Stück des Sägeblattes zu und umwickeln Sie es mit Panzerband.

Einige Sägeblätter eignen sich besser als andere; Sie müssen also nicht immer dasselbe für jedes Projekt verwenden. X-Acto stellt Rasiermesserklingen her, die sich hervorragend für schmale Schnitte eignen, sie lassen aber keinen Spielraum, um sie zu verändern, selbst wenn Sie die Spitze spitz schleifen.

Schlussgestaltung und Abrunden

Nachdem Sie alle Teile Ihres Modells voneinander getrennt haben, müssen Sie Unregelmäßigkeiten ausgleichen, insbesondere dort, wo Sie die Trennschnitte ausgeführt haben. Bearbeiten Sie das gesamte Modell zuerst nur grob, um mehr Bewegung und Arbeitsfläche zu erhalten. Schleifen Sie dann ein zweites Mal, um das Modell gründlicher zu glätten.

Ich verwende hauptsächlich verschiedene kleine Feilen für die Schlussgestaltung. Wenn ich ein Messer benutze, tue ich das mit großer Vorsicht; ich kratze mehr, als ich schnitze. Wenn ich doch ein bisschen schnitzen muss, bin ich mir der Maserungsrichtung sehr bewusst. Ich verwende vorwiegend eine flache Feile, aber gelegentlich brauche ich andere Formen.

Die meisten Nadelfeilen haben eine zu feine Körnung für Holz – suchen Sie sich ein recht raues Nadelfeilenset. Ich habe gute Erfahrungen mit Feilen gemacht, mit denen Automechaniker Zündungen adjustieren. Manchmal ist es nützlich, eine Feile zu haben, die nur an einer Seite gekörnt ist. Solche Feilen sind schwer zu finden, aber Sie können sie auch selbst herstellen, indem Sie eine Seite abschleifen.

Es ist nicht einfach, am Ende perfekt runde (und im Querschnitt kreisförmige) Teile zu haben. Wenn Sie die Oberfläche einmal geglättet haben, ist es schwer zu erkennen, ob sie ein bisschen eckig oder oval ist. Sie könnten mehr Glück haben, wenn Sie die Einzelteile so schnitzen, dass sie im Querschnitt achteckig sind. Die facettierte Oberfläche macht es deutlich einfacher zu sehen, wo Sie noch ein bisschen mehr Holz entfernen müssen und wo Sie besser aufpassen sollten. Schleifen Sie die Facetten am Ende einfach ab.

Wenn Sie ein paar Kerben haben, die tiefer sind, als Sie es gerne hätten, überlegen Sie, ob Sie sie als kleine Unvollkommenheiten in einer ansonsten makellosen Arbeit stehenlassen möchten. Oft sind sie ganz unauffällig in kleinen Lücken. Wenn Sie weiter feilen und schleifen, um sie zu entfernen, könnte dieser Abschnitt leicht zu schmal werden. Das wird jeder bemerken.

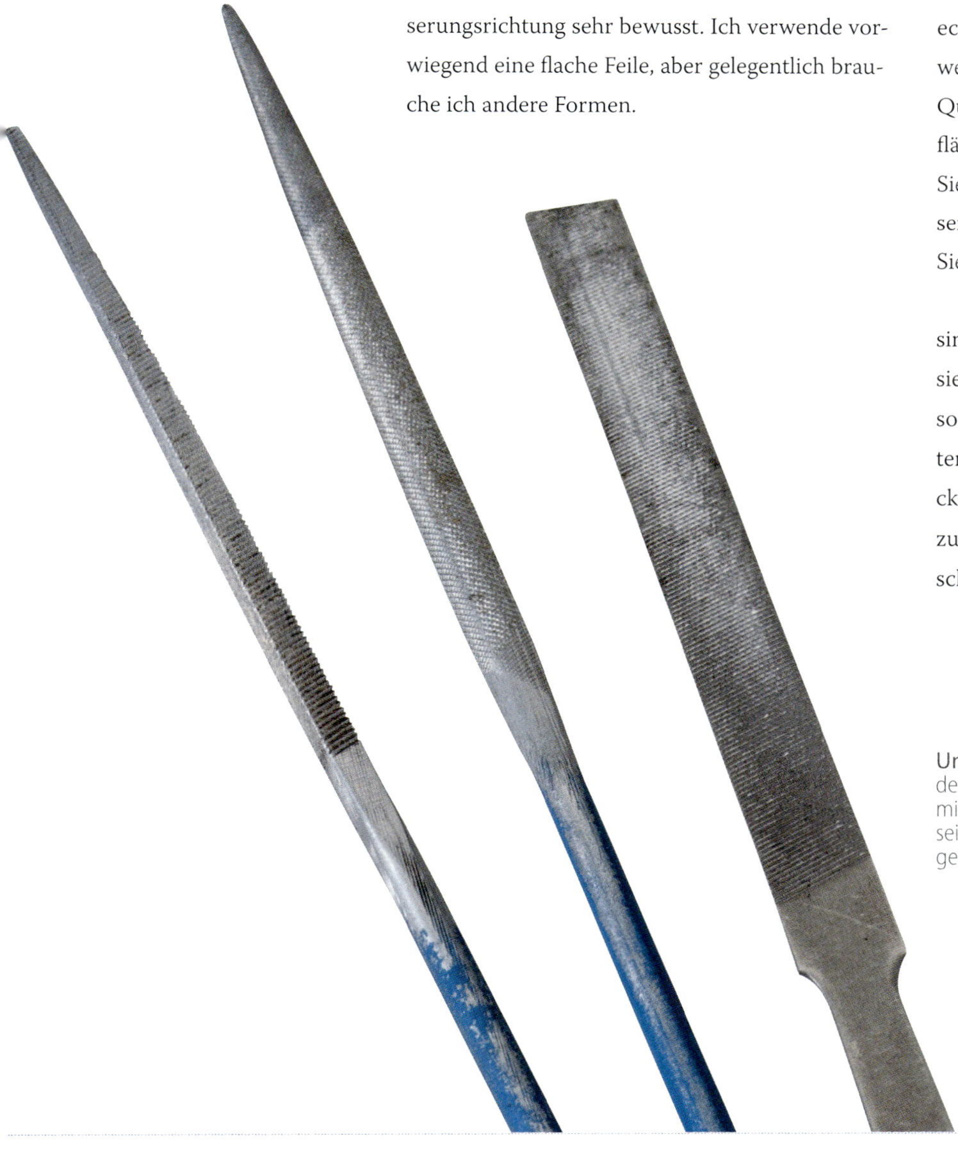

Unverzichtbare Feilen. Nadelfeilen in verschiedenen Formen können nützlich sein, wenn Sie sie mit Vorsicht handhaben. Die Zähne auf der Rückseite oder an der Kante können einen Teil beschädigen, während Sie an einem anderen arbeiten.

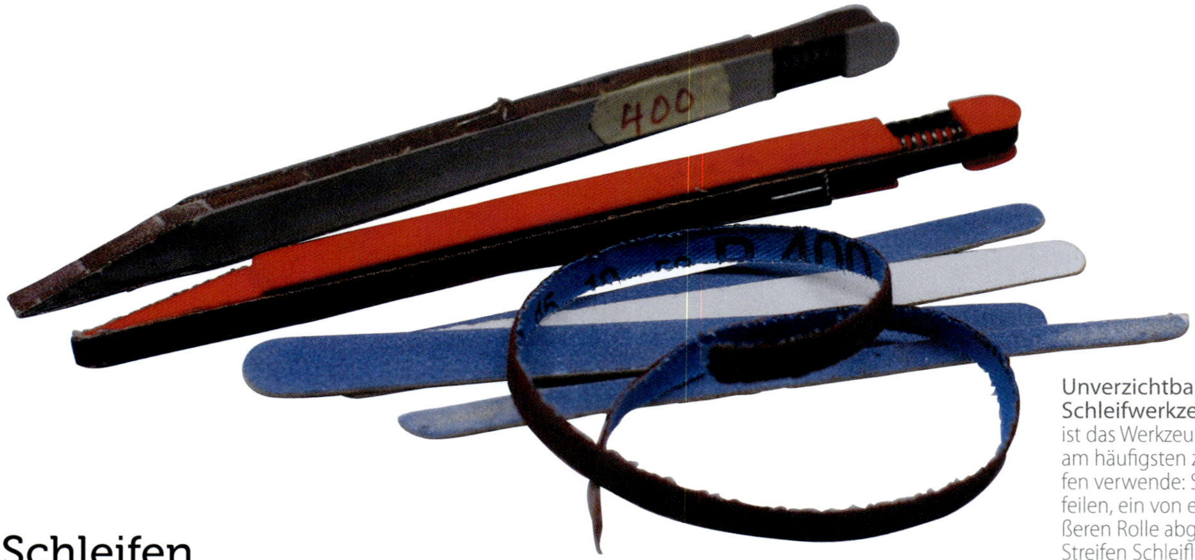

Unverzichtbares Schleifwerkzeug. Hier ist das Werkzeug, das ich am häufigsten zum Schleifen verwende: Sandblattfeilen, ein von einer größeren Rolle abgerissener Streifen Schleifleinen und zwei oder drei gefederte Schleifstäbe, die Schleifleinengurte halten.

Schleifen

Schmale Streifen Schleifleinen und Sandblattfeilen sind besonders nützlich.

Ich verwende Sandblattfeilen vorwiegend an den Außenseiten von Ringen und Armen. Sandblattfeilen, die aus dünnem Holz bestehen, an denen Schleifpapier befestigt ist, eignen sich am besten; die aus Karton verbiegen zu leicht. Ich schneide Sandblattfeilen für gewöhnlich der Länge nach in der Mitte durch; je schmaler der Streifen ist, umso besser gelangt er an Stellen, an die eine ganze Feile nicht kommt. Wenn das Schleifpapier abgenutzt ist oder steckenbleibt, reiße ich das Ende ab, sodass ich das frische Schleifpapier von oben verwenden kann.

Als Alternative oder Ergänzung zu Sandblattfeilen können Sie speziell geformte Schleifstäbe verwenden, um die ein Gurt aus Schleifleinen gespannt ist. Auf dem Foto oben sehen Sie zwei davon. Wenn der Gurt abgenutzt ist oder an der Spitze ausfranst, wenden Sie ihn, um einen frischen Abschnitt zu erhalten. Mit den Schleifstäben können Sie eine viel feinere Körnung verwenden, als es sie für Sandblattfeilen gibt.

Um das Innere von Ringen oder Bögen zu schleifen, verwende ich Streifen aus Schleifleinen (Breite 5 mm), die ich unter einen der Ringe schiebe und um den Daumen und den kleinen Finger lege. Mit Hin- und Herbewegungen meiner Hand rutscht der Streifen über dem Holz hin und her (Sie können Schleifleinen in Bögen oder als Rollen kaufen. Ich finde Rollen lassen sich handlicher aufbewahren und für gewöhnlich ist ihre Qualität besser. Sie können die Länge, die Sie benötigen, abschneiden und in fünf oder sechs schmalere Streifen schneiden.)

Das Schleifen auf diese Weise hilft Ihnen, einen Ring oder Bogen perfekt zu runden, weil der biegsame Streifen an den Erhöhungen stärker aufliegt. Unglücklicherweise hilft Ihnen diese Methode nicht, für Glätte entlang der Länge eines Bogens zu sorgen, da der Streifen dazu neigt, von Erhöhungen abzurutschen und sich in kleinen Vertiefungen, die jedoch nicht tiefer werden sollten, zu verfangen.

Um dieses Problem zu verringern, entfernen Sie so viele erhabene Stellen und Unebenheiten wie möglich, bevor Sie mit dem Schleifen beginnen.

Behalten Sie etwaige Unregelmäßigkeiten gut im Auge. Bewegen Sie den Streifen entlang der Länge des Bogens konstant vor und zurück; halten Sie den Bogen möglichst schräg. Wenn es so aussieht, als könnte der Streifen sich in einer Vertiefung verfangen, drehen Sie ihn, um sie zu überbrücken.

Überstürzen Sie nichts. Es passiert leicht, dass Sie zu viel abschleifen, ganz besonders mit einem neuen Streifen mit grober Körnung. Sie können auch an einer Stelle innehalten, um widerspenstige Unregelmäßigkeiten mit einem Messer oder einer Feile zu glätten. Ich empfehle grundsätzlich, in 3 Schritten zu schleifen: Zuerst mit einem Schleifpapier der Körnung P 150 und am Schluss mit der Körnung P 400, doch lassen Sie sich vom Holz bei der Wahl ihrer Körnung leiten.

Durch die vielen nach oben und unten führenden Bögen ist das Schleifen kompliziert. Sie werden viel Zeit damit verbringen, das Schleifpapier dorthin zu bringen, wo Sie es brauchen. Es wäre doch so viel leichter, die Teile einzeln glätten zu können. Allerdings wäre es dann keine Zauberei mehr.

Oberflächenbehandlung

In den meisten Fällen wachse ich die Modelle am Schluss. Das bringt das Muster des Holzes zur Geltung, fühlt sich angenehm seidig an und hilft, Schmutz abzuweisen. Ich verwende ein Cremewachs, das in Farb- oder Möbelgeschäften erhältlich ist. Farblose Schuhcreme ist genauso gut und mehr oder weniger dasselbe. Wenn Sie lieber ein Bioprodukt hätten, mischen Sie drei Teile geschmolzenes Bienenwachs mit etwa zwei Teilen Terpentin.

Ich trage das Wachs mit einem Schnürsenkel oder einem schmalen Streifen Stoff auf, den ich um die Ringe lege und wie einen Streifen Schleifleinen bewege. Oft tauche ich den gewachsten Schnürsenkel in weiße Kreide, um die Oberflächenbehandlung mit einer besonders feinen Politur zu kombinieren. Es ist allerdings keine gute Idee, Kreide bei dunklen, grobporigen Hölzern anzuwenden; sie sammelt sich in den Holzporen und das sieht merkwürdig aus.

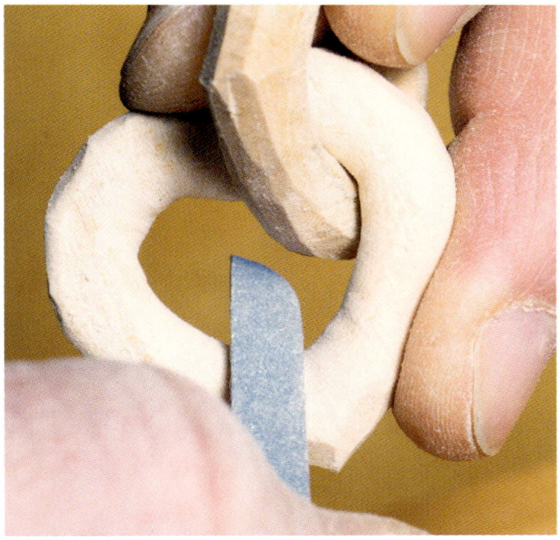

Arbeit auf engstem Raum. Ich finde Sandblattfeilen sind nützlicher, wenn sie der Länge nach in der Mitte durchgeschnitten werden.

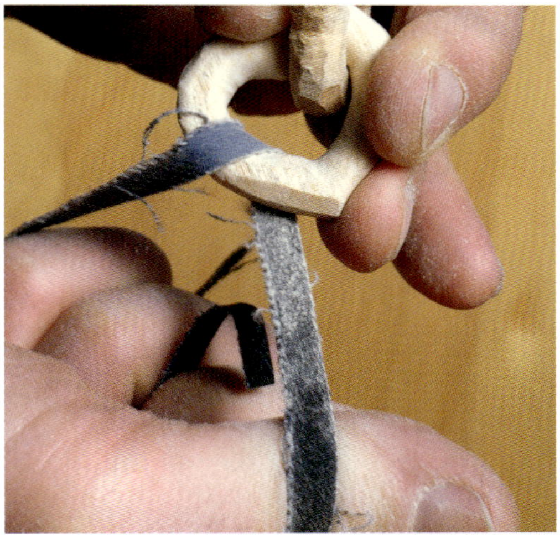

Schleiftechnik. Einen Streifen Schleifleinen durch eine Schnitzarbeit zu ziehen, ist am einfachsten, wenn Sie die Enden um den kleinen Finger und den Daumen legen.

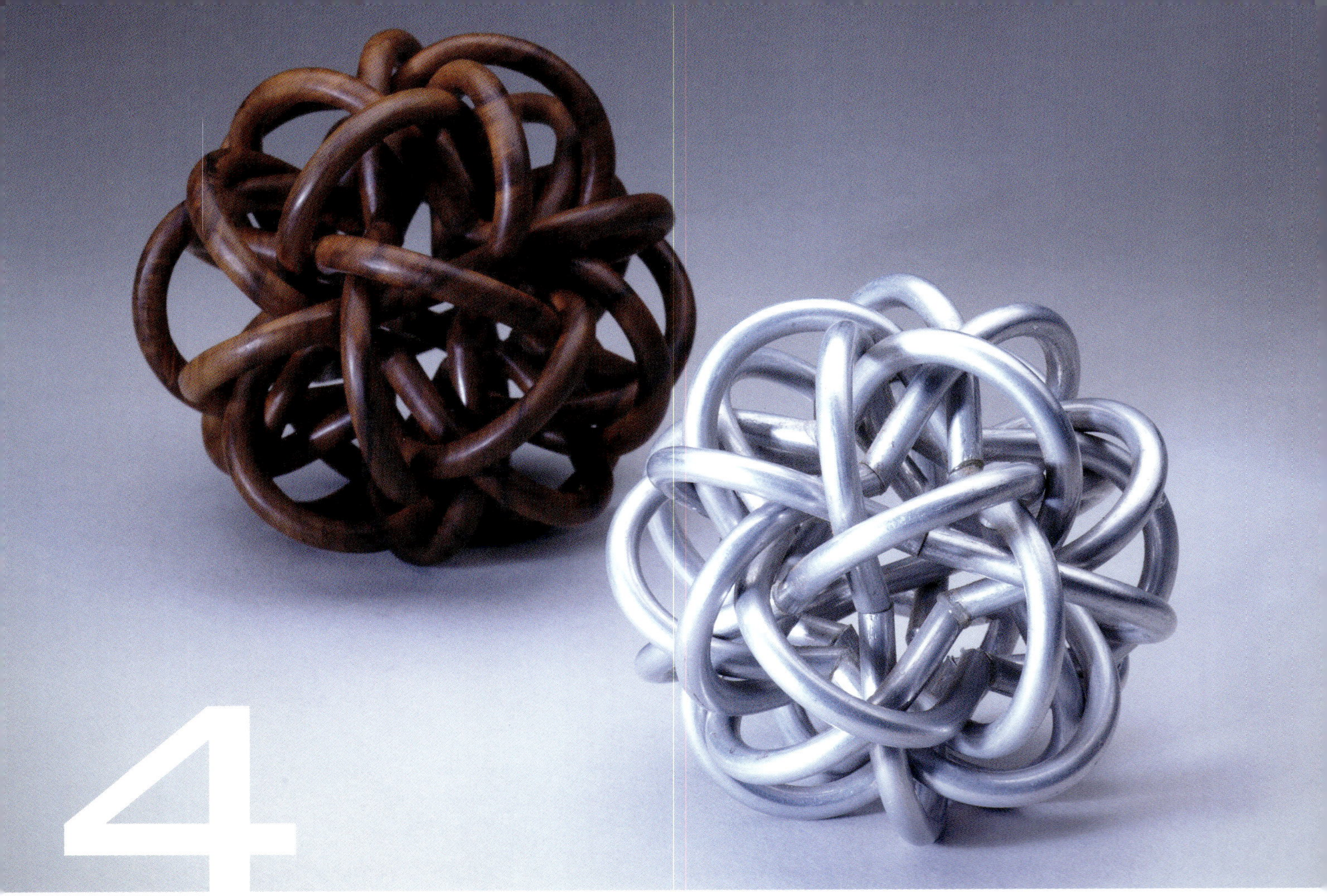

Ein sinnvoller erster Schritt. Ein guter Prototyp ist nützlich, wenn Sie ein kompliziertes Modell schnitzen. Oben sehen Sie den Prototyp und das geschnitzte Werkstück als Spiegelbilder, was ich jedoch nicht empfehle. In diesem Fall habe ich den Prototyp hergestellt, bevor ich gelernt habe, wie das Modell sich im Bezug zu einer Familie anderer Modelle verhielt. Als ich das Modell schnitzte, änderte ich die Ausrichtung, damit es zu einer früheren Schnitzarbeit passte.

4 Modelle und Prototypen

Viele der Projekte in diesem Buch können geschnitzt werden, indem Sie den Zeichnungen und Anleitungen folgen. Wenn Sie die meisten von ihnen gemeistert haben, können Sie sich als talentierten Trickschnitzer bezeichnen. Wenn Sie jedoch weitergehen möchten, werden Ihnen meine Zeichnungen und Anleitungen nicht mehr reichen.

Um Ihr Ziel zu erreichen, werden Sie Ihre eigenen Prototypen bauen müssen – behutsam von Hand angefertigte, beständige Strukturen, die Sie während des Schnitzens leiten. Wenn Sie sogar noch weitergehen und Ihre eigenen Modelle entwickeln möchten, werden Papier und Bleistift nicht genug sein, um sie in die Realität umzusetzen. Sie werden auch Modelle benötigen – dreidimensionale Modelle, die Sie schnell und leicht bauen und ändern können.

Ich habe eine Vielzahl an Materialien und Techniken verwendet, um Modelle und Prototypen zu bauen. Die, die ich hier abdecke, sind eher als Inspiration gedacht, denn als in Stein gemeißelte Vorgaben. Sie haben vielleicht Zugang zu anderen Materialien und vielleicht entwickeln Sie Techniken, an die ich gar nicht gedacht habe. Sie können auch neue Ideen erarbeiten, die ganz andere Arten von Modellen erfordern. Ihre Vorstellungskraft ist Ihr wertvollstes Werkzeug. Lassen Sie sie von nichts einschränken, was Sie in diesem Buch lesen.

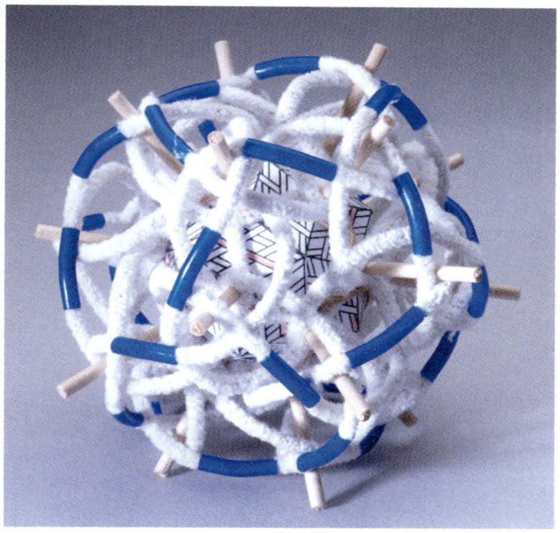

Montagehilfe. Komplizierte Pfeifenreinigermodelle können schwierig zusammenzustecken sein. Hier zwei Tipps, die Ihnen die Arbeit erleichtern: 1. Stecken Sie Verstrebungen in den Festkörper in der Mitte, um die Pfeifenreiniger an ihrem Platz zu halten. 2. Verwenden Sie Plastikverbindungen, damit Sie Fehler leicht korrigieren können.

Pfeifenreiniger

Ich verwende Pfeifenreiniger als dreidimensionales Entwurfswerkzeug und als Gerüst für viele dauerhafte Prototypen. Um ein schnelles, einfaches Modell zu gestalten, verdrehe ich nur die Enden miteinander. Ich nutze einen anderen Ansatz, wenn ich kompliziertere Muster webe. Ich finde es lästig, die Pfeifenreiniger bei jedem kleinen Fehler auf- und wieder einzudrehen (und mir passieren viele Fehler).

In einer derartigen Situation verwende ich kleine Stücke von weichen Plastikröhrchen, die ich fest über die Enden der Pfeifenreiniger stülpe. Die Umhüllung einer mit Plastik überzogenen Wäscheleine passt perfekt. Ich ziehe eine Länge der Umhüllung ab und schneide sie auf eine Länge von 13 bis 19 mm zu. Sie können auch einen Schrumpfschlauch verwenden, der im Elektronikfachhandel erhältlich ist (schrumpfen Sie ihn jedoch nicht, bis Sie Ihr Modell auf Fehler überprüft haben).

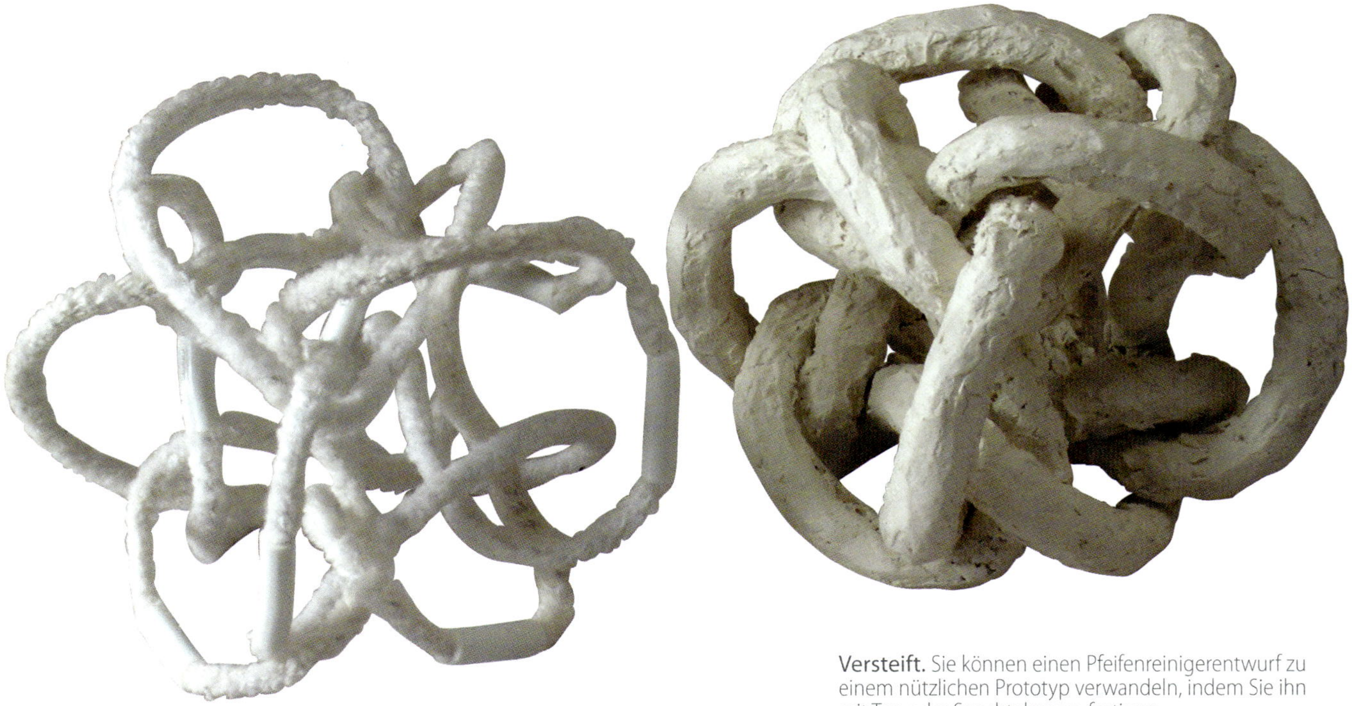

Versteift. Sie können einen Pfeifenreinigerentwurf zu einem nützlichen Prototyp verwandeln, indem Sie ihn mit Ton oder Spachtelmasse festigen.

Wenn Sie ein vielversprechendes Modell entworfen haben, müssen Sie abschätzen, wie sich das fertige Produkt anfühlen wird – wie viele Teile werden gegeneinander beweglich sein? Pfeifenreiniger sind zu weich und biegsam dafür, weshalb Sie sie versteifen müssen. Behandeln Sie den Pfeifenreiniger mit Leim vor, damit der Härter an der fusseligen Oberfläche klebenbleibt. Tragen Sie dann ein Material auf, das Sie in Schichten aufbauen und nach dem Trocknen formen können. Leichter Modellierton oder Spachtelmasse ist gut geeignet.

In Kapitel 11, S. 108, wird erklärt, wie Sie neue Modelle herstellen können, indem Sie Muster auf die Oberfläche eines gefalteten Papiermodels zeichnen. Jedoch ist es nicht leicht, ein Muster in ein Pfeifenreinigermodell zu übersetzen. Wenn Sie einmal die ersten drei oder vier Schlingen miteinander verwoben haben, ist es nahezu unmöglich nachzuverfolgen, welcher Reiniger welcher ist, was noch fehlt und ob eine neue Schlinge über oder unter den bereits bestehenden hindurchführen sollte.

Um diesem Problem beizukommen, ist es hilfreich, Ihr Modell rund um das Papiermodell zu bauen. Wenn das Muster einfach genug ist, sollte es gelingen, die Pfeifenreiniger mit Gummibändern an Ort und Stelle zu halten. Bei einem komplizierteren Muster kleben Sie die Verstärkungen dort auf das Papiermodell, wo sich die Öffnungen im Muster befinden, was verhindert, dass die Pfeifenreiniger herumrutschen. Sobald ihr Muster korrekt ist, können Sie das Papiermodell aufschneiden und die Teile mit einer Pinzette entfernen.

Formen Sie dann die Pfeifenreinigerschlingen zu schönen Kurven und schaffen Sie Platz für jede einzelne.

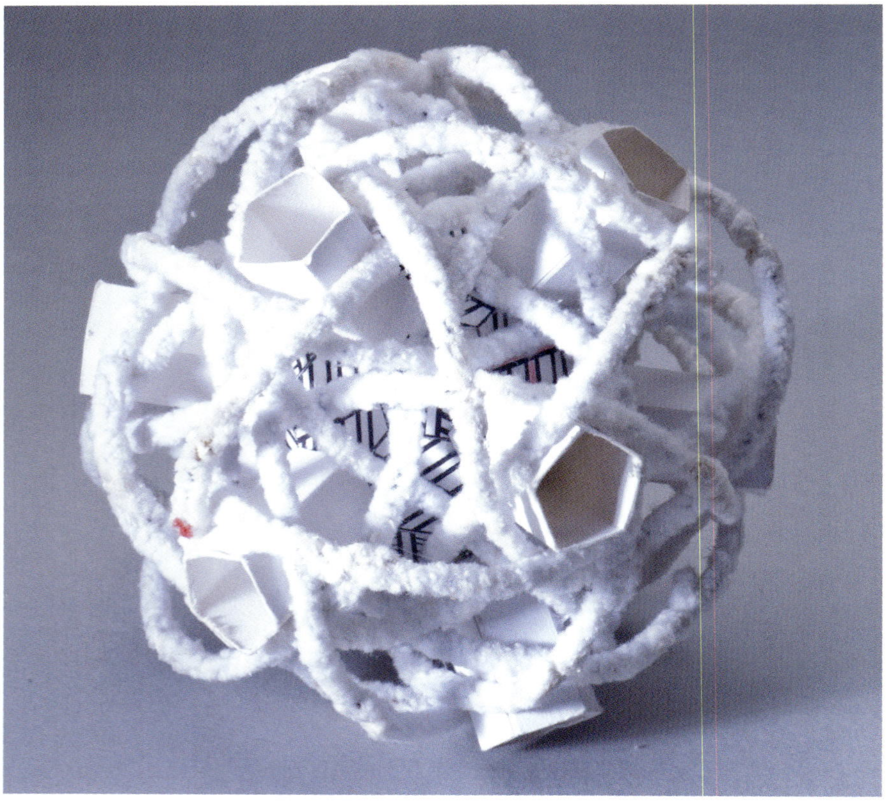

Alternative Montagehilfe. Hier sehen Sie eine andere Art, wie Sie ein kompliziertes Pfeifenreinigermodell stützen können. Fügen Sie eine zum Raum zwischen den Elementen passende Kartonform hinzu und biegen Sie die Pfeifenreiniger rund um den Karton. Dies ist mein Entwurf für die Fünffachen Borromäischen Ringe.

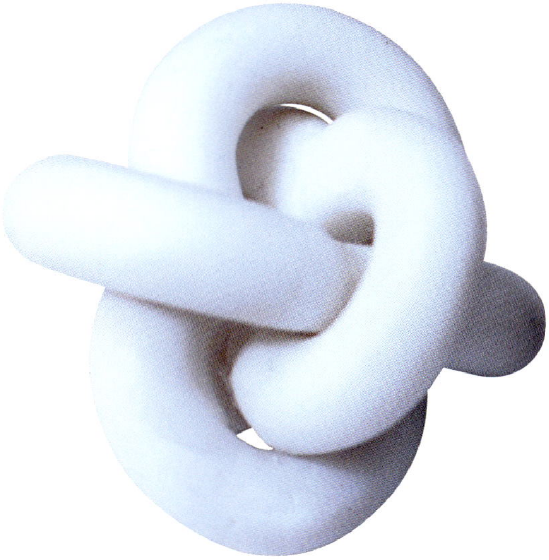

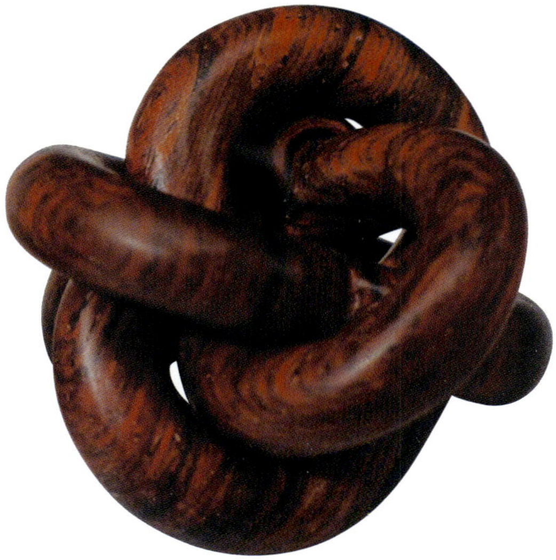

Gehärteter Ton. Mit Polymerton lässt es sich nicht so leicht arbeiten wie mit gewöhnlichem Ton, aber er kann im Ofen gehärtet werden. Links sehen Sie den Polymerton-Prototyp einer Variation der Borromäischen Ringe.

Ton

Zwei Tonsorten, die man fertig in Bastel- und Handarbeitsgeschäften kaufen kann, sind gut für die Modelle geeignet.

Modellierton. Er ist schnell und leicht in der Anwendung, hat aber ein Manko: Der Ton trocknet nicht und kann nicht gebrannt werden. Es gibt also keine Möglichkeit, aus dem Tonmodell ein festes Modell zu machen.

Polymerton. Dieses Material (Fimo und Sculpey sind die marktführenden Marken) kann im Ofen gehärtet werden. Polymerton ist nicht annähernd so leicht zu verarbeiten wie Modellierton. Er muss stark und lang geknetet werden, bevor Sie ihn formen können, und die so entstehenden Formen sind recht instabil. Einzelne Teile der Verbindung müssen zusammengeknetet werden. Wenn Sie jedoch diese Schwierigkeiten überwinden, wird das Ergebnis sehr zufriedenstellend sein.

Metalldraht

Kupfer- und Aluminiumdraht sind ideale Materialien für Prototypen, da sie relativ weich und leicht zu schneiden und zu biegen sind. Weicher Aluminiumdraht in verschiedenen Stärken ist dort erhältlich, wo es Zubehör für Bonsaibäume gibt.

Um mehrere identische Bögen herzustellen, biegen Sie die Drahtstücke um eine Schablone, die Sie aus Sperrholz oder einer mitteldicken Faserplatte zugeschnitten haben. Wenn Sie die Enden glattfeilen, können Sie sie mit Superkleber oder Epoxidkleber zusammenkleben.

Vielleicht müssen Sie eine Art Gerüst bauen, um die Drahtteile des Prototyps zu fixieren, bis der Klebstoff getrocknet ist. Diese Halterung kann ein entsprechend symmetrischer, innenliegender Festkörper aus Pappkarton sein, der mit stützenden Verstrebungen ausgestattet ist, oder aber ein außenliegender Rahmen, der immer nur einen Teil hält.

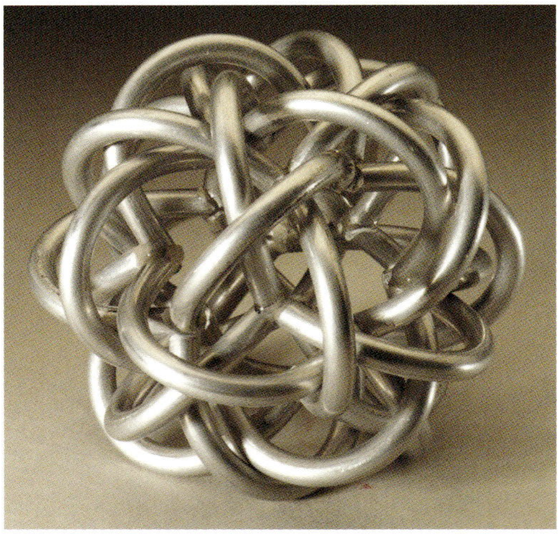

Drahtmodell. Weicher Draht, wie der hier gezeigte Aluminiumdraht, ist ein gutes Material für Prototypen. Die Einzelteile können zusammengeklebt werden.

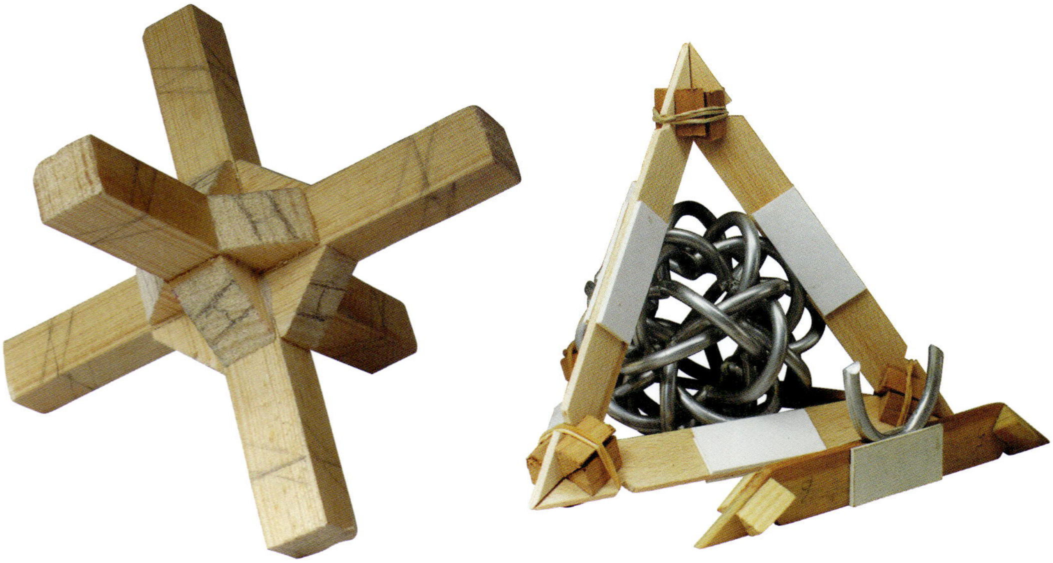

Gerüste. Modelle komplexer Projekte brauchen oft eine Art Unterstützung für das Kleben. Diese kann die Form einer innenliegenden Stütze annehmen, wie die Struktur zur Linken, oder eines außenliegenden Rahmens, wie das Tetraeder zur Rechten.

Kupferrohre

Rohre mit einem kleinen Durchmesser – etwa jene, wie sie für Bremsleitungen von Autos oder für die Wasserversorgung eines Eiswürfelmachers im Kühlschrank verwendet werden – sind eine hervorragende Alternative zu Draht. Der Vorteil der Röhren ist, dass Sie Bindeglieder an den Verbindungsstücken anbringen können, sodass Sie kein Gestell zurechtbasteln müssen, um die Einzelteile zu halten. Ich verwende kurze Pfeifenreinigerstücke als Verbindungsstücke. Wenn ich alles zu meiner Zufriedenheit eingepasst habe, öffne ich die Verbindungen und trage Epoxidkleber auf die Pfeifenreiniger auf.

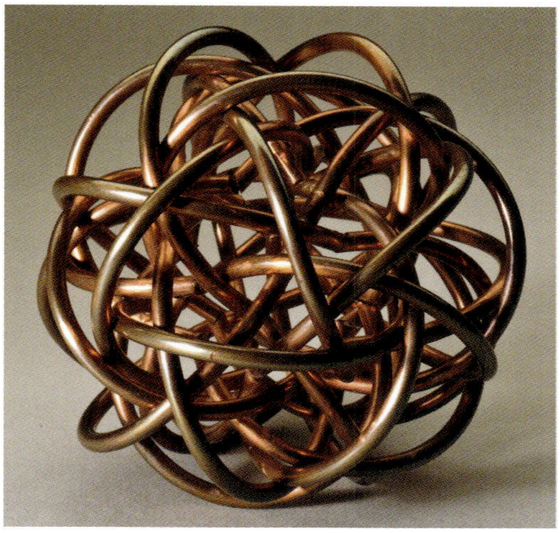

Rahmen aus Röhrchen. Dünne Kupferröhrchen können für ein Modell ebenfalls leicht gebogen werden. Hier habe ich kurze Stücke Pfeifenreiniger mit Klebstoff als innenliegende Verbindungsstücke, die das Kupfer zusammenhalten, verwendet.

3D-Druck

Diese bemerkenswerte Technologie wird bald die bevorzugte Art sein, relativ günstig Prototypen schnell herzustellen. In Zukunft wird es zweifelsohne die offensichtliche Wahl für Trickschnitzer werden, die Prototypen benötigen. Wenn Sie 3D-Computerdateien Ihrer Modelle erstellen können, müssen Sie nicht so viel Zeit und Energie in das Zurechtbiegen von Kupferröhrchen investieren. Ich habe nur eines meiner Modelle als 3D-Druck gestaltet, doch ich erwarte mir, dass sich die Lage in naher Zukunft ändern wird. Pfeifenreiniger werden dennoch eines meiner liebsten Materialien zum Modellieren bleiben, zumindest solange sie noch produziert werden.

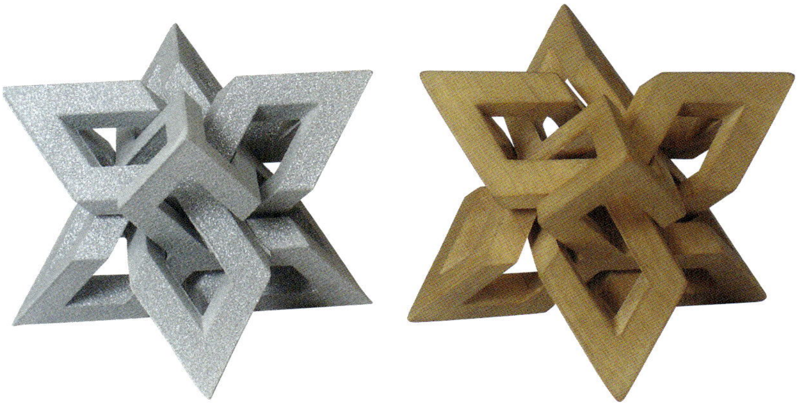

Die nächste Generation. 3D-Druck könnte schon bald die bevorzugte Art werden, Prototypen herzustellen. Der Doppelstern auf der linken Seite ist ein 3D-Druck. In diesem Fall kam die Schnitzarbeit zuerst. Trotzdem zeigt es, wie bemerkenswert diese neue Technologie sein kann.

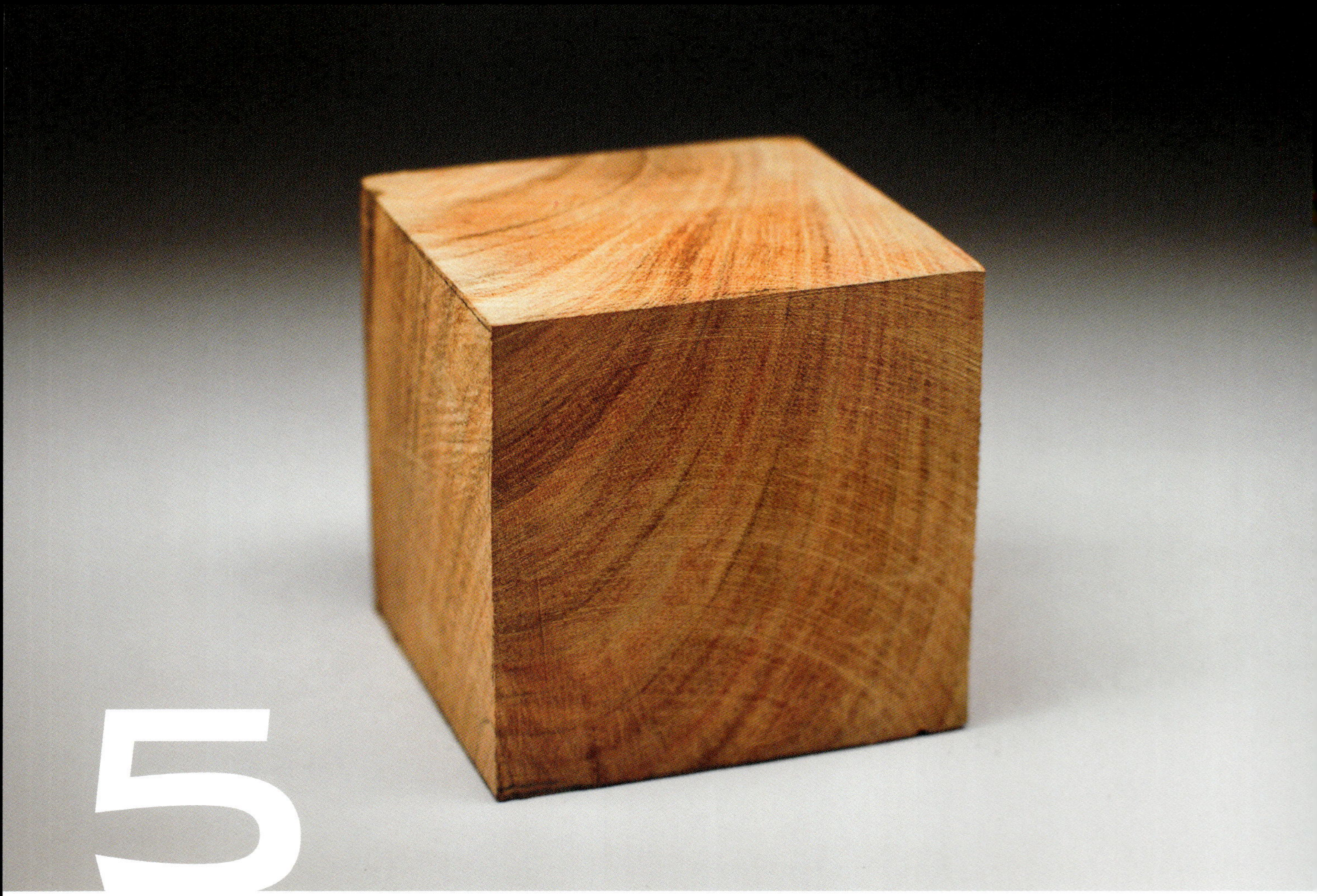

Simpel.
Ein einfacher Würfel.

Rohlinge zum Schnitzen vorbereiten

In diesem Kapitel wird erklärt, wie Sie einen Würfel, ein Kuboktaeder, ein Dodekaeder und ein rhombisches Dodekaeder (die vier Grundformen, die Sie für die Schnitzprojekte in diesem Buch benötigen) anordnen und zuschneiden. In der Randleiste auf Seite 54 wird gezeigt, wie Sie ein Ikosaeder, eine 20-seitige Figur, gestalten. Sie wird in diesem Buch zwar nicht verwendet, aber Sie können sie anwenden, um ein eigenes Projekt zu kreieren.

Um einige dieser Formen umzusetzen, müssen Sie etwas über eine spezielle Zahl, den Goldenen Schnitt, wissen, der in der Randleiste auf Seite 49 erklärt wird. Ich habe für die Formen nicht viele Maße angegeben; die exakten Größen wählen Sie selbst. Jedoch zeige ich Proportionen – das eine Maß im Verhältnis zum anderen –, was essenziell wichtig ist, um diese Formen herzustellen.

Der Würfel (oder Kantholz)

Für die bei Weitem einfachste Form bedarf es hier fast keiner Erklärung. Sie schneiden einfach ein Stück Holz auf dieselbe Höhe, Breite und Tiefe zu.

Ein paar Projekte, wie etwa die Kette (Seite 61), beginnen als Stab, ein langes Stück, das im Durchschnitt quadratisch ist. Sie formen diesen Stab zu einem langen Kreuz, indem Sie die Ecken der Länge nach abschneiden. Dann beginnen Sie zu schnitzen.

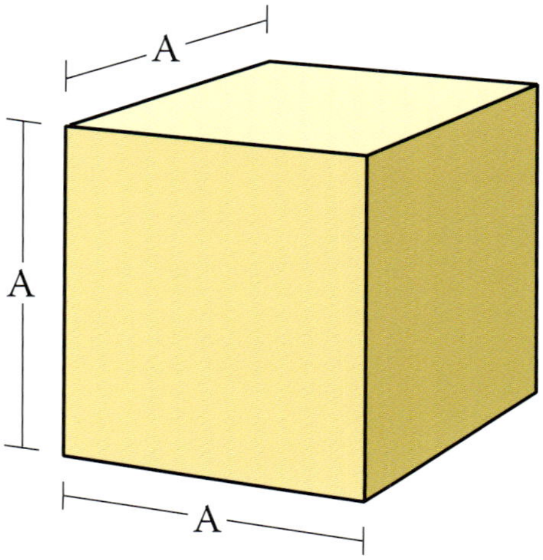

Gleich. Um einen Würfel herzustellen, schneiden Sie einen Rohling so zu, dass Höhe, Breite und Tiefe dieselbe Länge haben.

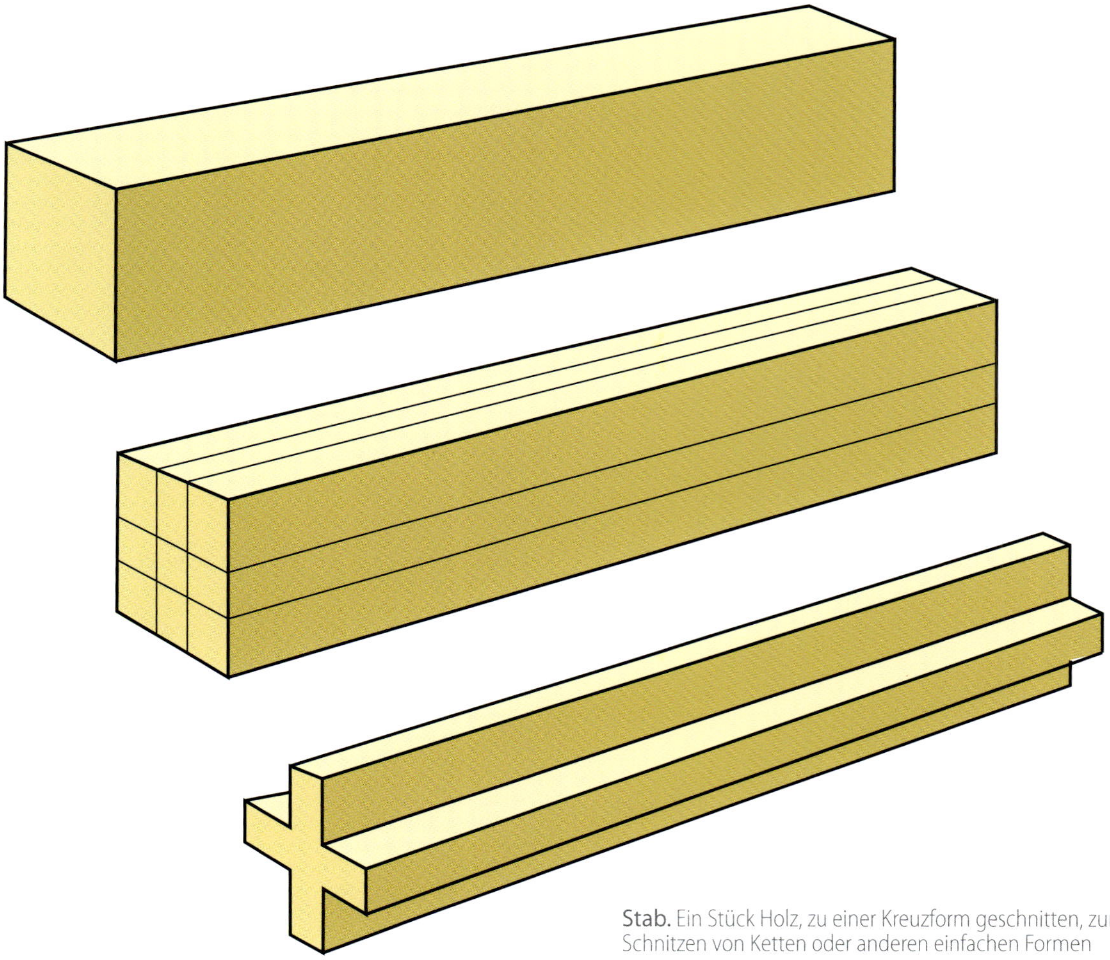

Stab. Ein Stück Holz, zu einer Kreuzform geschnitten, zum Schnitzen von Ketten oder anderen einfachen Formen

Das Kuboktaeder

Beginnen Sie mit einem Würfel. Markieren Sie die Mittelpunkte aller Kanten und verbinden Sie sie, sodass Sie auf jeder Seite eine Raute zeichnen. Sägen Sie die Ecken ab und folgen Sie dabei den Linien, die Sie gerade gezogen haben. Das Ergebnis ist ein Kuboktaeder, eine 14-seitige Figur aus quadratischen und dreieckigen Seiten.

Wenn Sie die Form aus einem bestimmten Winkel ansehen, bilden die Kanten ein Sechseck. In Summe gibt es vier Achtecke mit einer gemeinsamen Mitte, die gleichzeitig auch das Zentrum des Festkörpers ist.

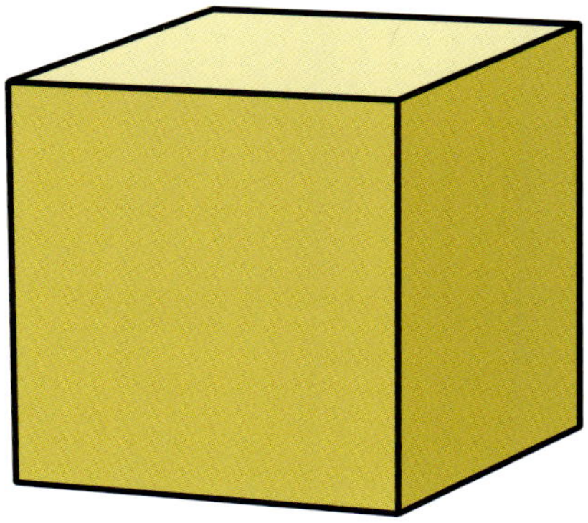

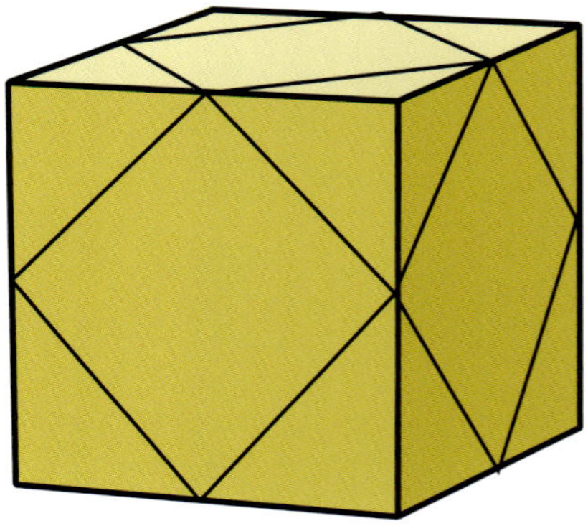

Weniger einfach. Das Kuboktaeder (ein Würfel mit zu den Mittelpunkten der Kanten hin abgeschnittenen Ecken) ist die Basis für viele der Modelle in diesem Buch.

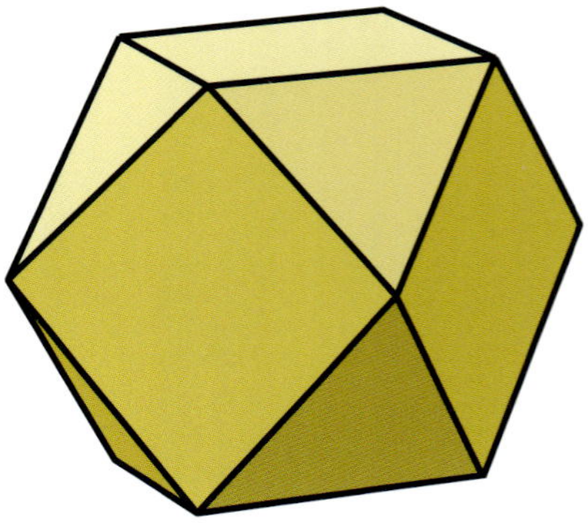

DER GOLDENE SCHNITT

Wenn Sie ein Quadrat vergrößern, indem Sie an einer Seite ein Rechteck hinzufügen, können Sie dies so machen, dass das sich daraus ergebende Rechteck dieselben Proportionen hat wie das Rechteck, das hinzugefügt wurde. Dieses Verhältnis ist der Goldene Schnitt. Er wird als angenehm für das Auge betrachtet und wurde ausgiebig in Kunst und Architektur angewandt. Das Verhältnis wird gemeinhin mit dem griechischen Buchstaben ϕ (Phi) angegeben und ist die positive Wurzel in der Gleichung $x^2 - x - 1 = 0$

Der Goldene Schnitt wird auch im regelmäßigen Fünfeck als das Verhältnis zwischen Seite und Diagonale gefunden. Außerdem schneiden die Diagonalen einander in Flächen im selben Verhältnis. Für ein Ikosaeder, das in einen Würfel eingeschrieben ist (siehe Randleiste auf Seite 54), definiert der Goldene Schnitt die Beziehung zwischen den Seiten der beiden Festkörper.

Sie können jedoch ein Dodekaeder oder ein Ikosaeder auch leicht zuschneiden, ohne etwas von Algebra zu verstehen. Aus der Definition des Goldenen Schnitts können Sie fortschreitende oder abnehmende Kräfte von ϕ ableiten. Diese können in der Gleichung $\phi^{n+1} = \phi^n + \phi^{n-1}$ zusammengefasst werden. Das Fortschreiten wird mit den Fünfecken oder Rechtecken auf schöne Weise illustriert.

$$\varphi = \frac{1+\sqrt{5}}{2} = 1.618$$

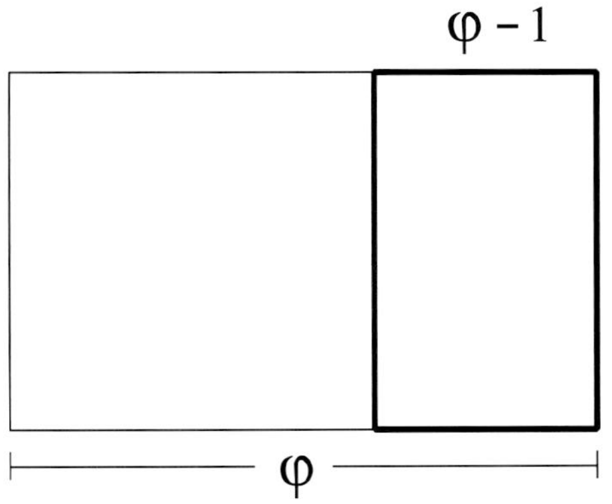

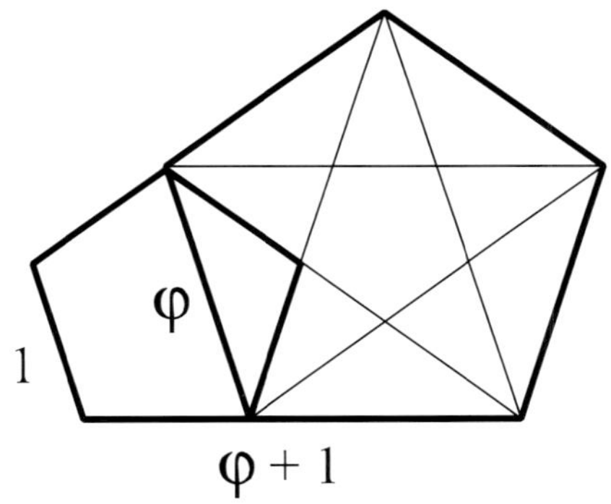

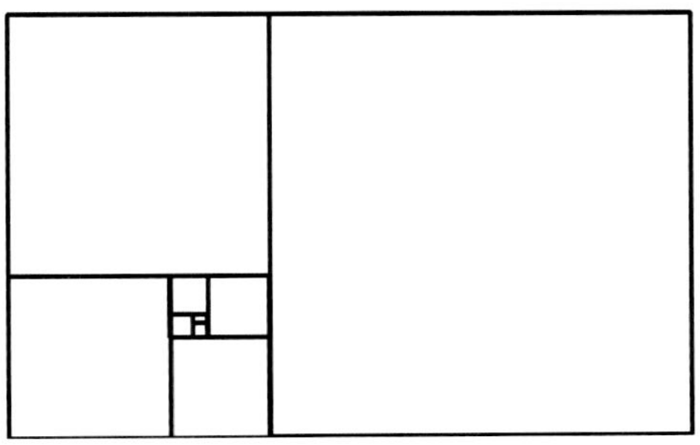

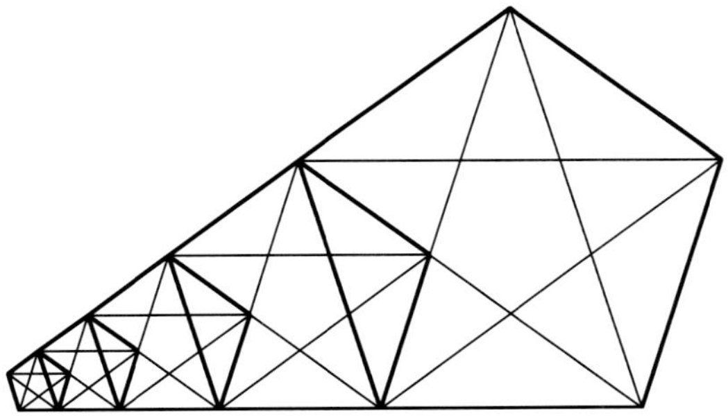

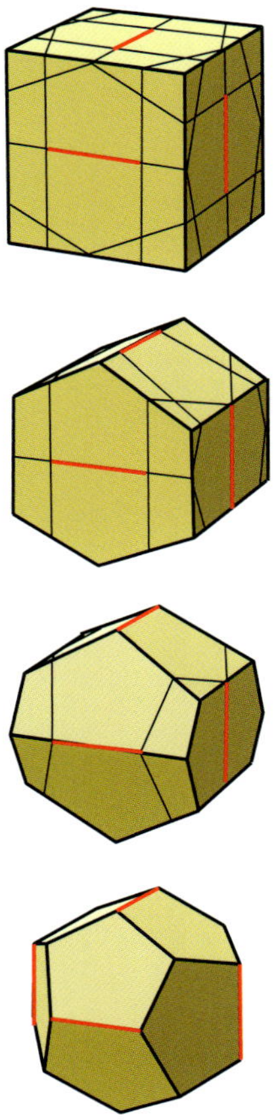

Schnittsequenz. Die Zeichnungen zeigen die einzelnen Schritte des Schnitzprozesses für ein Dodekaeder aus einem Würfel. Die Linien, die die Schnitte markieren, werden nach jedem Schnitt auf die neue Oberfläche übertragen.

Dodekaeder aus einem Würfel

Jedes Lehrbuch über Festkörpergeometrie erklärt, wie man einen Würfel in ein Dodekaeder einschreibt. Wenn Sie das Dodekaeder schrumpfen lassen, können Sie es so in den Würfel einschreiben, dass eine Kante des Dodekaeders jede Seite des Würfels berührt (siehe Illustration unten).

Wie durch die roten Linien in der Illustration gezeigt, werden die Linien des Dodekaeders auf den Mittellinien der Flächen des Würfels zentriert. Die Linien des Dodekaeders sollten 0,382-mal so lang sein wie eine Kante des Würfels oder etwa 19 mm bei einem 50 mm messenden Würfel.

Mit den Linien des Dodekaeders und den Mittellinien als Orientierungshilfe markieren Sie zusätzliche Linien parallel zu den Kanten des Würfels und den Diagonalen, sodass diese, wie in der Zeichnung der Schnittsequenz zur Linken gezeigt, mit den Mittellinien verbunden werden.

Machen Sie drei Schnittserien und entfernen Sie Holzkeile, die nicht zum Dodekaeder gehören. Nutzen Sie Ihre Zeichnung als Anleitung. Zeichnen Sie die Linien nach jedem Schnitt wieder auf, um die nächsten Schnitte zu lokalisieren.

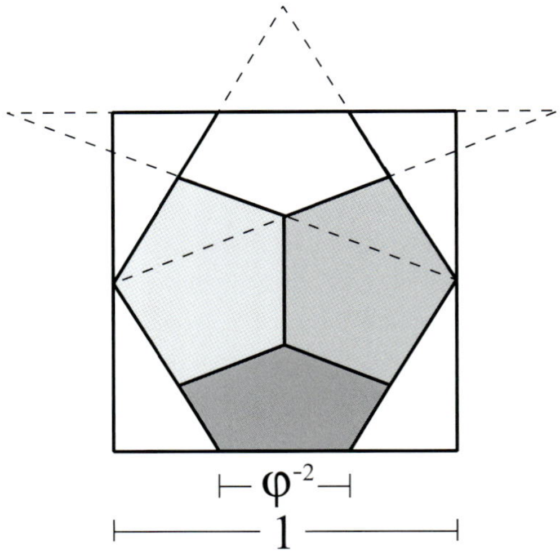

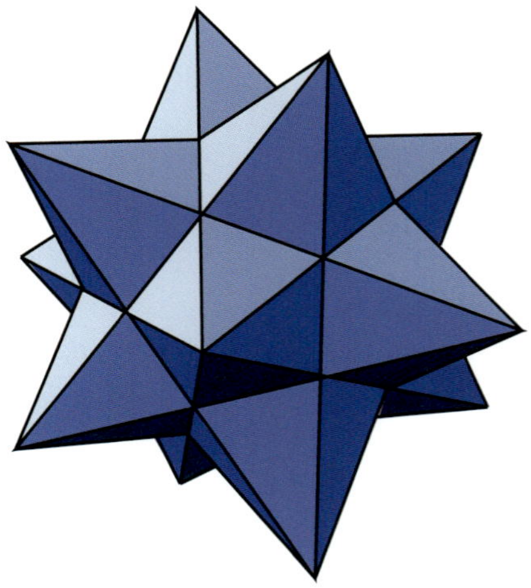

Pentagrammverhältnis. Die obere Zeichnung zeigt ein Pentagramm, das ein in einen Würfel eingeschriebenes Dodekaeder überlagert. Es zeigt, dass die Kante des Dodekaeders zwei Schritte unter der Goldenen Abfolge der Würfelkante ist. Würde man alle Seiten des Dodekaeders zu Pentagrammen erweitern, würde dies die oben gezeigte sternförmige Version ergeben, auch bekannt als Sterndodekaeder.

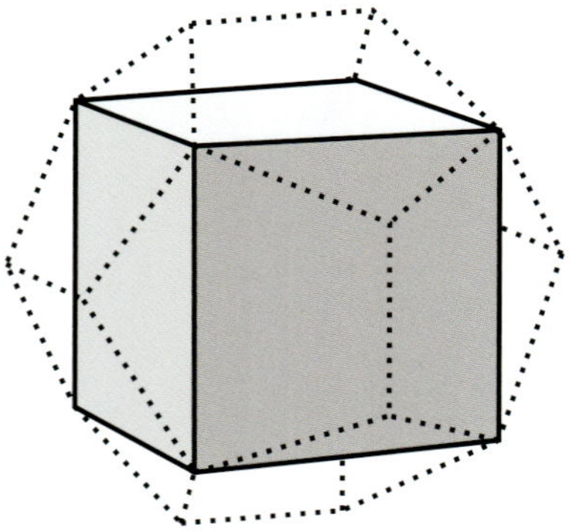

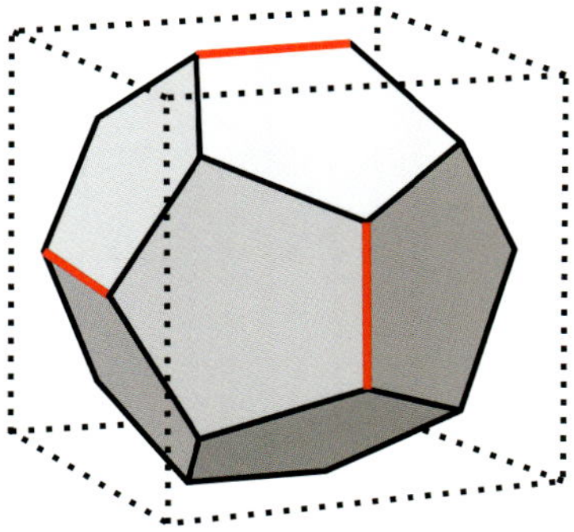

Form in Form. Die Zeichnung links zeigt ein Dodekaeder mit einem eingeschriebenen Würfel. Das Dodekaeder kann so geschrumpft werden, dass es im Würfel zu liegen kommt, mit je einer Seite, die den Würfel berührt. Auf diese Weise wird der Rohling zugeschnitten.

Rhombisches Dodekaeder

Das rhombische Dodekaeder kann leicht aus einem Würfel geschnitten werden. Zeichnen Sie auf jede Seite des Würfels eine Raute, indem sie die Mittelpunkte mit diagonalen Linien verbinden.

Die untenstehende Illustration zeigt den markierten Würfel und das Ergebnis des ersten Schnittes. Die Schnittlinien werden auf der neuen Oberfläche angezeichnet. Das Schneiden entlang aller zwölf Kanten des Würfels erzeugt ein rhombisches Dodekaeder. Die Form auf diese Weise herzustellen, ist jedoch eine Verschwendung von Arbeitszeit und Material. Wenn Sie vier parallele Kanten des Würfels abschneiden, erhalten Sie einen Block, dessen Länge der Diagonale seiner vier Kanten entspricht. Sie können ebenso mit so einem Rohling beginnen.

Machen Sie den Block im Querschnitt quadratisch, wobei seine Länge 1,414-mal der Höhe oder Breite entspricht (die Länge ist die Quadratwurzel von zwei). Zeichnen Sie die Diagonalen, wie gezeigt, ein. Führen Sie die Schnittserie entlang der Diagonalen aus; in Summe acht Schnitte.

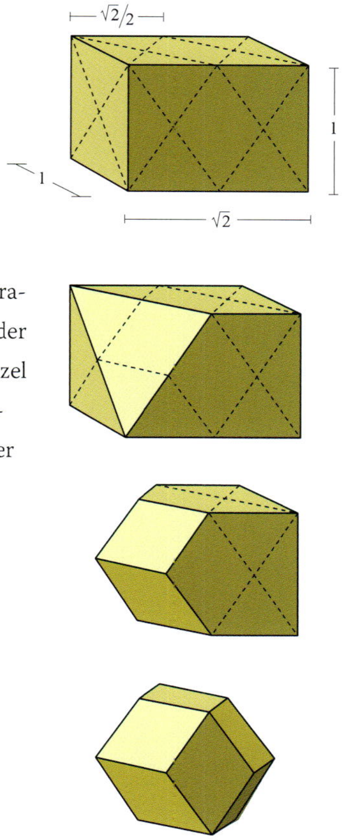

Eine geschicktere Schnittsequenz. Beginnen Sie mit einem Rohling, dessen Seiten den gezeigten Proportionen folgen, und setzen Sie die Schnitte, wie angegeben, um ein rhombisches Dodekaeder zu erzeugen.

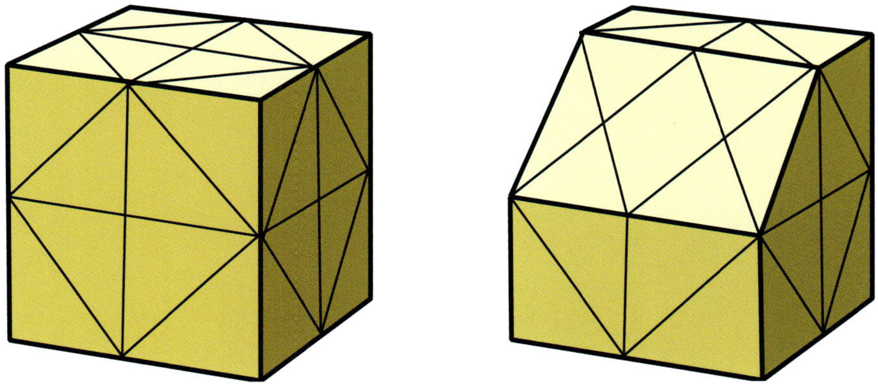

Fehlstart. Links ein Würfel, der für Schnitte markiert ist, die ihn zu einem rhombischen Dodekaeder formen sollen. Rechts der erste Schnittpunkt. Sie könnten hier aufhören, aber drei weitere Schnitte würden Sie zu einem weit besseren Ausgangspunkt bringen.

Dodekaeder aus einem Brett zuschneiden

Angenommen, Sie möchten das größtmögliche Dodekaeder aus einem Brett mit einer gewissen Stärke schnitzen. Statt eines Würfels schneiden Sie einen Block zu, der den relativen Maßen, die Sie hier finden, entspricht. (Die Länge und die Höhe folgen den Verhältnissen des Goldenen Schnitts. Das Verhältnis von Höhe zu Tiefe beträgt 1 zu 1,176.). Dann schneiden Sie an jedem Ende einen Keil ab, wie angegeben.

Sie haben nun ein rhombisches Prisma, auf dem Sie die Schnittlinien anzeichnen können, um das Dodekaeder zu formen. Die roten Linien in der oberen Zeichnung auf der nächsten Seite zeigen, wo eine Kante des Dodekaeders die Fläche des Prismas berührt. Die Länge einer Dodekaederkante beträgt das 0,449-Fache der Höhe. Wenn Sie die Schnittlinien markieren, beachten Sie, wie die Schnitte an den spitzen Eckpunkten zusammenstoßen. Sie sollten auch beachten, dass der Abstand zwischen den gegenüberliegenden Kanten des Dodekaeders immer gleich b ist.

Nur noch acht Schnitte und Sie sind am Ziel. Wann immer ein Schnitt etwas von der Markierung für folgende Schnitte entfernt, zeichnen Sie diese erneut.

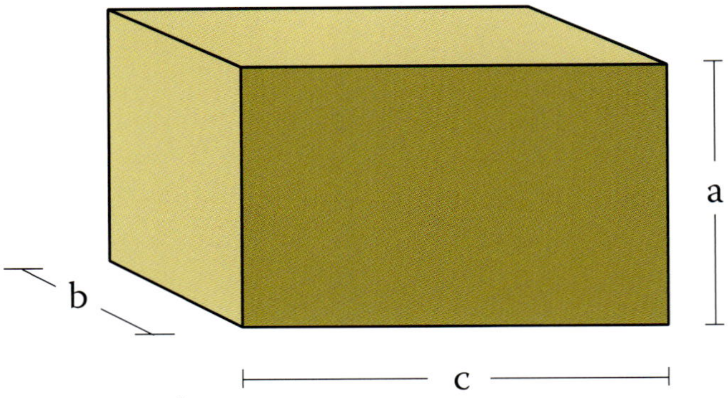

$$a = 1$$

$$b = \sqrt{1 + \varphi^{-2}} = \sqrt{\frac{5 - \sqrt{5}}{2}} = 1.176$$

$$c = \varphi = \frac{1 + \sqrt{5}}{2} = 1.618$$

Anfängliche Proportionen. Dies sind die Proportionen, die Sie verwenden müssen, um das größtmögliche Dodekaeder aus einem Brett zu schneiden. Die Stärke wird als eins angegeben, sodass Sie alle Zahlen mit der tatsächlichen Stärke multiplizieren können, um die Maße zu erhalten, die sie benötigen.

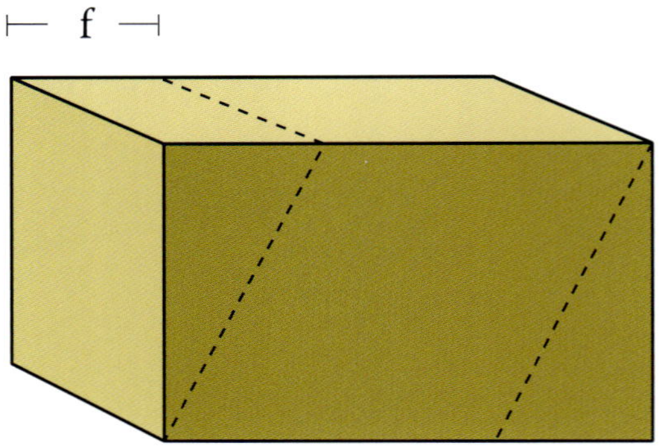

$$f = \frac{1}{2} = 0.5$$

Erste Schnitte. Markieren und schneiden Sie die beiden Diagonalen, wie gezeigt.

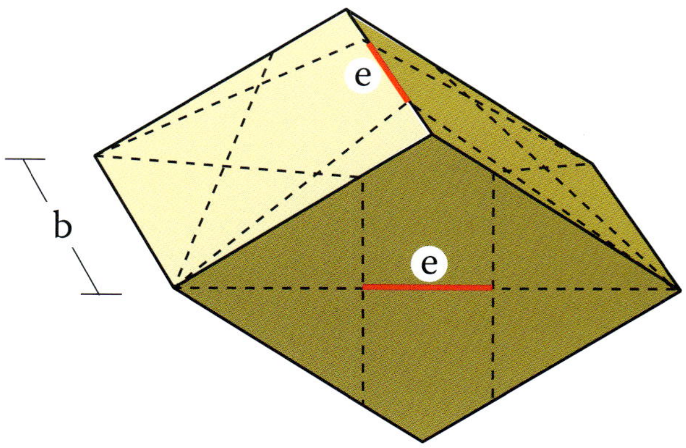

$$e = \sqrt{\varphi^{-4} + \varphi^{-6}} = \sqrt{\frac{25 - \sqrt{5}}{2}} = 0.449$$

Anordnung der Schnittlinien. Die roten Linien geben die Länge der Kanten des Dodekaeders an. Die gestrichelten Linien repräsentieren Schnittlinien. Legen Sie diese den gezeigten Proportionen folgend an.

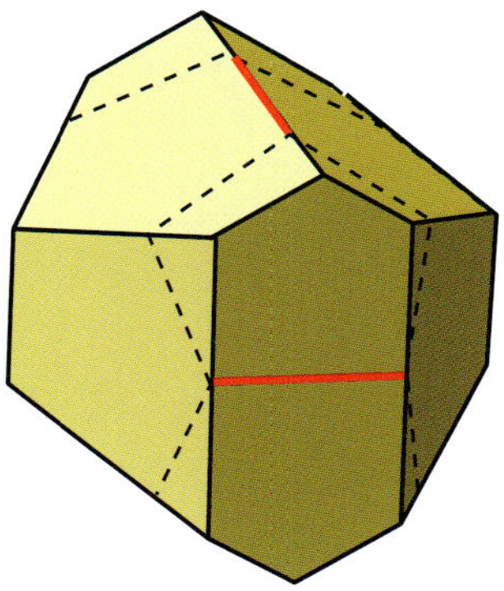

Zwischenstadium. Nachdem die vier spitzen Eckpunkte abgeschnitten und die Schnittlinien auf die neuen Flächen übertragen wurden, haben Sie nur noch vier weitere Schnitte vor sich.

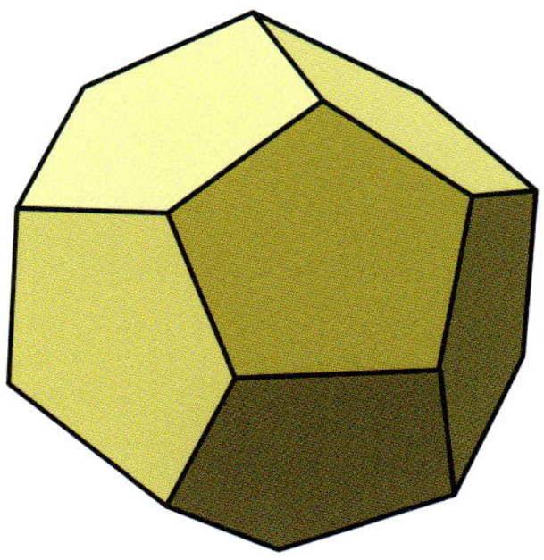

Geschafft. Das fertiggestellte Dodekaeder

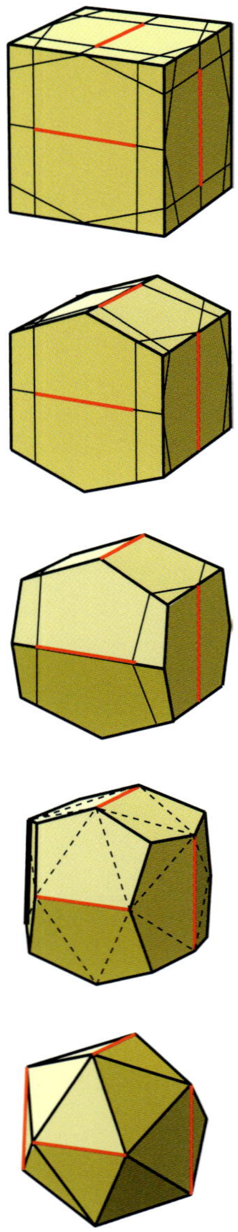

Schnittsequenz.
Die Sequenz der Schnitte ist jener für das Dodekaeder ähnlich. Andere Maße ergeben ein unregelmäßiges Dodekaeder, das im letzten Schritt in ein regelmäßiges Ikosaeder verwandelt wird.

ZWEI ARTEN, EIN IKOSAEDER ZUZUSCHNEIDEN

Aus einem Würfel. Wie das Dodekaeder kann ein Ikosaeder so in einen Würfel eingeschrieben werden, dass jede Fläche des Würfels von je einer Kante berührt wird. Hier sehen Sie eine Vorderansicht. Das Pentagramm zeigt, dass das Verhältnis zwischen den Kanten der beiden Festkörper dem Goldenen Schnitt entspricht.

Sie schneiden ein Ikosaeder sehr ähnlich wie ein Dodekaeder zu, jedoch mit einem zusätzlichen Schritt. Nachdem Sie zwölf Teile abgeschnitten haben, haben Sie ein unregelmäßiges Dodekaeder vor sich. Acht Eckpunkte, die unter den Eckpunkten des ursprünglichen Würfels liegen, müssen abgeschnitten werden, um ein regelmäßiges Ikosaeder zu erhalten.

Aus einem Brett. Sie können auch ein Ikosaeder aus einem Brett zuschneiden, um die Größe in Bezug auf die Stärke des Bretts zu optimieren. Die Methode ist jener ähnlich, die für das Dodekaeder beschrieben wurde, jedoch mit anderen Maßen und einem zusätzlichen letzten Schritt. Die Zeichnungen auf der nächsten Seite zeigen Ihnen, was Sie tun müssen.

Im letzten Schritt schneiden Sie acht Eckpunkte ab, um aus einem unregelmäßigen Dodekaeder ein regelmäßiges Ikosaeder zu fertigen.

$$\varphi^{-1} = \frac{\sqrt{5}-1}{2} = 0.618$$

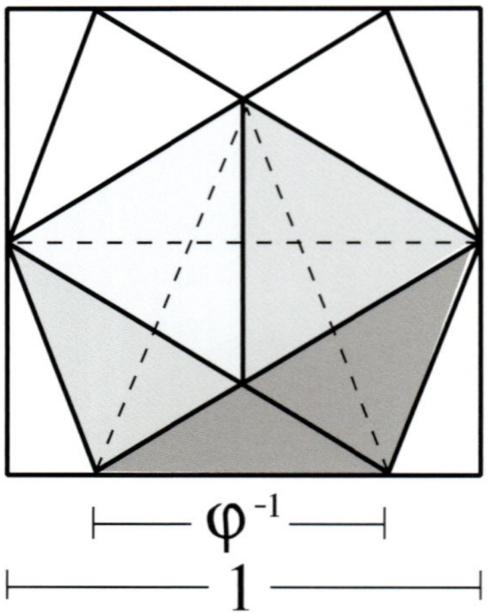

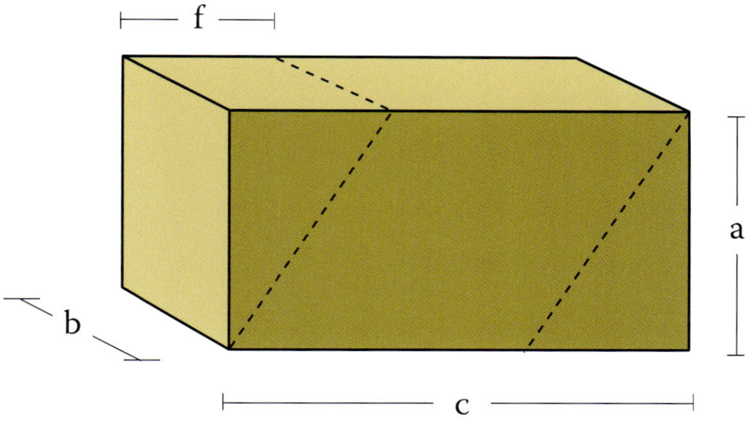

$$a = 1$$

$$b = \frac{\sqrt{3}}{\varphi} = \frac{2\sqrt{3}}{1+\sqrt{5}} = 0.934$$

$$c = \varphi^2 = \frac{3+\sqrt{5}}{2} = 2.618$$

$$f = \varphi^{-1} + \frac{1}{2} = 1.118$$

Anfängliche Anordnung. Um ein Ikosaeder aus einem Brett zuzuschneiden, stellen Sie zuerst ein Dodekaeder her, aber kein regelmäßiges. Folgen Sie den hier angegebenen Proportionen.

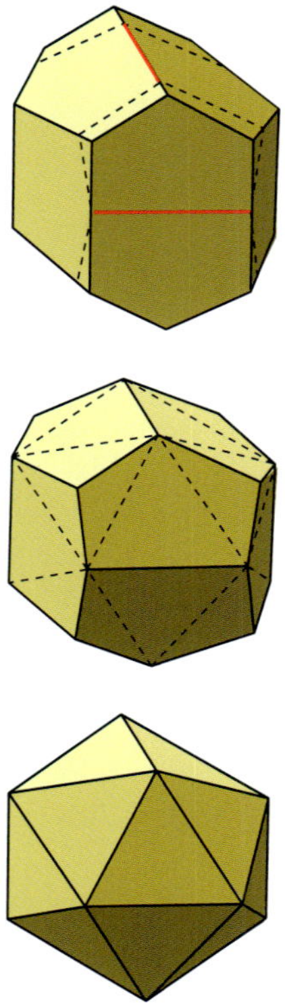

Schnittsequenz. Nachdem Sie ein unregelmäßiges Dodekaeder erzeugt haben, schneiden Sie acht seiner Eckpunkte ab, um ein regelmäßiges Ikosaeder zu erhalten.

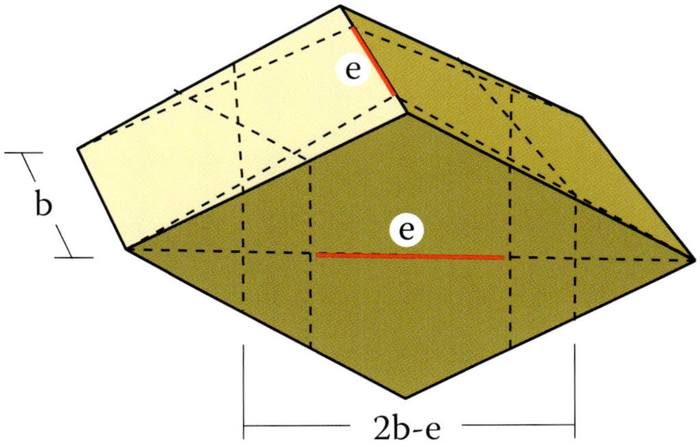

$$e = \frac{\sqrt{3}}{\varphi^2} = \frac{2\sqrt{3}}{3+\sqrt{5}} = 0.662$$

Spätere Anordnung. Markieren Sie die zusätzlichen Schnittlinien für das Dodekaeder und folgen Sie den hier angegebenen Proportionen.

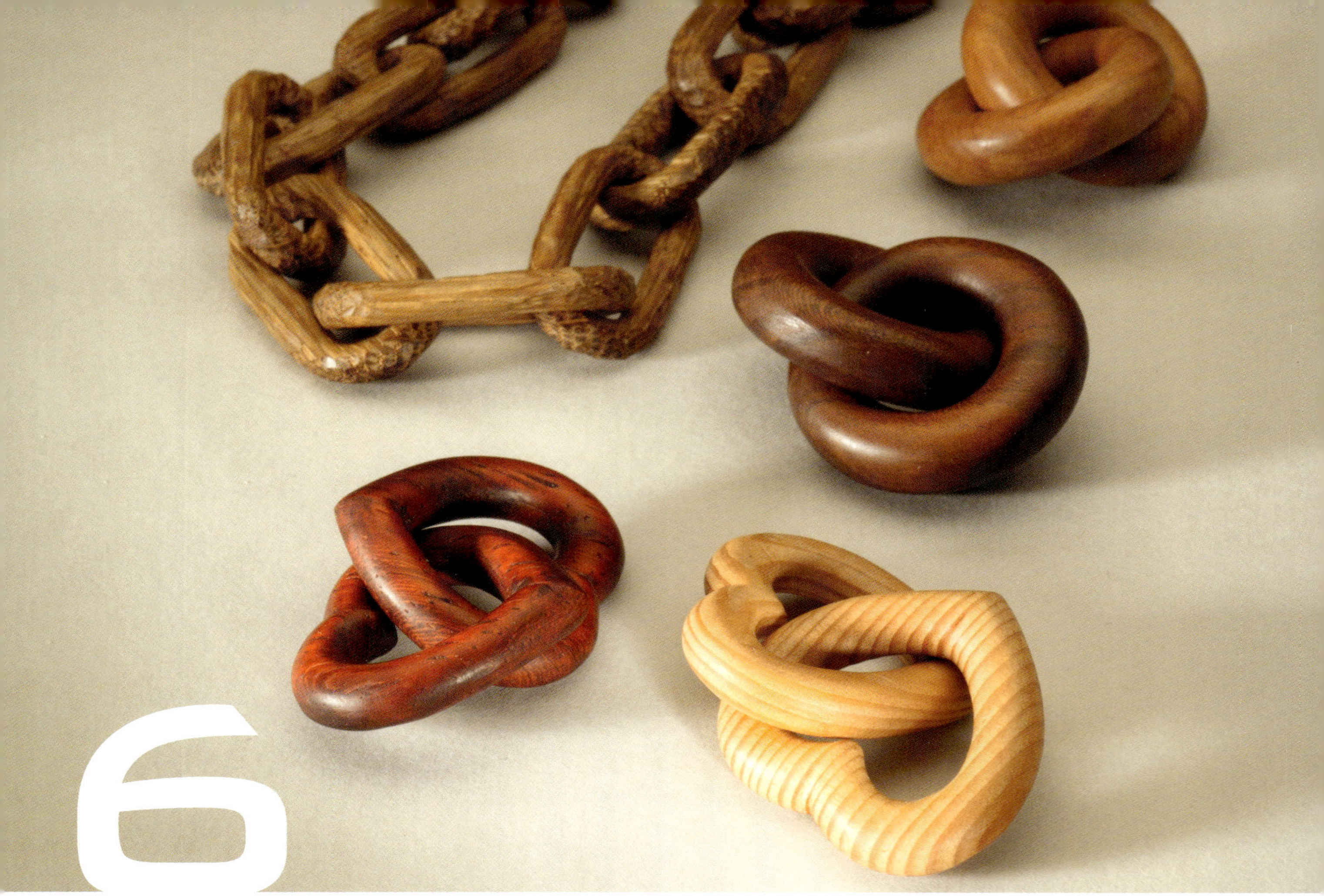

6

Es geht los

Für ihre ersten Projekte empfehle ich Ihnen eine einfache Anordnung von miteinander verbundenen Ringen. Sie sind recht leicht zu schnitzen und dennoch schön und nett anzufassen.

Die Hopf-Verschlingung

Schwierigkeitsgrad: 2

Mathematiker nennen dieses Ringpaar Hopf-Verschlingung, nach dem deutsch-schweizerischen Mathematiker Heinz Hopf, der seine räumliche Struktur studierte.

Wählen Sie eine Größe. Je größer und offener die Ringe, umso leichter sind sie zu schnitzen. Lassen Sie uns annehmen, Sie möchten, dass der Abstand zwischen den Ringen gleich groß wie die Stärke der Ringe ist, sagen wir 10 mm.

Die logische Art, über dies nachzudenken, ist, dass jeder Ring durch die Mitte des anderen passen muss (Zeichnung oben rechts auf der nächsten Seite). Dies würde zu einer Rohlinggröße von 50 × 50 × 70 mm führen. Allerdings ist es angenehmer, mehr Platz in der Mitte zu haben und weniger außerhalb der Ringe, also nehmen wir an, dass Sie die Ringe um 5 mm zusammenschieben, wodurch sich eine Rohlinggröße von 50 × 50 × 65 mm ergibt. Das lässt Ihnen genug Platz zum Schnitzen.

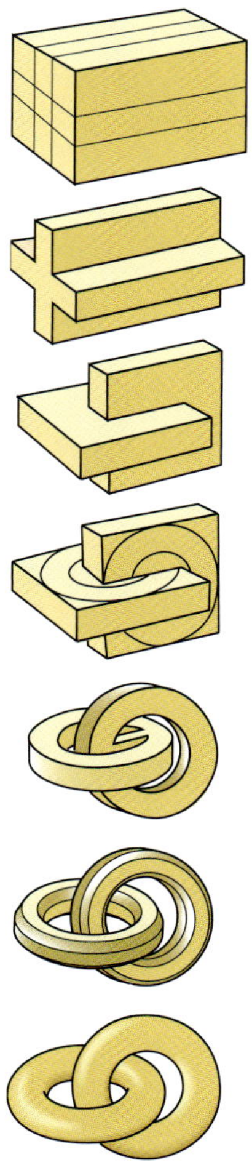

Schnitzsequenz. Die Schritte, die man braucht, um eine Hopf-Verschlingung zu gestalten. Ihr Werkstück wird wahrscheinlich weniger ordentlich aussehen als diese idealisierten Zeichnungen, was in Ordnung ist. Behalten Sie diese Bilder im Hinterkopf, während Sie arbeiten.

Wenn Sie ehrgeiziger werden, können Sie die Ringe kleiner und enger gestalten. Die Maße der unteren rechten Zeichnung, sind für ein schwierigeres Projekt gedacht, aber auch für ein Objekt, das sich angenehm in Ihrer Tasche mitführen lässt.

Die Grundlinien markieren. Zeichnen Sie an jedem Ende des Rohlings ein Kreuz, das der Stärke der Ringe entspricht. Verbinden Sie die Enden der Kreuze mit parallelen Linien entlang der Seiten des Rohlings.

Die ersten Schnitte schneiden. Sägen Sie die Abschnitte zwischen den Armen des Kreuzes weg und lassen Sie einen Stab in Kreuzform stehen. Schneiden Sie außerhalb der Linien. Wenn Sie sich der Unterseite des Schnitts nähern, halten Sie die Säge gerade, um zu vermeiden, dass Sie über die Linie und in das Kreuz schneiden. Hören Sie auf zu sägen, kurz bevor Sie die Linie erreichen.

Als Nächstes schneiden Sie die gegenüberliegenden Schultern der vier Arme des Kreuzstabs ab. Zurück bleibt ein Werkstück, das aussieht, wie zwei sich überschneidende flache Kästchen. Die Kästchen müssen rechtwinklig sein. Verwenden Sie also die Breite des Rohlings, um die Schnitte zu lokalisieren.

Die Ringe einzeichnen und ihre Form skizzieren. Zeichnen Sie einen Ring auf ein Stück Pappkarton und verwenden Sie es als Vorlage. Schneiden Sie in die Vorlage ein Loch, das dem überschneidenden Ring entspricht.

Innen- und Außenkonturen der beiden Ringe mit einer Laubsäge sägen. Sie müssen in jeden Ring mindestens ein Loch bohren, um das Sägeblatt hindurchzubekommen (ich bohre immer zwei, eines auf jeder Seite). Lassen Sie überschüssiges Material entlang der Schnittlinie stehen. Ich empfehle, die innere Biegung zuerst zu schnitzen, weil sie sich so während des Sägens besser abstützen können.

Die Ringe trennen und die Form verfeinern. Sie nähern sich nun dem großen Moment. Alles, was Sie tun müssen, ist, den kleinen Streifen

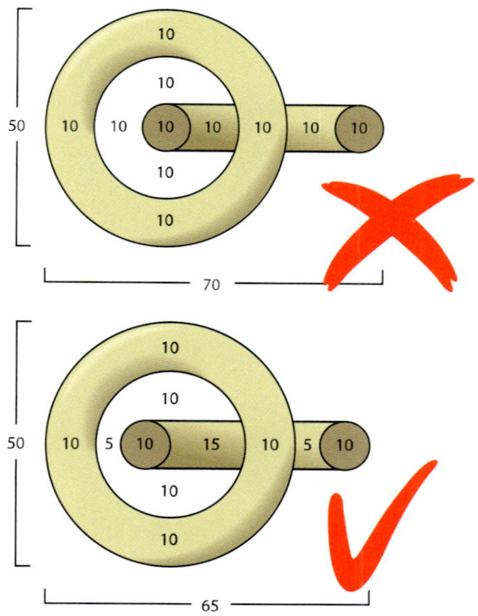

Machen Sie Platz. Die Maße in Millimetern für eine Anfängerversion der Hopf-Verschlingung. Richten Sie die Ringe nicht so aus, dass sie jeweils mittig im anderen sind. Sie brauchen mehr Platz in der Mitte und weniger in Richtung der Enden, um sich das Schnitzen zu erleichtern.

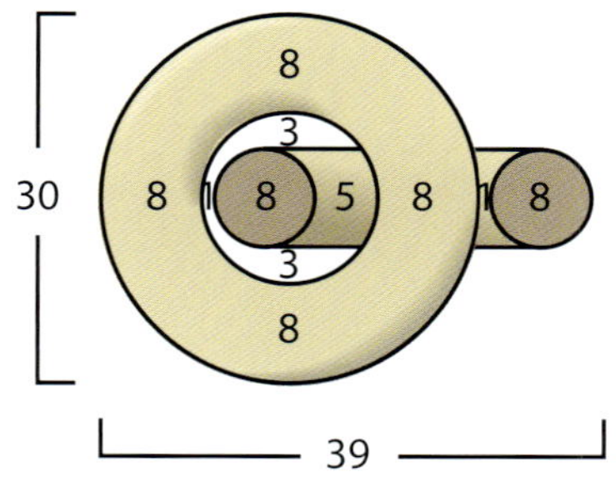

Engere Verbindungen. Wenn Sie schon ein bisschen Schnitzerfahrung gesammelt haben, versuchen Sie eine Version der Hopf-Verschlingung mit weniger Platz rund um die Ringe.

durchzuschneiden, der die Lücke zwischen den Ringen überbrückt. Sie können dies mit einem kleinen Stechbeitel, einem Messer, einer Stichsäge oder irgendeiner Kombination dieser Werkzeuge erledigen.

Die Zeichnung zur Linken zeigt einen Schritt, an dem die Ringe achteckige Facetten aufweisen. Diese Facetten zu gestalten, ist eine bewährte Vorgehensweise. Sie machen es viel leichter, die Form zu beurteilen, wodurch ihre fertige Schnitzarbeit wahrscheinlich sehr viel präziser wird.

Wenn Sie einfach so damit beginnen, ihre Ringe abzurunden, wird es schwierig zu sehen, wo Sie noch ein bisschen mehr Holz für die perfekte Rundung entfernen müssen.

Die Ringe sind nun getrennt, aber Sie haben eine Beule an der Stelle, an der sie einander berührt haben. Wenn Sie an einer sehr engen Anordnung arbeiten, lassen sich die Ringe wahrscheinlich nicht frei bewegen, bis Sie diese Beulen entfernt haben, was sich schwierig gestalten kann. Deswegen empfehle ich, mit einer offeneren Struktur zu beginnen.

Entscheiden Sie sich für das fertige Erscheinungsbild. Vielleicht möchten Sie, dass die Ringe eine nicht zu raue handgeschnitzte Oberfläche haben, wo kleine Schnitte sichtbar sind, oder Sie bevorzugen eine glatte, fein geschliffene Oberfläche. Wenn Sie mit dem Schleifen beginnen, müssen Sie damit fortfahren, bis Sie jeden noch so kleinen Makel entfernt haben. Wenn Sie also kleine Unfälle während des Schnitzens hatten, haben Sie vielleicht am Ende dünnere Ringe, als gewünscht. Eine rauere Erscheinung macht kleine Unfälle weniger offensichtlich und steht einem einfachen Objekt wie diesem wirklich gut. Wenn Sie allerdings ein kompaktes Ringpaar für Ihre Hosentasche wollten, ist eine glatte Oberfläche sehr viel angenehmer in der Handhabung.

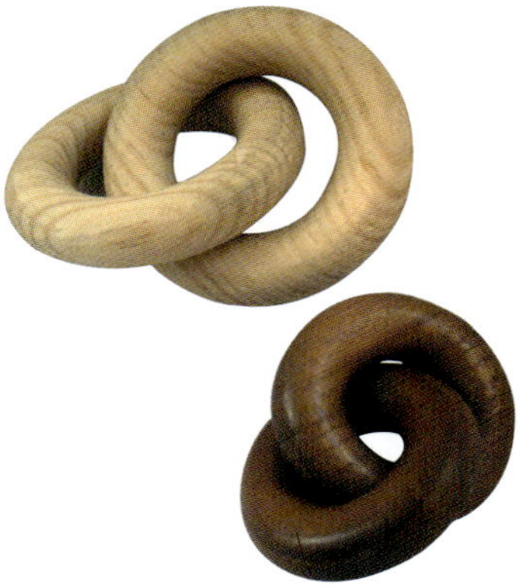

Anfänger und Fortgeschrittene. Lassen Sie die ersten Male, wenn Sie versuchen, eine Hopf-Verschlingung zu schnitzen, genug Platz rund um die Ringe. Wenn Sie geübter werden, können Sie die Ringe kleiner und dichter aneinanderliegend gestalten.

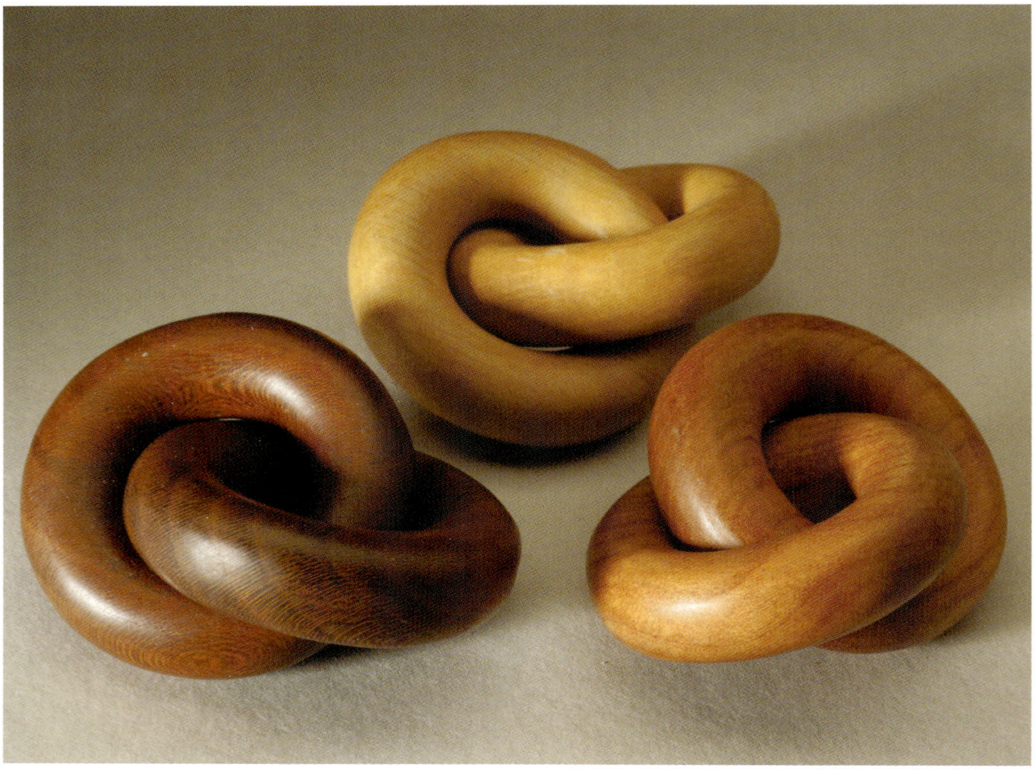

Taschenkunst. Hopf-Verschlingung, geschnitzt aus Goldregen, Hainbuche und Kirsche

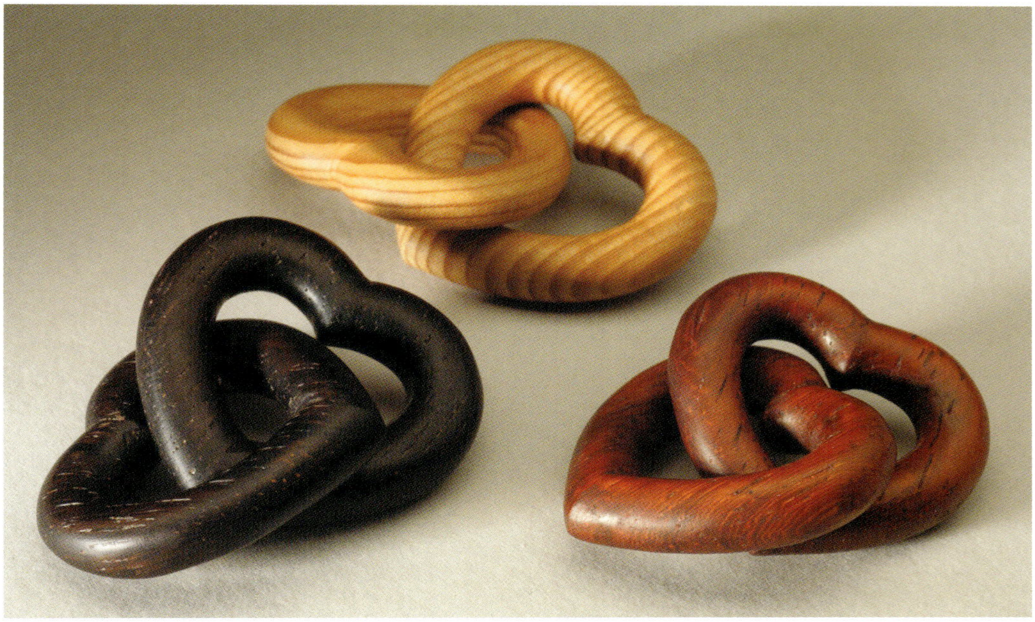

Hervorragende Geschenke. Ich habe die verschlungenen Herzen aus vielen Holzarten geschnitzt. Hier sind drei Beispiele aus Mooreiche, Kiefer und Mahagoni. Ich habe sogar kleinere Versionen aus Bernstein, Büffelhorn und Elfenbein (als es noch legal war) geschnitzt.

Verschlungene Herzen

Schwierigkeitsgrad: 3

Diese charmante Variante der Hopf-Verschlingung erfordert ein wenig zusätzliche Erklärung. Die Schritte für das Skizzieren, das anfängliche Sägen und das Schnitzen sind im Grunde dieselben.

Es mag Ihnen natürlich erscheinen, dass die spitzen Enden zur Mitte und die Bögen nach außen liegen, aber Sie haben tatsächlich weit mehr Platz für Ihren Trennschnitt, wenn die Herzen sich an ihren inneren Eckpunkten treffen. Ihre Maßzeichnung sollte daher wie die Zeichnung auf der rechten Seite aussehen.

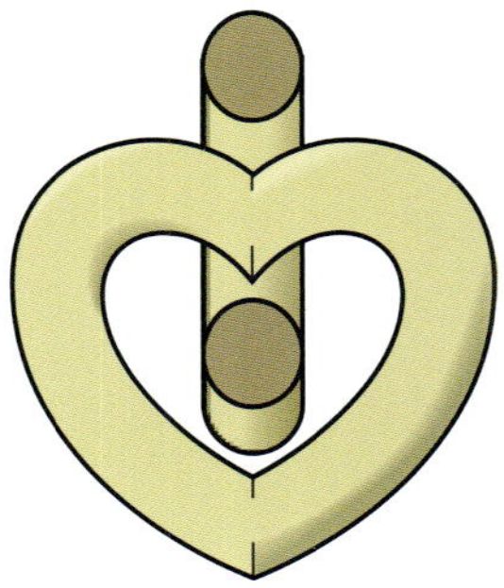

Herzplan. Dies ist ein maßstabsgetreuer Plan in der tatsächlichen Größe für die Herzen, die ich schnitze. Wenn dieses eines Ihrer ersten Projekte ist, verändern Sie den Plan, um mehr Platz rund um die Herzen zu haben.

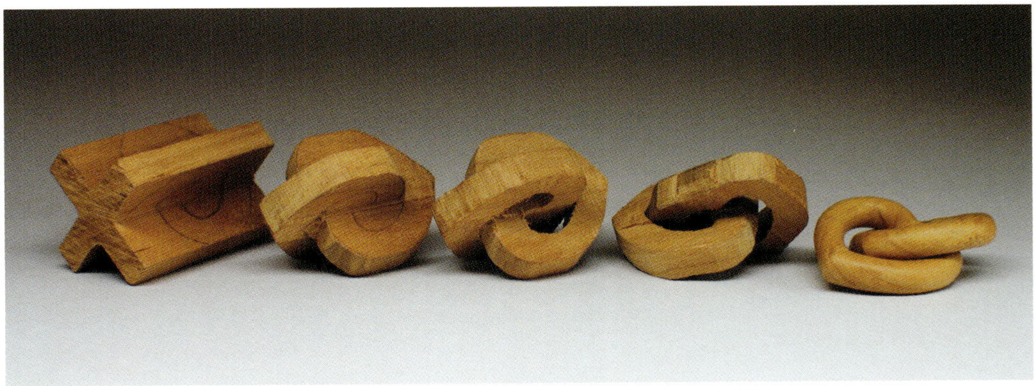

Schnitzsequenz. Die Schritte, die notwendig sind, um die verschlungenen Herzen zu fertigen. Behalten Sie diese Bilder im Hinterkopf, während Sie arbeiten.

Die Zeichnung hat die tatsächliche Größe, die ich verwende, wenn ich diese Herzen schnitze. Für Ihren ersten Versuch sollten Sie sie ein bisschen größer und offener gestalten. Ich überlasse es Ihnen, die Maße abzuändern.

Wenn Sie an die Stelle kommen, an der Ihre Schnitzarbeit aussieht wie zwei ineinandergesteckte Schachteln (diesmal sind sie nicht quadratisch, sondern leicht rechteckig), können Sie zwei Kopien Ihrer Zeichnung machen, die Herzen mit einer Öffnung rund um die darin steckende Schachtel ausschneiden und ankleben. Wenn Sie meine Zeichnung kopieren, achten Sie darauf, dass ich die Herzen so nah aneinander gebracht habe, dass Sie die Kanten der Schultern beschneiden müssen, bevor Sie die Muster zurechtkleben können.

Dieses Werkstück sieht definitiv mit einer glatten Oberfläche am besten aus. Versuchen Sie die Furchen und Riefen an den Ecken genau richtig zu positionieren, damit das Werkstück ein professionelles Aussehen erhält.

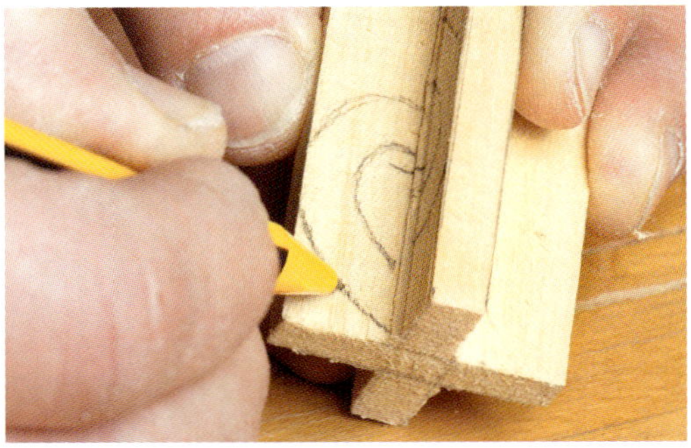

Hilfslinien zeichnen. Zeichnen Sie die Außenkanten der Herzen auf dem Schnitzrohling ein, um sich beim Sägen und Schnitzen von ihnen leiten zu lassen.

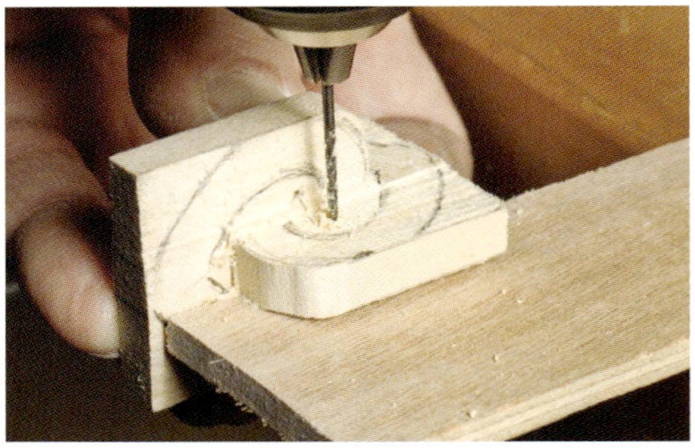

Löcher in den Zwischenraum bohren. Bohren Sie mindestens ein Loch durch jedes Herz, damit Sie ein Laubsägeblatt durchführen können, um das Innere auszusägen.

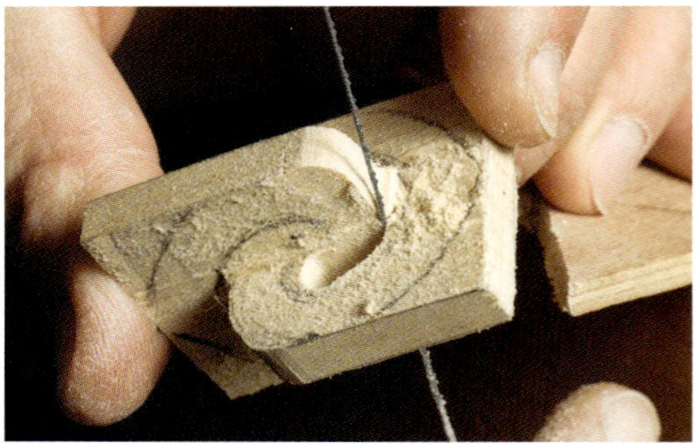

Die Formen sägen. Eine Laubsäge ist die schnellste Art, die grobe Form der Herzen zu erhalten.

EINE SCHABLONE FÜR DIE SERIENPRODUKTION

Die verschlungenen Herzen sind ein sehr oft gewünschtes Geschenk, weshalb ich regelmäßig mehrere Kopien davon mache. Ich habe eine Schablone für die Tischsäge entworfen, um schnell Längen des bloßen Kreuzstabes zuschneiden zu können. Meine erste Schablone war ein flaches Bett mit Hilfslinien an jeder Seite, sodass ich einen rechtwinkeligen Rohling achtmal über das Sägeblatt laufen lassen konnte, um die Streifen entlang der Kanten zu entfernen.

Das Werkstück eierte allerdings in der Schablone, wenn ich den letzten Schnitt ausführte, also musste ich einen losen Keil hinzufügen, um den Rohling in Position zu halten. Wenn der Rohling ein bisschen zu groß war, konnte ich ihn nicht durch die Schablone schieben; wenn er ein bisschen zu klein war, wurden die Schnitte nicht genau.

Eines Tages kam mir die Idee, dass ich kleinere Rohlinge verwenden könnte, wenn ich das Kreuz diagonal schnitt. Also habe ich die hier gezeigte v-förmige Schablone angefertigt. Sie hat viele Vorteile. Die Probleme, die ich mit der ersten Schablone hatte, verschwanden. Ich kann die Schablone auf verschiedene Größen anpassen und sie verwenden, um sowohl Hopf-Verschlingungen als auch verschlungene Herzen herzustellen.

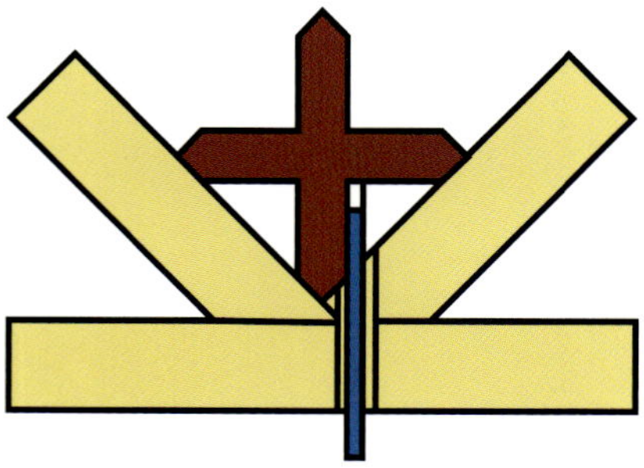

Produktionsschablone. Schematische Ansicht der Schablone, die ich entworfen habe, um lange Rohlinge für mehrere Kopien der verschlungenen Herzen zuzuschneiden.

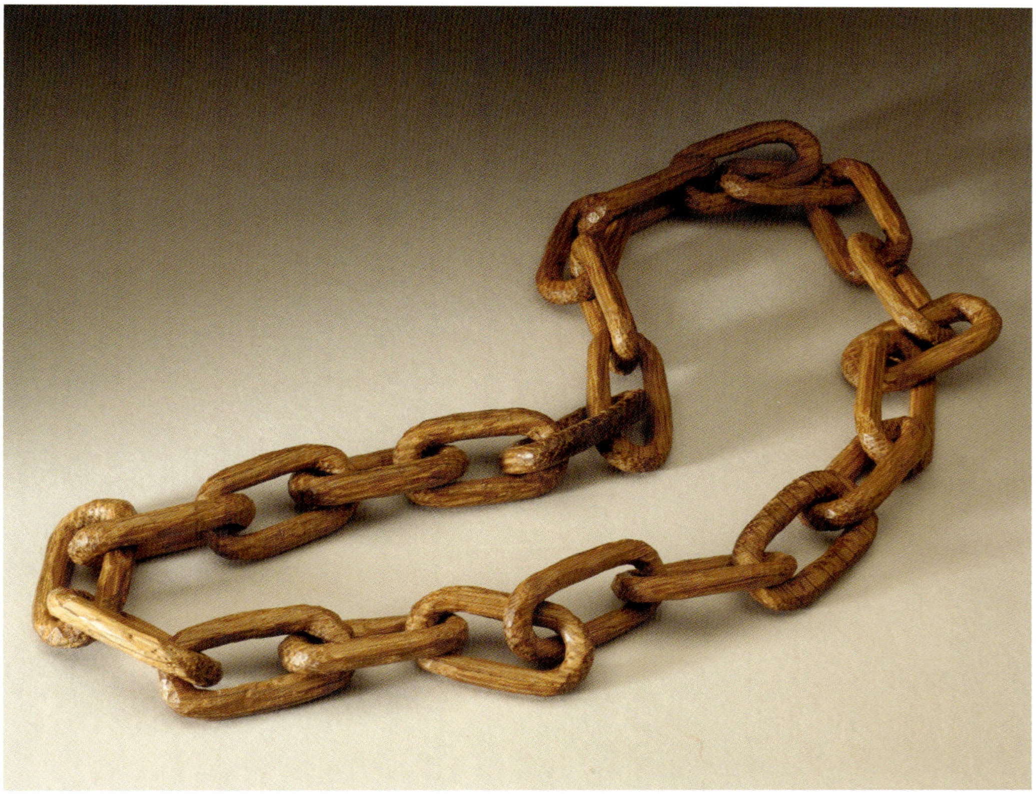

Halskettenlange Kette. Diese Endloskette ist lang genug, um sie über den Kopf zu ziehen. Sie ist aus einem Eichenbrett geschnitzt und hat eine raue, unpolierte Oberfläche. Beachten Sie die beiden Hirnholz-Kettenglieder nahe der Mitte des Fotos.

Ketten

Schwierigkeitsgrad: 3

Eine einfache Kette herzustellen, ist der Hopf-Verbindung sehr ähnlich. Beginnen Sie, indem Sie einen Kreuzstab in der gewünschten Länge vorbereiten. Beachten Sie, dass die Länge mit jedem Trennschnitt wächst. Markieren Sie die Längen der Kettenglieder. Natürlich sind die Kettenglieder langgezogene Kreise, sie haben also Platz, um sich miteinander zu verbinden. Wenn dies Ihr erster Versuch ist, eine Kette zu schnitzen, möchten Sie vielleicht Kopien der Formen des Kettengliedes anfertigen und auf dem Stab anbringen. Trennen Sie die Kettenglieder eines nach dem anderen voneinander. Halten Sie die Ringe dort, wo sie sich Ende an Ende treffen, nah zusammen und lassen Sie innen ein bisschen zusätzlichen Platz, wo sie die Trennschnitte durchführen.

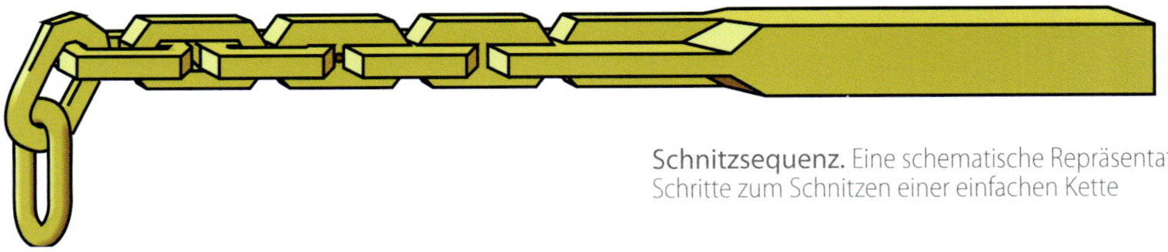

Schnitzsequenz. Eine schematische Repräsentation der Schritte zum Schnitzen einer einfachen Kette

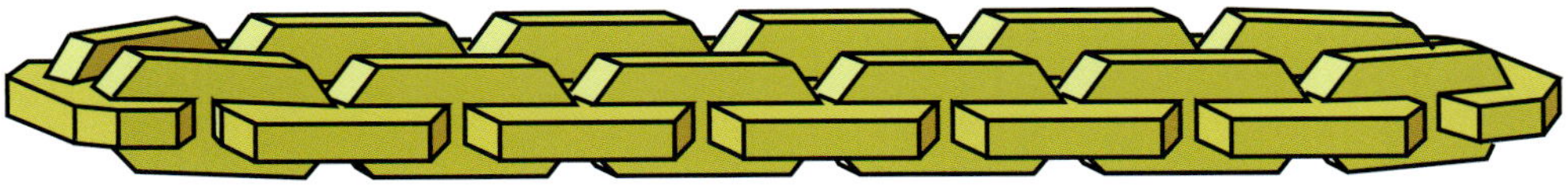

Endloskette. So legen Sie die Kettenglieder für eine Endloskette aus. Die meisten Kettenglieder folgen der Maserung, doch zwei müssen quer zur Maserung geschnitzt werden.

Sie können eine Kette auf viele Weisen variieren: Indem Sie die Kettenglieder verdrehen oder Sie eher facettiert als rund schnitzen usw. Derartige Variationen können sowohl interessant als auch herausfordernd sein. Sie können auch eine Endloskette, wie die oben gezeigte, schnitzen. Legen Sie zwei parallele Reihen mit einer Verbindung an jedem Ende aus. Wenn Sie die Kettenglieder schnitzen, müssen Sie eventuell jene, die die Querverbindung beinhalten, mit einer leichten Neigung nach innen anlegen. Ich habe die querliegenden Kettenglieder zuerst geschnitzt, dann ein Loch in den Raum zwischen den beiden Reihen gebohrt und die Reihe mit einer Laubsäge getrennt. Das Trennen einiger weiterer Kettenglieder gab mir mehr Platz zum Schnitzen.

Borromäische Ringe

Schwierigkeitsgrad: 3

Bevor Sie mit dem Schnitzen beginnen, fertigen Sie Zeichnungen an und entscheiden Sie sich für die Größe der Ringe. Die Schlüsselmaße sind die langen und kurzen Achsen der Ringe und deren Stärke. Wenn Sie einmal die Stärke der Ringe und das Maß an Platz zwischen ihnen festgelegt haben, können Sie die Längen der Achsen aus der Zeichnung ermitteln.

Lassen Sie gerade genug Platz an den gebogenen Enden der Ringe, dass die Laubsäge hindurchpasst. Sie können an den Seiten ein bisschen Extraplatz stehen lassen, da dies bestimmt, wie viel Platz Sie haben, um die Ringe in der Mitte voneinander zu trennen.

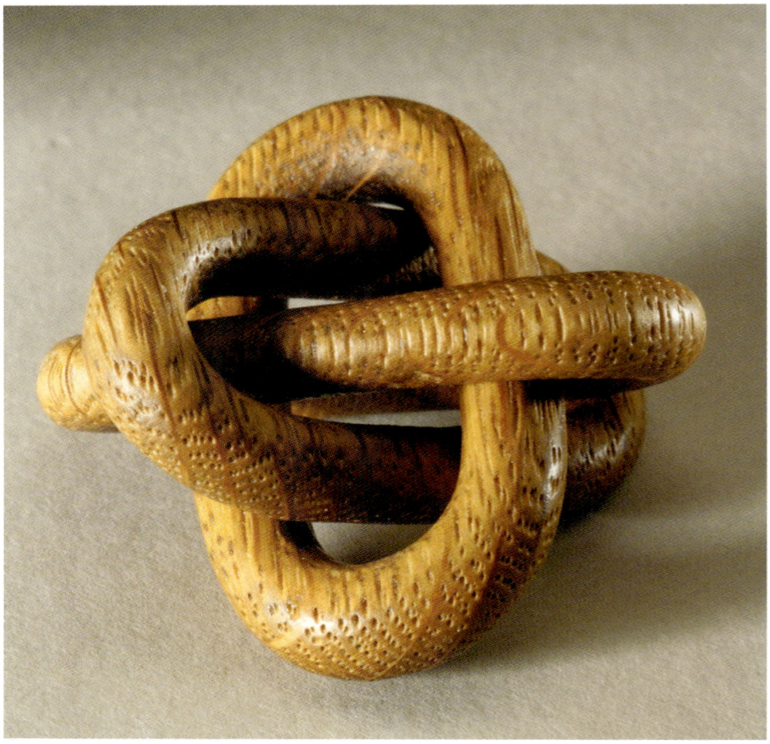

Borromäische Ringe. Diese wurden aus Eichenholz geschnitzt. Jeder Ring ist etwa 42 × 21 × 6 mm groß.

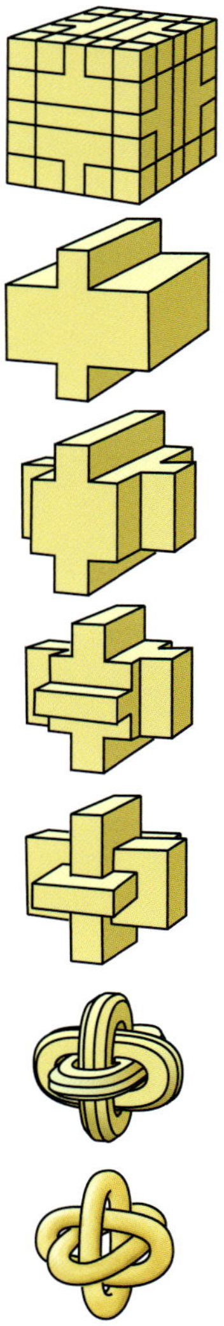

Einen Würfel vorbereiten. Schneiden Sie einen Würfel zu, dessen Seiten gleich lang sind wie die lange Achse der Ringe. Markieren Sie die Schnittlinien, wie in der Zeichnung gezeigt, damit Sie die Schultern entlang der Länge, der Breite und der Höhe absägen können, um die Ringe zu skizzieren. Die Linien sind auf jeder Seite des Würfels gleich, Sie können sie entweder direkt auf den Würfel auftragen oder Kopien des Musters aufkleben.

Grobzuschnitt. Beginnen Sie mit dem Absägen der vier Schultern entlang der Länge des Würfels, wie in der Zeichnung gezeigt. Ersetzen Sie etwaige Schnittlinien, die Sie benötigen, und sägen Sie die Schultern dann entlang der Höhe des Würfels zu. Schließlich sägen Sie die Schultern entlang der Breite des Würfels ab.

Reste in der Mitte im Schälschnitt entfernen. Nachdem Sie zwölf Schnitte geschnitzt haben, um die Schultern zu entfernen, haben Sie immer noch einiges an Überschuss in der Mitte. Verwenden Sie einen Stechbeitel, um diesen Abfall zu entfernen, sodass das Werkstück aussieht, wie drei ineinandergesteckte Schachteln (wie in der Zeichnung gezeigt). Sie enthalten die drei Ringe, die es nun zu befreien gilt.

Die Ringe formen. Beginnen Sie, die Außenseiten der Ringe mit ihrem Messer abzurunden. Bohren Sie dann durchgehende Löcher nahe den Stellen, an denen die Schachteln einander überschneiden, sodass Sie ein Laubsägeblatt einführen können. Wie bei der Hopf-Verschlingung sägen Sie U-förmige Schnitte, um einen großen Teil des Abfalls in der Mitte eines jeden Ringes zu entfernen. Legen Sie das Holz, das die Ringe in der Mitte des Würfels verbindet, frei. Sie können abwechselnd eine Mini-Stichsäge und einen kleinen Stechbeitel (ein kleiner scharf geschliffener Schraubenzieher tut es auch) verwenden. Oder Sie können in die konkaven Eckpunkte bohren und dabei von jeder Seite zur Mitte hin arbeiten.

Die Ringe abschleifen und veredeln. Wenn Sie alle drei Ringe voneinander getrennt haben, stellen Sie sie fertig, indem Sie Unebenheiten oder Rillen wegschnitzen oder abschleifen, polieren Sie die Rundungen und tragen Sie die Oberflächenbehandlung ihrer Wahl auf.

Schnitzsequenz. Die Schritte zum Schnitzen der Borromäischen Ringe. Auch wenn dies nicht in der Zeichnung gezeigt ist, sollten Sie nach jedem Sägeschnitt, den Sie vorgenommen haben, die Markierungen auf die neue Oberfläche übertragen.

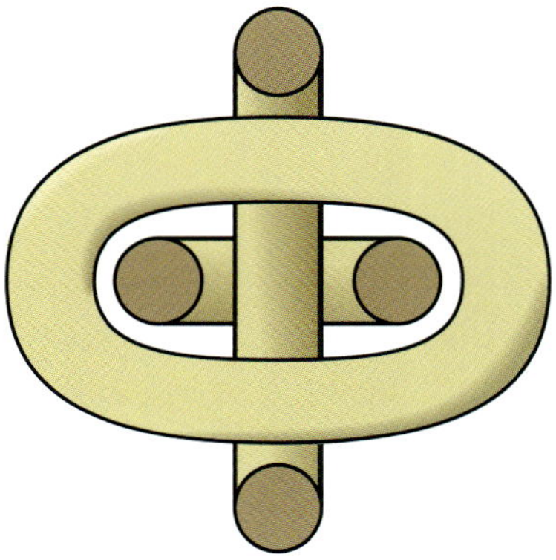

Borromäischer Querschnitt. Ein Querschnitt durch die Borromäischen Ringe, der helfen soll, die Maße für Ihre Schnitzarbeit festzulegen

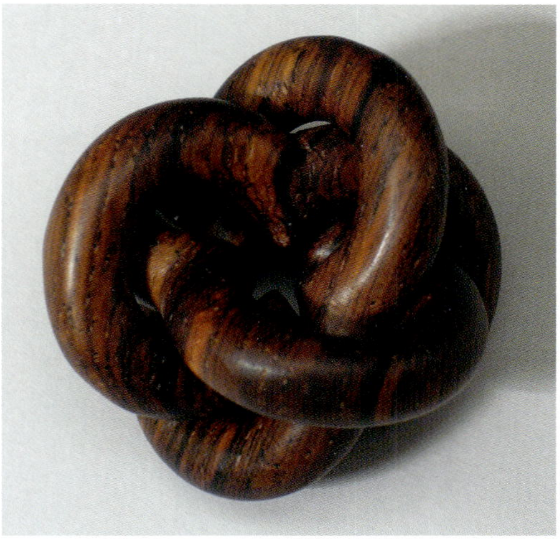

Borromäische Variation. Wenn Sie Expertenstatus erreicht haben, möchten Sie vielleicht auch diese elegante Variation ausprobieren, bei der jeder Ring in der Mitte eingedellt ist wie bei den verschlungenen Herzen. Dieses Modell ist aus Rio-Palisander (Cocobolo) geschnitzt.

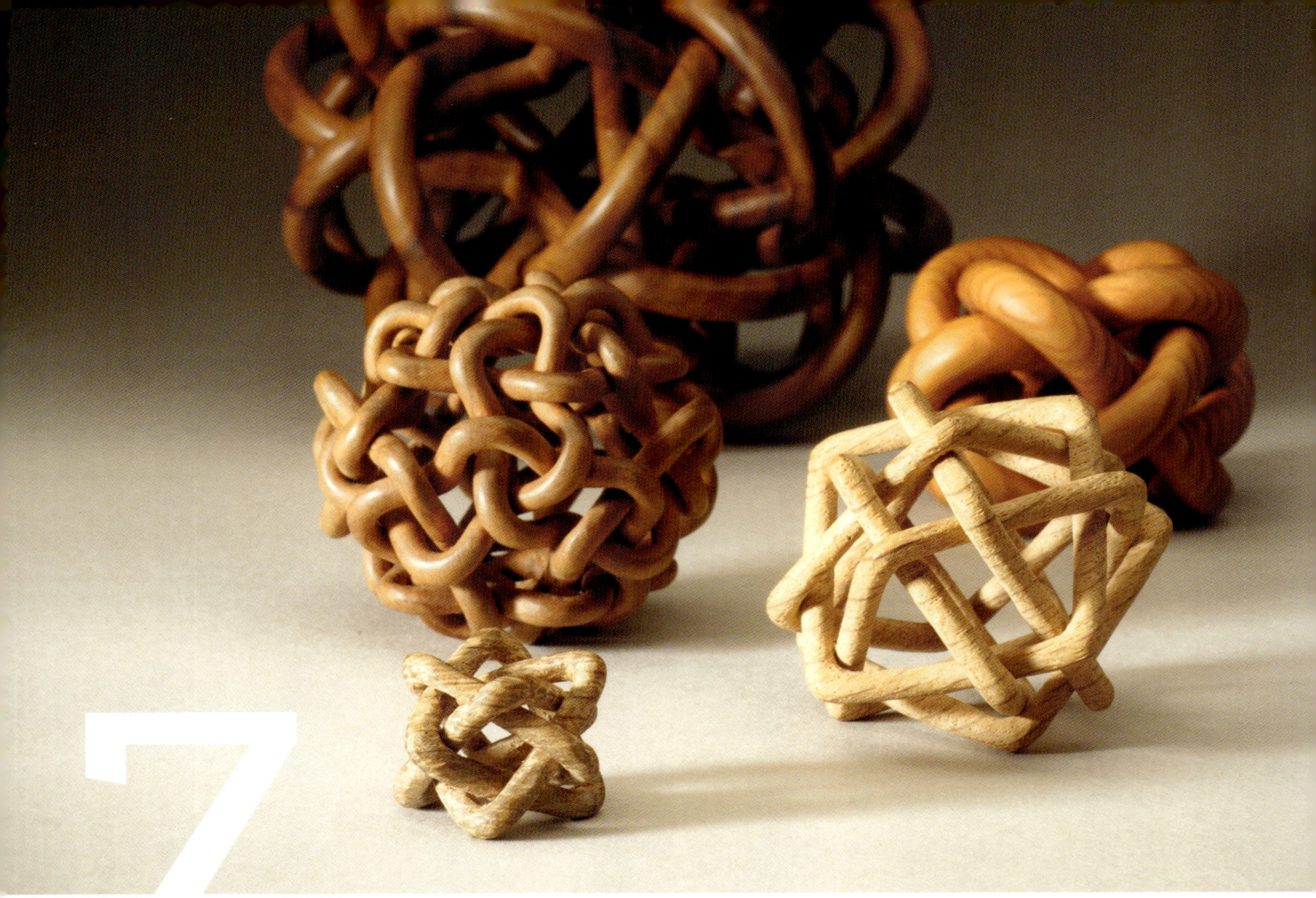

7

Flache Ringe

Ich habe die Ringmodelle in diesem Kapitel aus bestimmten, halb-regelmäßigen Festkörpern entwickelt, wie etwa dem Kuboktaeder, indem ich den in Kapitel 11, S. 108, beschriebenen Kreativprozess angewandt habe. Beachten Sie, dass die Ringe der Projekte in diesem Kapitel nicht einfach rund sind – sie bestehen aus Dreiecken, Quadraten, Fünfecken und einigen anderen komplexeren Formen. Wo die Form der Ringe nicht aus dem Foto des Werkstücks eindeutig hervorgeht, habe ich eine Zeichnung hinzugefügt, um sie zu illustrieren. Die Festkörper legen nicht automatisch die optimale Position für die Ringe fest. Stattdessen stellen Sie sich die Ringe wie in Kapitel 11, S. 108, angeordnet vor, gänzlich ohne Materialstärke. Stellen Sie sich dann vor, wie sie langsam an Stärke gewinnen, einander verschieben, um so viel Raum wie möglich einzunehmen. Dies führt dazu, dass die Ringe leicht rotieren und sich in manchen Fällen ein bisschen in Richtung Mitte bewegen. Es wäre schwierig, die optimale Position der Ringe und ihre größtmögliche Stärke zu berechnen. Sie brauchen sich darüber allerdings keine Sorgen zu machen, solange Sie ein bisschen zusätzliches Material stehen lassen, das später entfernt werden kann, und Ihren Augen trauen, sodass Sie erkennen, wo Sie es entfernen müssen. Die relative Stärke, die ich in den meisten Projekten aufliste, nehme ich von meinen eigenen Schnitzarbeiten, um Ihnen zu helfen, auf der sicheren Seite zu bleiben.

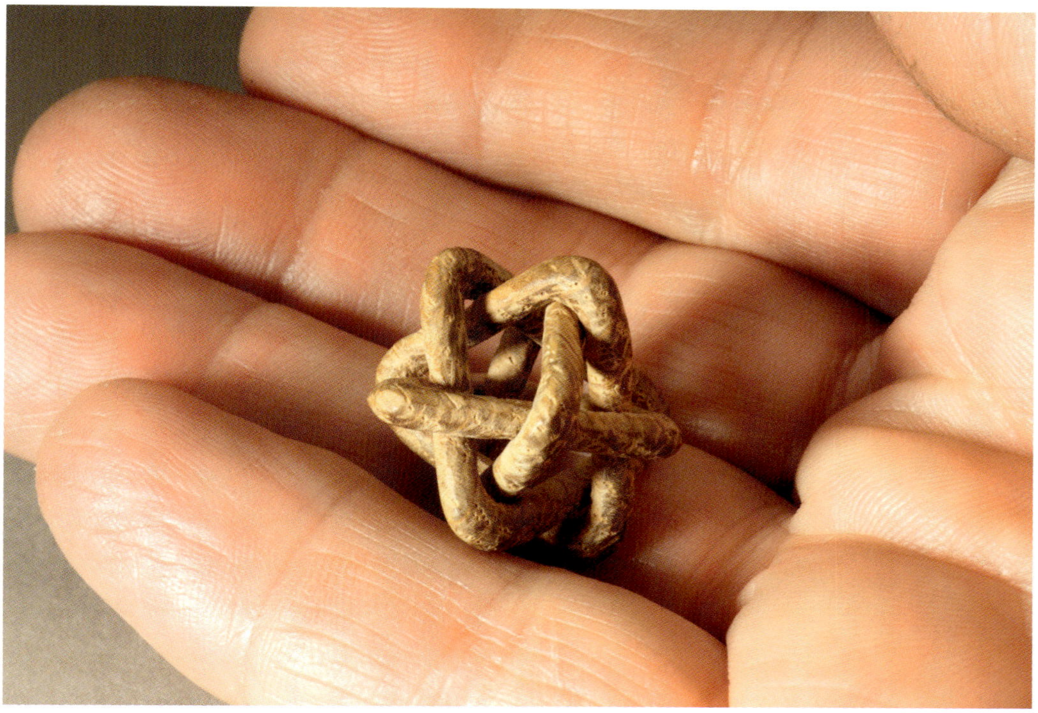

Miniatur. Meine Version der vier Dreiecke ist sehr klein, etwa 20 mm im Durchmesser, und aus Eichenholz geschnitzt. Die Ringe sind etwa 3 mm dick.

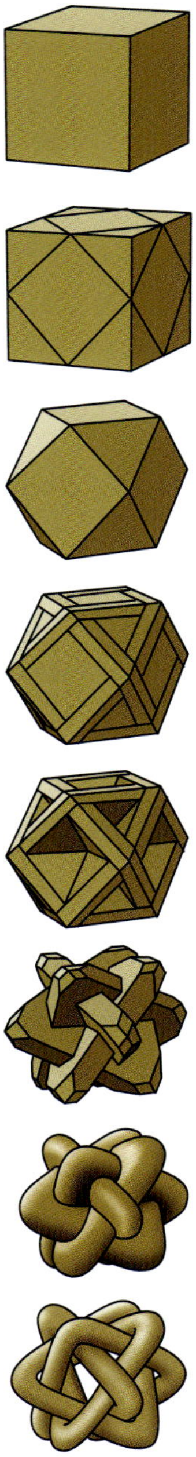

Schnitzsequenz. Die grundlegenden Schritte für die Vier Dreiecke. Sie müssen sich nicht strikt an diese Sequenz halten, aber nehmen Sie nicht zu viele Abkürzungen. Versuchen Sie, die Symmetrie des Werkstücks aufrechtzuerhalten, während Sie es formen. Und auch wenn es hier nicht gezeigt wird, hilft es, die Ringe zuerst facettiert zu schnitzen, um sie dann zu runden.

Vier Dreiecke

Schwierigkeitsgrad: 4

Mit einem Kuboktaeder beginnen. Siehe Seite 48 für die Anleitung, diese 14-seitige Form zuzuschneiden. Wenn Sie das Kuboktaeder schräg betrachten, bilden seine Kanten ein Achteck. Markieren Sie entlang der Achtecke die Ränder der vier Scheiben, die die dreieckigen Ringe enthalten, in der Stärke, in der sie später die Ringe wünschen.

In meiner Schnitzarbeit ist das Verhältnis der Stärke der Ringe 0,18 zur Höhe des Ausgangswürfels. Schnitzen Sie die Scheiben ein bisschen dicker als das. Später können Sie sehen, wie viel Sie entfernen müssen, bevor Sie die Ringe voneinander losschneiden.

Grobzuschnitt des Raums zwischen den Scheiben. Beginnen Sie die Schnitzarbeit, indem Sie die quadratischen und dreieckigen Räume zwischen den Scheiben aushöhlen, wie in der Zeichnung gezeigt. Die Vertiefungen, die Sie schnitzen, sehen aus wie umgedrehte Pyramiden. Seien Sie vorsichtig, damit Sie die Seiten der Pyramiden nicht zu steil schnitzen – ihre Flächen sollten parallel zu einem der vier Achtecke sein.

Grobzuschnitt der Scheiben in Dreiecke. Nun beginnen Sie, den Ringen ihre endgültige Form zu geben und festzulegen, wie sie sich über- und untereinander kreuzen. Wie die Zeichnung zeigt, schnitzen Sie im Schälschnitt zwei Seiten einer achteckigen Scheibe so, dass es aussieht, als führten sie unter und durch die Scheibe, an der Sie gerade schnitzen. Sie haben die Wahl, links oder rechts zu überkreuzen. Passen Sie auf, dass Sie die beiden nicht verwechseln – Sie müssen durchgehend zwischen Über- und Unterkreuzung abwechseln.

Die Ringe formen. Beginnen Sie nun, die Außenseite der Ringe rund zu formen und ihre Stärke zu verringern, bis Sie glauben, genug Platz zu haben, um sie trennen zu können. Bohren Sie kleine Löcher an der Unterseite der pyramidenförmigen Vertiefungen in Richtung der Mitte; die Ringe liegen dort recht eng aneinander. Verwenden Sie einen kleinen Stechbeitel, um das überschüssige Material rund um die Mitte zu entfernen.

Die Ringe trennen und fertigstellen. Jetzt kommt der schwierige Teil. Machen Sie die Trennschnitte mit einer kleinen Mini-Stichsäge, einem Skalpell und ausreichend Geduld. Wenn Sie die Ringe befreit haben, stellen Sie sie fertig, indem Sie sie abrunden und sie so gleichmäßig und glatt wie möglich gestalten.

Es gibt eine charmante Variation dieses Modells mit Ringen, die wie Kleeblätter geformt sind (siehe unten).

Dies ergibt Platz für etwas dickere Ringe, aber glauben Sie nicht, dass diese Aufgabe leichter wäre: Die Knicke in den unteren Kreuzungen verbieten Ihrer Säge, gerade hindurchzuschneiden.

Schwierigkeitsgrad: 4

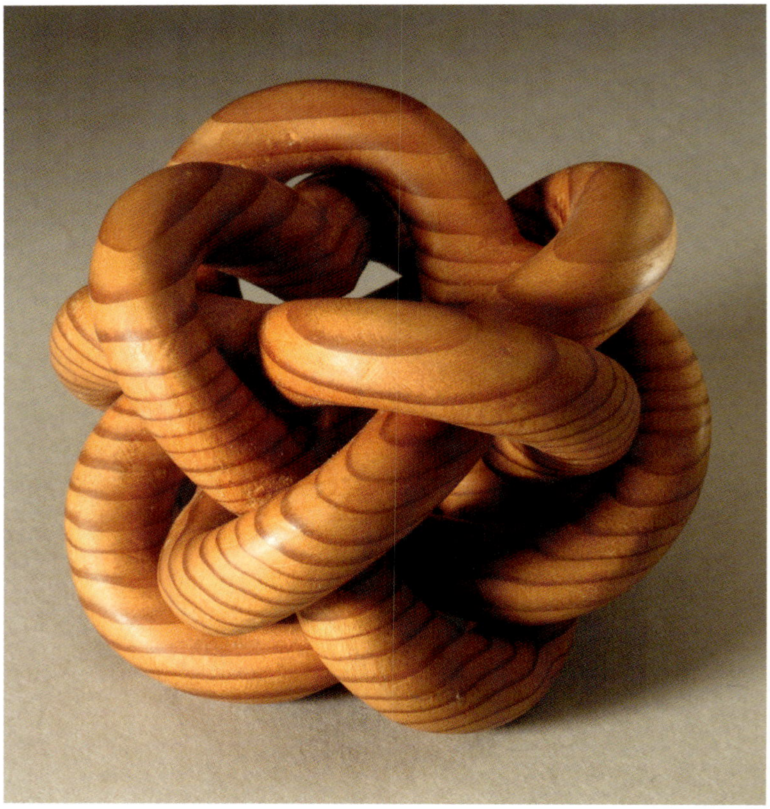

Alternatives Design.
Eine Variante der vier Dreiecke, geschnitzt aus Oregon-Kiefer, etwa 50 mm im Durchschnitt. Die Kleeblattform bedeutet, dass die Ringe dicker sein können.

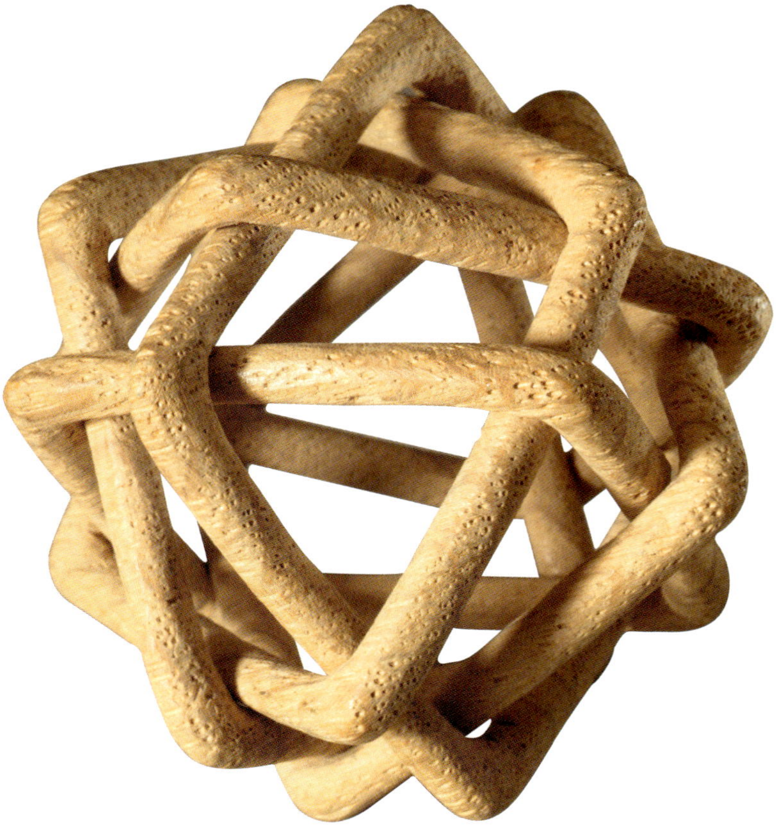

Mit Vorsicht zu behandeln. Eiche ist brüchig und diese Ringe sind weniger als 3 mm dick, einige von ihnen sind quer zur Maserung geschnitzt. Das Modell misst etwa 40 mm im Durchmesser.

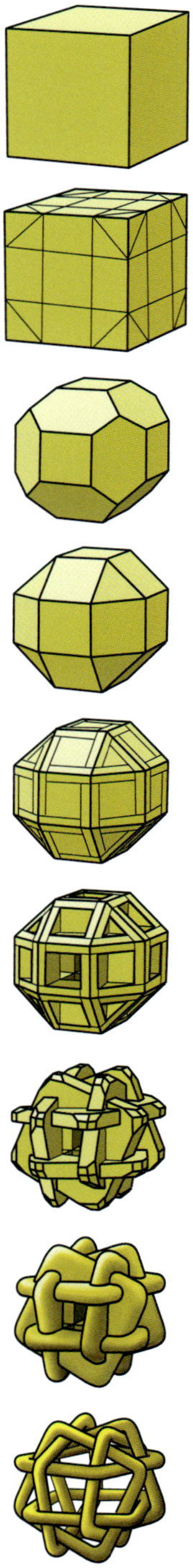

Schnitzsequenz. Dies sind die Grundschritte, um die sechs quadratischen Ringe zu gestalten, die ich Squaredance nenne. Auch hier ist es ratsam, die Ringe mit Facetten zu schnitzen, bevor sie gerundet werden.

Squaredance

Schwierigkeitsgrad: 4

Diese Schnitzarbeit von sechs Quadraten, die paarweise miteinander tanzen, beginnt als Würfel, den Sie in eine 24-seitige Form verwandeln.

Den Würfel formen. Zeichnen Sie ein regelmäßiges Achteck auf jeder Seite, wie in der Zeichnung gezeigt. Oder zeichnen Sie das Achteck einmal und bringen Sie eine Kopie auf jeder Seite an. Dann machen Sie zwölf Schnitte und entfernen dabei die Diagonalen entlang der Höhe, Breite und Länge des Würfels. Dies lässt eine Form mit sechs quadratischen Flächen und zwölf sechseckigen Flächen entstehen. Schnitzen Sie zusätzliche Schnitte, mit denen Sie einen Teil jeder sechseckigen Fläche entfernen. So entsteht die endgültige grobe Form, bestehend aus acht gleichseitigen Dreiecken und 18 Quadraten als seine Flächen. Wenn Sie frontal auf das Werkstück sehen, bilden seine Kanten ein regelmäßiges Achteck. Wie die Zeichnung zeigt, gibt es parallele Achteckpaare in Höhe, Breite und Tiefe.

Die sechs Scheiben einzeichnen, in denen sich die quadratischen Ringe befinden. In meiner Schnitzarbeit beträgt die Stärke der fertigen Ringe 0,08 im Verhältnis zur Kante des ursprünglichen Würfels. Die Anordnung der Scheiben macht es leicht, die Richtungen der Oberflächen zu beurteilen.

Abfall durch die Mitte entfernen. Entfernen Sie das Holz an den quadratischen Seiten, die den Seiten des ursprünglichen Würfels entsprechen. Dies ergibt quadratische Löcher, die direkt durch das Modell verlaufen. Um das überschüssige Material schnell zu entfernen, bohren Sie Löcher von allen sechs Seiten aus in die Mitte, dann versäubern Sie die Kanten mit einem Messer oder einem Stechbeitel.

Den verbleibenden Platz zwischen den Scheiben grob aushöhlen. Entfernen Sie, wie bei den Vier Dreiecken, überschüssiges Material mit dem Schälschnitt in den anderen Zwischenräumen der Scheiben, sodass pyramiden- und dachförmige Löcher entstehen. Die Seiten der Löcher ergeben die Flächen der achteckigen Scheiben.

Die achteckigen Scheiben in quadratische umwandeln. Schnitzen Sie, wie in dem Projekt der Vier Dreiecke, Kantenpaare mit dem Schälschnitt zurück, sodass die Scheiben quadratisch werden, um so festzulegen, wie sie sich unter- und überkreuzen sollen.

Formen und trennen Sie die Ringe. Wenn Sie sich dazu entscheiden, kleine Löcher zwischen die Ringe zu bohren, damit Sie ein Sägeblatt einführen können, um überschüssiges Material zu entfernen, passen Sie auf, wo und in welche Richtung Sie bohren. Einige Stellen sind besser als andere. Versuchen Sie, sich die fertige Form der Ringe vorzustellen, um zu vermeiden, dass Sie in einen hineinbohren. Die Ringe in diesem Modell sind sehr dünn und zerbrechlich. Sie können ein robusteres Modell anfertigen, wenn Sie die Ringe dort, wo sie einander schneiden, nach innen und außen gebogen formen. Die daraus resultierenden Ringe erinnern an Schweizerkreuze mit abgerundeten Ecken. Siehe Foto unten.

Schwierigkeitsgrad: 4

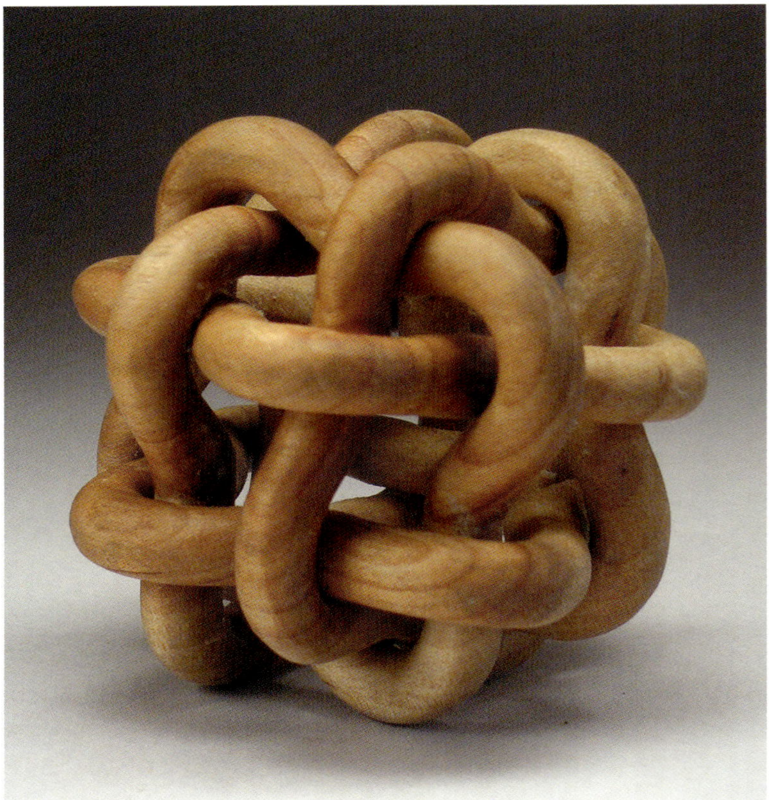

Ein anderer Tanzschritt. Ich nenne diese Variation „Kreuz und Quer". Sie wurde aus hellem Kirschholz geschnitzt und misst etwa 55 mm im Durchmesser.

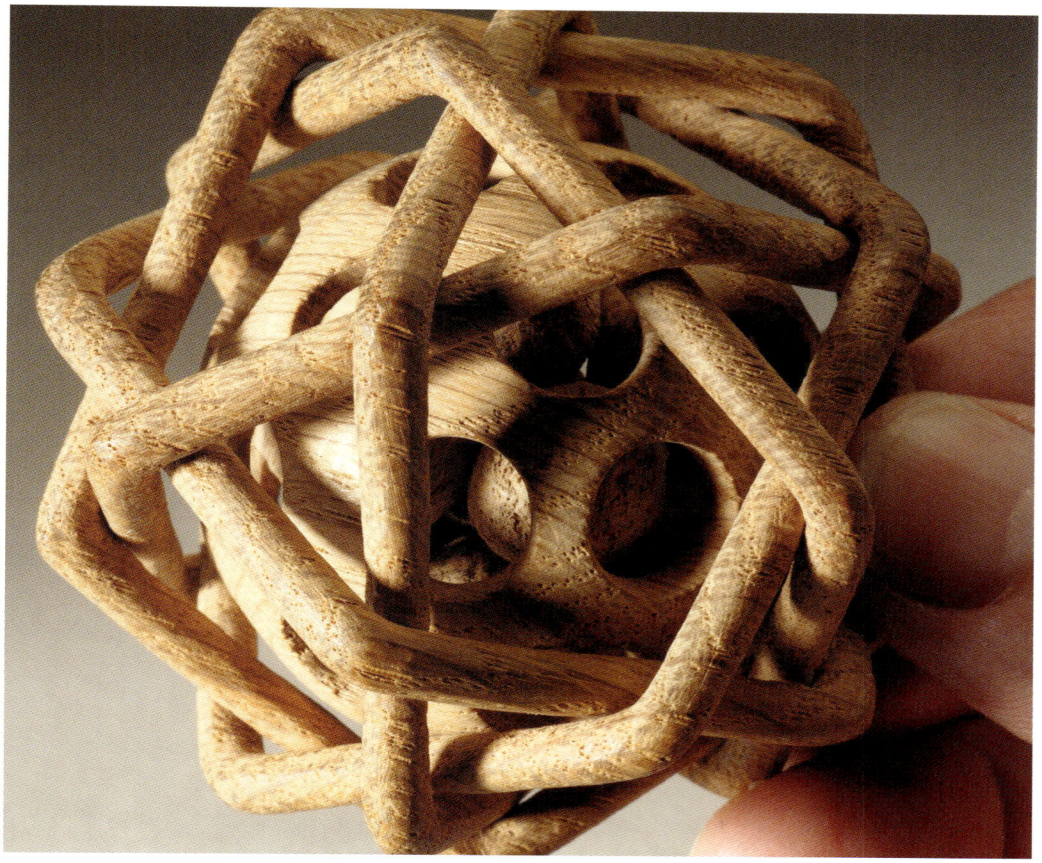

Zu viel des Guten. Die sechs Fünfecke sind ein gutes Schnitzprojekt ganz für sich alleine. Nachdem ich diese frühe Arbeit angefertigt hatte, wünschte ich, ich hätte den hohlen Ball mit den 13 Kügelchen darin als eigenständiges Modell angefertigt. Das Modell ist 55 mm hoch und aus Eichenholz geschnitzt.

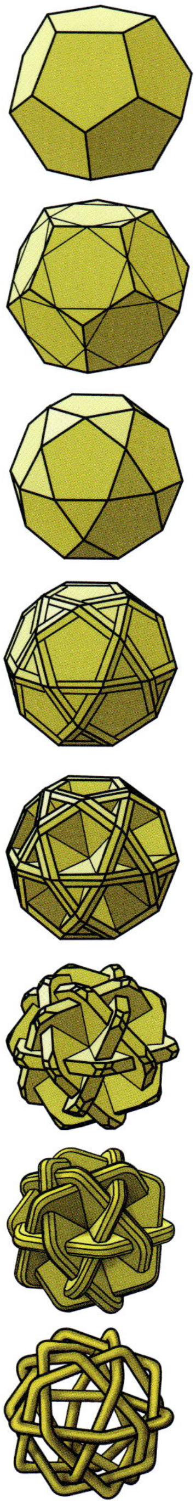

Schnitzsequenz. Die Grundschritte zum Schnitzen der sechs Fünfecke (ohne die Kugel, versteht sich)

Sechs Fünfecke

Schwierigkeitsgrad: 4

Die Anordnung von sechs regelmäßigen Fünfecken bringt viel Platz in der Mitte. Als ich sie schnitzte, entschied ich, eine Kugel im Inneren zu belassen. Nachdem ich das getan hatte, entschied ich, in diese Kugel hineinzuarbeiten und Schnitt 13 kleine Kügelchen im Inneren aus, wie Samen in einer Frucht. Sogar heute noch bin ich begeistert, dass ich dies bewerkstelligen konnte. Ich bereue es aber auch. Zwei gute Ideen miteinander zu kombinieren, erzeugte Chaos. Ich wollte die Fünfecke oft noch einmal schnitzen, diesmal mit nichts in der Mitte. Trotzdem beschloss ich, es so zu lassen, als Lektion für mich selbst und andere, keine vertrackten Dinge nur ihrer selbst willen umzusetzen.

Die Schritte, die mit dem Schnitzen dieses Modells verbunden sind, sind dieselben wie für das Modell der Vier Dreiecke. Beginnen Sie mit einem Dodekaeder (siehe Seite 50) anstelle eines Würfels. In meiner Schnitzarbeit beträgt die Stärke der Ringe 0,07 im Verhältnis zur Höhe des Dodekaeders.

Ich habe zwei Vorschläge für Varianten dieses Modells. Das eine ist dank Alan Holden aus spitz zulaufenden Sternen bzw. Pentagrammen statt Fünfecken zusammengesetzt. Das andere besteht aus weich geschwungenen Sternen, wie das Tonmodell zur Rechten. Wenn Sie eine der Variationen ausprobieren möchten – insbesondere das Pentagramm – empfehle ich Ihnen, zuerst einen Prototyp herzustellen.

Schwierigkeitsgrad: 5

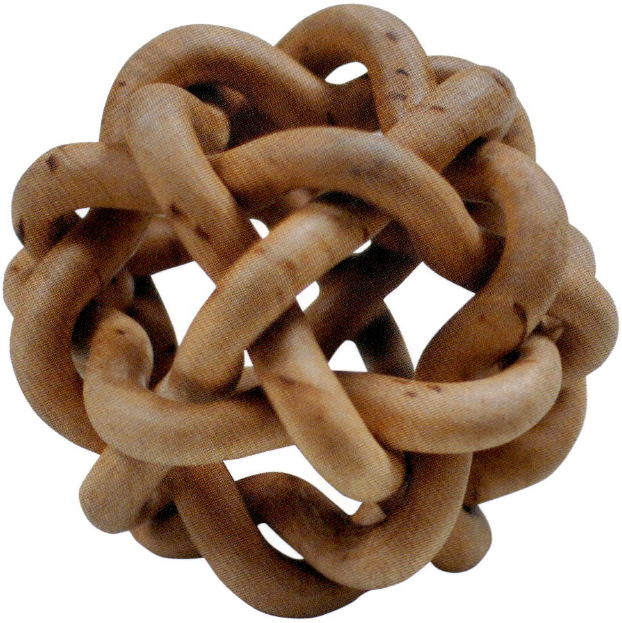

Schwierigkeitsgrad: 6

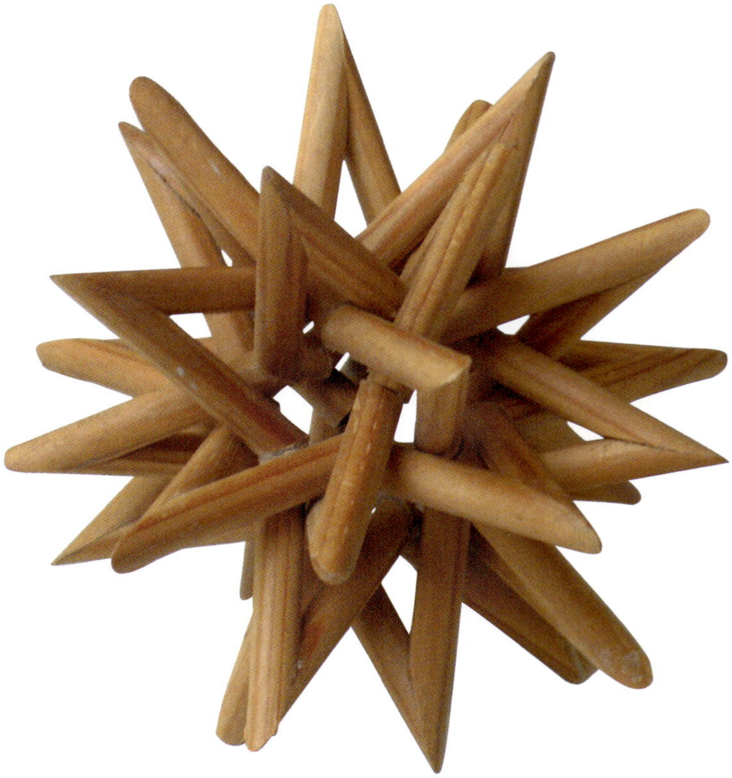

Sternige Variationen. Prototypen für zwei Alternativen, eine mit spitzen Sternen und eine mit weich geschwungenen Sternen

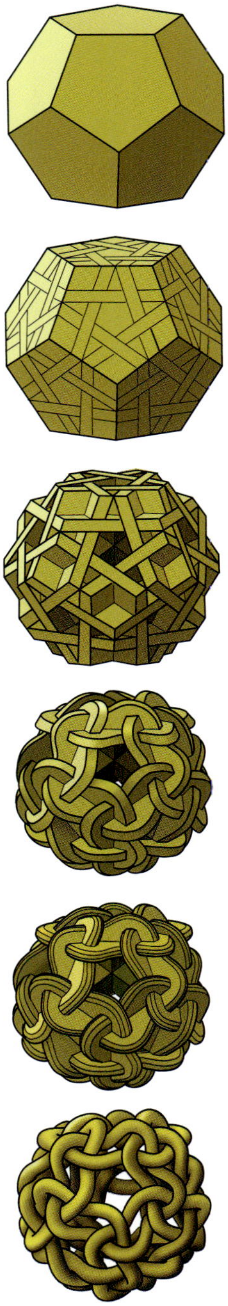

Schnitzsequenz. Die Grundschritte für die Herstellung der zwölf Sterne. Sie können wahrscheinlich erkennen, warum es schwierig ist, unter die Ringe zu schnitzen.

Sternenhaufen

Schwierigkeitsgrad: 7

Dies ist ein sehr schönes, aber schwieriges Modell. Es ist schwer, die Querungen – insgesamt sind es 60 Stück – untereinander durchzuführen, weil Sie nicht gerade hindurcharbeiten können. Ihre wichtigsten Handwerkszeuge hier sind Geduld und Zeit: Bereiten Sie sich auf wochenlanges konzentriertes Arbeiten vor, wenn Sie versuchen, dieses Werkstück zu schnitzen.

Beginnen Sie mit einem Dodekaeder. Wenn Sie das Werkstück geformt haben (siehe Seite 50), verbinden Sie die Mittelpunkte der Kanten miteinander, um an jeder Seite ein Pentagramm zu erhalten. Diese Linien markieren die inneren Flächen der zwölf Scheiben, die die sternförmigen Ringe beinhalten. Zeichnen Sie parallele Linien, um die Außenseiten der Scheiben zu markieren. Die Dicke der Ringe sollte etwa 0,08 im Verhältnis zur Höhe des Dodekaeders betragen. Der Abstand zwischen den parallelen Linien muss etwas größer als diese 0,08 sein, weil die Stärke der Scheiben senkrecht zu den Ebenen der Scheiben gemessen werden sollte.

Die Formen der Scheiben definieren. Entfernen Sie überschüssiges Material rund um die Scheiben, wie Sie es in den anderen Projekten in diesem Kapitel bereits getan haben. Bohren Sie die Mitte eines jeden Pentagramms aus, wobei Sie in die Mitte des Holzes bohren, um diese Reste schnell zu entfernen.

Die Ringe formen und die Querungen aufbauen. Schnitzen Sie jede Scheibe so im Schälschnitt, dass die fünfeckige Form zu einem gerundeten Stern wird. Trennen Sie die Ringe. Diese Trennschnitte sind sehr viel schwieriger als bei anderen Projekten in diesem Kapitel, weil kein Sägeblatt durch die Lücke passt. Sie müssen beide Seiten mit ihren Schnitten zurechtschnitzen, bis diese sich schräg unter der Querung treffen. Passen Sie auf, nicht zu tief zu schnitzen, da dies den darunterliegenden Ring beschädigen kann.

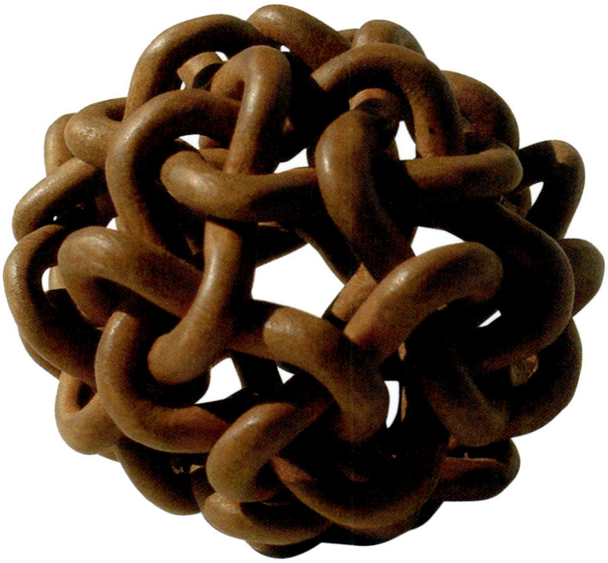

Eine fordernde Anordnung. Die zwölf verflochtenen Sterne wurden aus Birnenholz geschnitzt und mit Leinöl behandelt. Das Werkstück misst 50 mm im Durchmesser und die Ringe sind etwa 4 mm dick. Dieses Projekt ist schwierig. Ich würde es etwas größer gestalten, wenn ich es noch einmal schnitzen würde.

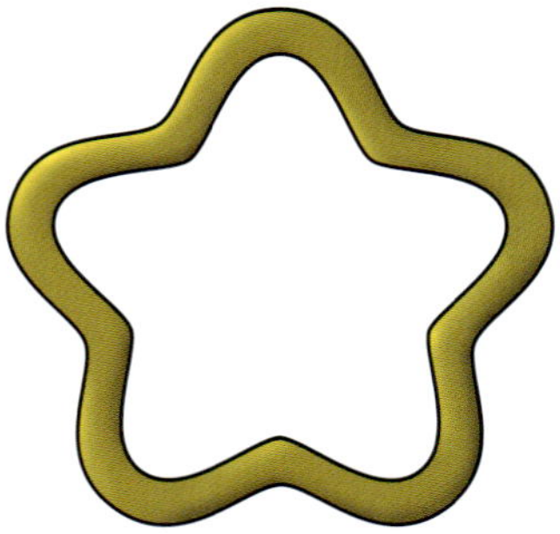

Ein einzelner Ring aus dem Sternenhaufen

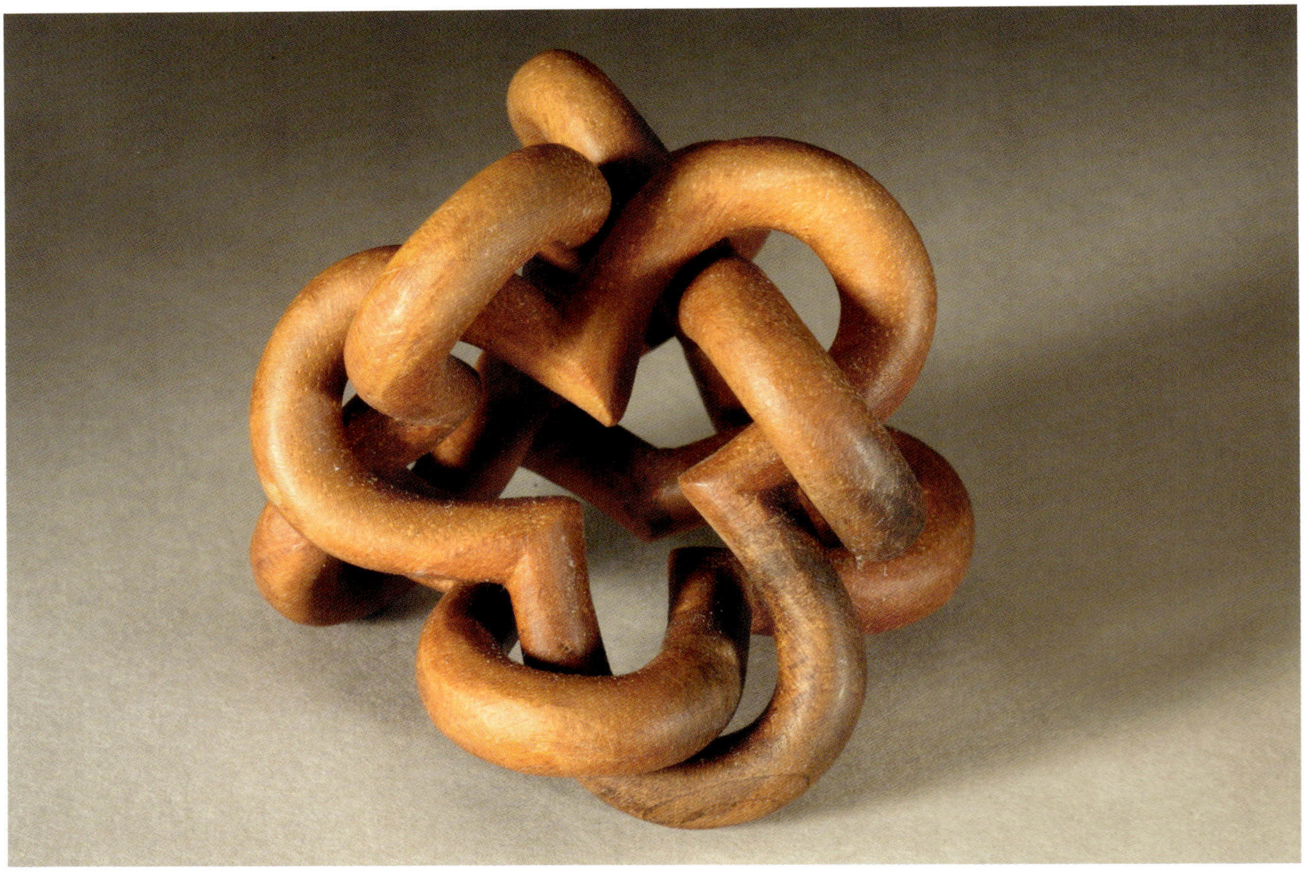

Verflochtene Glückskleeblätter. Ich habe dieses Modell aus einem Stück geschnitzt, das etwa 45 mm an einer Seite maß. Leider weiß ich nicht mehr, was für eine Holzart das ist.

Kleeblätter

Schwierigkeitsgrad: 6

Dieses charmante kleine Werkstück ist eine Variation von einer der regelmäßigen Tetra-Verbindungen von Alan Holden. Auch wenn es recht einfach ist, liegt in der Art, wie die Ringe miteinander verbunden sind, etwas Unbeholfenes, fast wie bei Tänzern, die sich an den Ellbogen unterhaken, während sie Rücken an Rücken tanzen. Das macht es schwierig, sich in den früheren Stadien des Projekts ein geistiges Bild von den Ringen zu machen. Wenn Sie aber den hier gezeigten Schritten folgen und die goldenen Regeln des Schnitzens (siehe Seite 49) beherzigen, haben Sie gute Erfolgschancen. Das Ergebnis lohnt sich, wie Sie sehen können.

Beginnen Sie mit einem Kuboktaeder. Wenn Sie diesen geformt haben (siehe Seite 48), zeichnen Sie Schnittlinien, die die quadratischen Seiten grob in Drittel teilen. Lassen Sie jedoch, wie gezeigt, einen schmalen Streifen links an jeder Seite.

Überschüssiges Holz mit dem Schälschnitt entfernen. Schnitzen Sie das mittlere Drittel einer jeden quadratischen Seite weg, sodass eine v-förmige Rinne zurückbleibt, wie in der Zeichnung

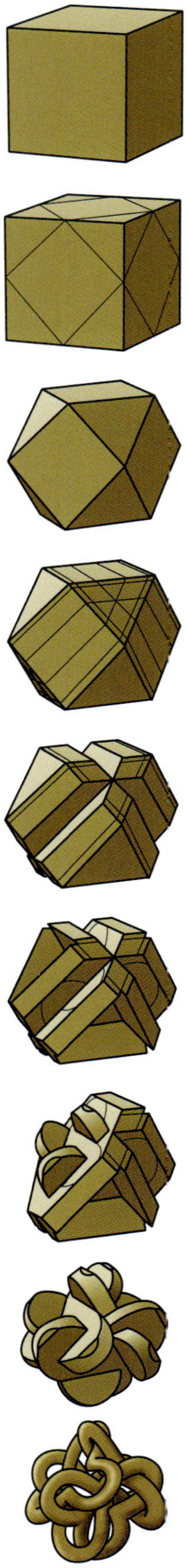

gezeigt. Schnitzen Sie dann den Abfall an den dreieckigen Seiten weg und erzeugen Sie so oberflächennahe Löcher mit flachem Grund und schrägen Seiten. Nutzen Sie auch hier die Zeichnung als Orientierungshilfe.

Bögen auf die Scheiben zeichnen, um mit dem Formen der Ringe zu beginnen. Diese werden Ihnen dabei helfen, die Querungen aufzubauen und die Symmetrie des Modells zu erhalten.

Die Ringe verfeinern und trennen. Wie Sie auf dem Foto erkennen können, hat jeder Ring 3 Bögen und sieht aus wie ein Kleeblatt. Versuchen Sie, während des Schnitzens die Bögen so einheitlich wie möglich zu halten.

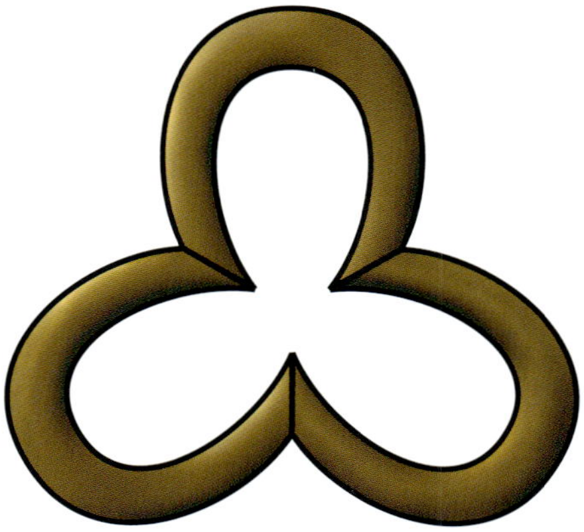

Die Form eines einzelnen Rings der Kleeblätter

Schwierigkeitsgrad: 7

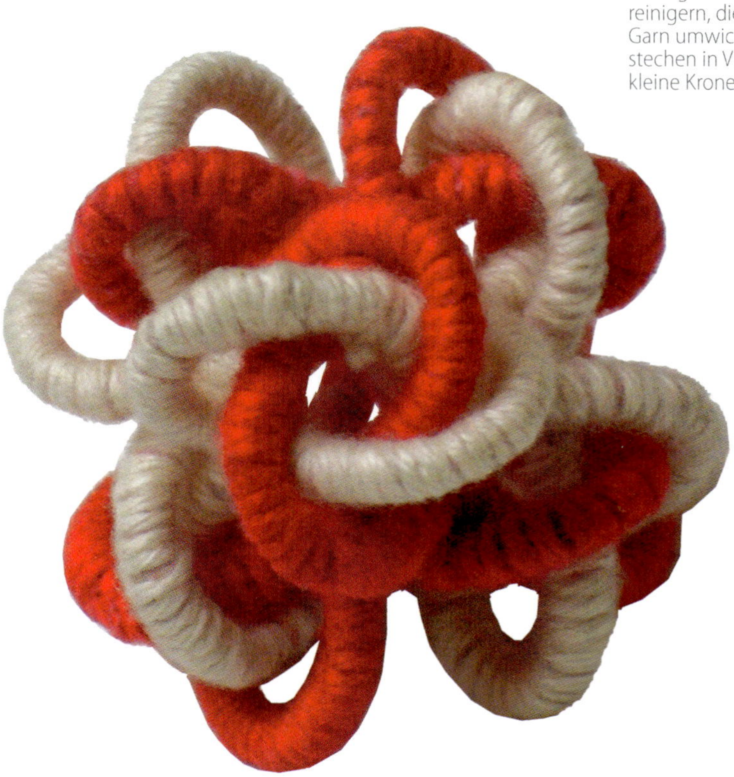

Königliche Okto-Verbindung. Wenn Sie es nicht schwierig genug finden, vier Kleeblätter zu schnitzen, versuchen Sie es mit acht. Dieses Übungsmodell besteht aus Pfeifenreinigern, die mit rotem und weißem Garn umwickelt wurden. Die Bögen stechen in Vierergruppen hervor, wie kleine Kronen, daher der Name.

Schnitzsequenz. Die Grundschritte für das Schnitzen der Kleeblätter

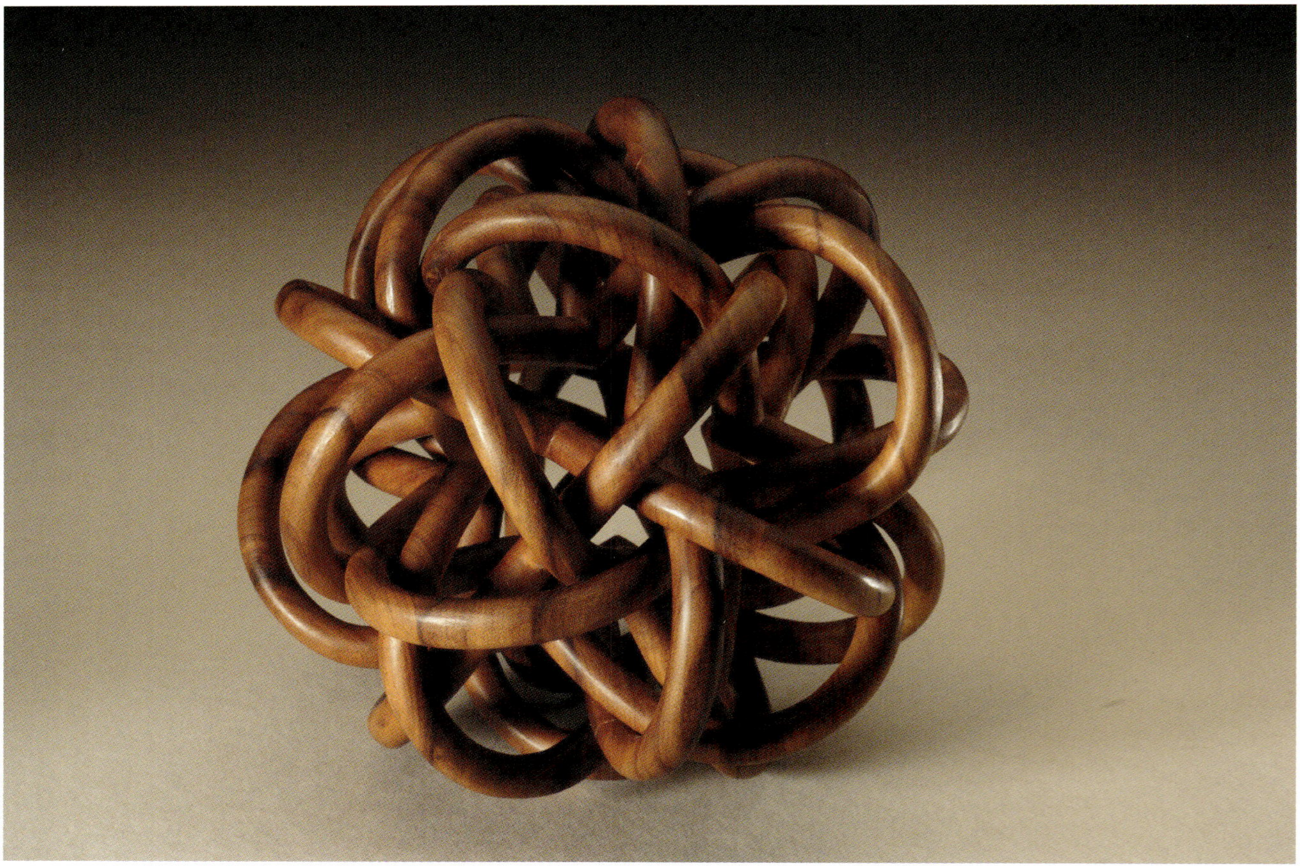

Groß und schön. Halo ist eine meiner größten und schönsten Schnitzarbeiten. Sie misst mehr als 110 mm im Durchmesser und wurde aus Olivenholz geschnitzt.

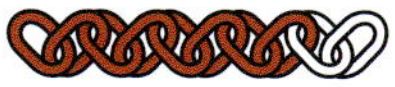 Schwierigkeitsgrad: 8

Halo

Bevor Sie dieses Projekt in Betracht ziehen, machen Sie sich bewusst, dass es viel Arbeit bedeutet. Ich habe drei volle Monate an diesem Stück gearbeitet.

Wie die Ringe des Kleeblatts, haben die Ringe dieses Modells drei Bögen und sehen aus wie Kleeblätter. Das Modell hebt sich von den anderen in diesem Kapitel durch die Art, in der die Ringe miteinander verwoben sind, ab. Anstatt abwechselnd über- und untereinander zu kreuzen, wölben sich diese Ringe über drei andere und tauchen dann unter drei weitere. Dies erzeugt Querungen auf verschiedenen Höhen. Neben den offensichtlichen rund um die fünffache Achse haben sie auch nach innen zeigende Scheitelpunkte, die direkt unter der Spitze eines jeden Bogens queren.

Das Rezept für dieses Modell ist recht geradlinig mit einer logischen geometrischen Anordnung flacher Scheiben, aus denen Sie die Konturen der Ringe ziehen können.

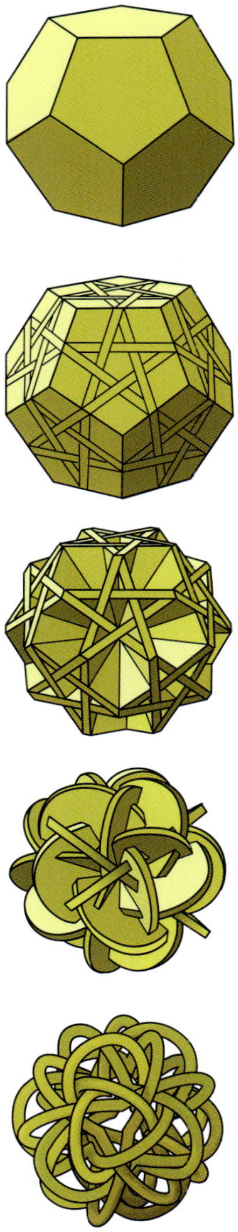

Die Stärke der Ringe im Verhältnis zur Höhe des Dodekaeders beträgt etwa 0,07. Im Grunde sollte es möglich sein, das Projekt ohne vorherige Herstellung eines Prototyps zu gestalten. Dennoch handelt es sich um ein komplexes Gebilde und ich bin mir sicher, dass ein Prototyp sehr hilfreich sein kann. Für mich war er es zweifelsohne, allerdings hatte ich auch nicht die Gelegenheit, den Aufbau im Voraus sehen zu können.

Dieses Projekt bringt keine speziellen Schwierigkeiten mit sich, keine Querungen, die Sie nicht durchschauen können. Die Schritte für das Schnitzen sind identisch mit denen für die Sechs Fünfecke auf Seite 69. Die Schwierigkeiten liegen hauptsächlich in der Menge an Material, das Sie Holzspan für Holzspan zu entfernen haben, in den 90 Querungen, unter denen Sie hindurchschnitzen müssen, und der Gesamtlänge an Ringen, die Sie formen, schleifen und polieren müssen (etwa 3,6 m in diesem Fall).

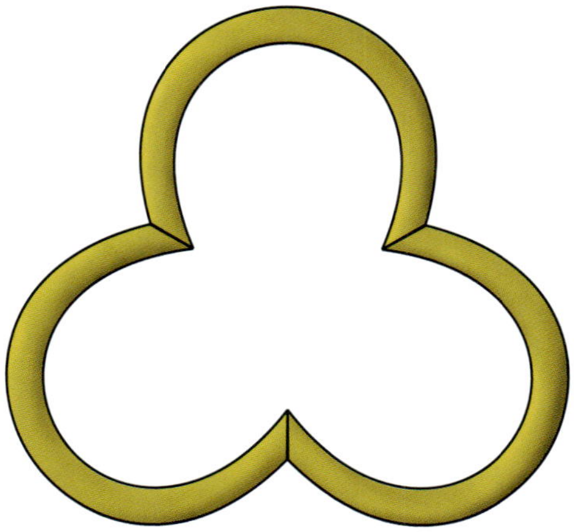

Die Form eines einzelnen Rings der Kleeblätter

Schnitzsequenz. Die Grundschritte, um Halo zu schnitzen, sind recht unkompliziert. Es gibt keine speziellen schwierigen Stellen. Doch das Schnitzen dieses Modells ist ein sehr großes Stück Arbeit.

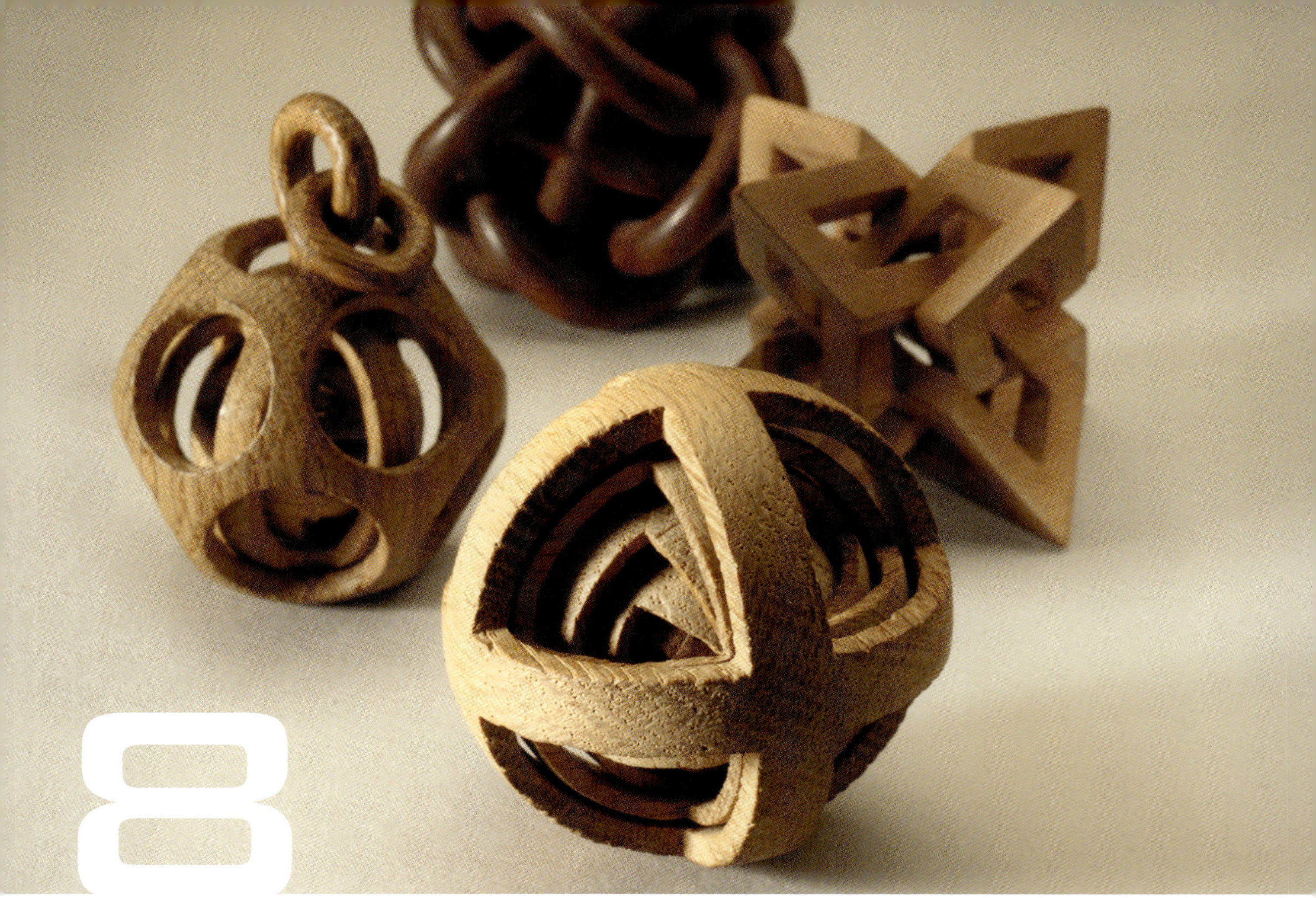

8

Käfige

Formen, die ich „Verbundene Käfige" nenne, waren der nächste Schritt in meiner Evolution als Trickschnitzer. Ein Mathematiker würde diese Formen wahrscheinlich verbundene Graphen nennen. Ich habe ein paar Verbesserungen im Vergleich zum traditionellen Kugel-im-Käfig-Thema vorgenommen. Ich werde in diesem Kapitel beide Modelltypen zeigen, um mit drei komplexen Modellen zu enden, die ich nur bis ins Prototypenstadium entwickelt habe.

Oktokugel und Variationen

Schwierigkeitsgrad: 5

Ineinander verschachtelte Kugeln sind eigentlich etwas für Drechsler, aber dies ist ein gutes Projekt, wenn Sie sie per Hand herstellen möchten. Die Kugeln werden so aus drei sich überschneidenden Scheiben geschnitzt, dass Sie sie vorwiegend mit einer Laubsäge trennen können. Sie müssen nur an den sechs kleinen quadratischen Stellen, an denen die Scheiben einander überschneiden, eine Mini-Stichsäge, ein Skalpell und einen schmalen Stechbeitel verwenden.

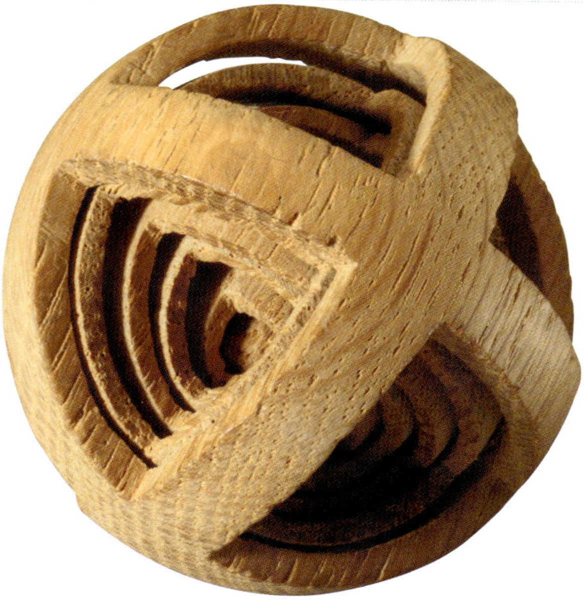

Die Grundform der Oktokugel. Dieses Modell hat in der Mitte eine kleine feste Kugel mit fünf Schalen rundherum. Sie wurde aus Eichenholz geschnitzt, etwa 50 mm im Durchmesser.

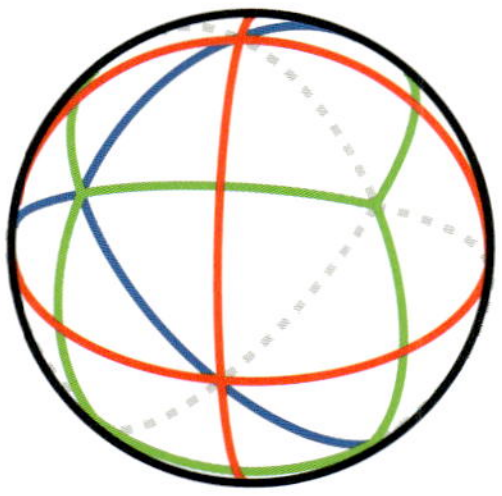

Formen erfassen. Die drei roten Kreise markieren die Mittellinien für die Bänder der Oktokugel. Die grünen und blauen Bögen legen die Hexakugel bzw. die Tetrakugel fest. Alle diese Bögen liegen auf den Winkelhalbierenden zwischen den roten Kreisen.

Mit einer Kugel beginnen. Es spielt keine Rolle, ob die Form geschnitzt oder gedreht wird. Sie muss jedoch relativ genau sein, da sich die innenliegenden Kugeln sonst nicht frei drehen können. Zeichnen Sie drei Ringe auf die Oberfläche: einen am Äquator und zwei (rechtwinklig zueinander) von Pol zu Pol. Schnitzen Sie die dreieckigen Abschnitte zwischen den Ringen weg, sodass drei ebenso rechtwinklige flache Scheiben zurückbleiben. Eigentlich sollten Sie die Scheiben zur Mitte hin sogar verschmälern, um eine bessere Balance zwischen Ringen und Löchern in den kleineren Kugeln herzustellen.

Von der Mitte nach außen schnitzen. Beginnen Sie die Schnitzarbeit mit der kleinen Kugel in der Mitte. Wenn sie von außen nach innen arbeiten, bekommen Sie Probleme damit, die Teile festzuhalten, während Sie arbeiten, und Sie könnten die äußeren Hüllen beschädigen, während Sie an den inneren arbeiten. Dünne Hüllen wie diese sind recht empfindlich, gestalten Sie die Außenhülle deshalb etwas dicker als die anderen.

Die rechts gezeigten Variationen in Würfel- und Tetraederform sind zwei alternative Designs. Sie können beide aus den sechs Kreisen gestalten, die Sie erhalten, indem Sie die rechten Winkel zwischen den drei Kreisen des ersten Modells halbieren.

Schwierigkeitsgrad: 5

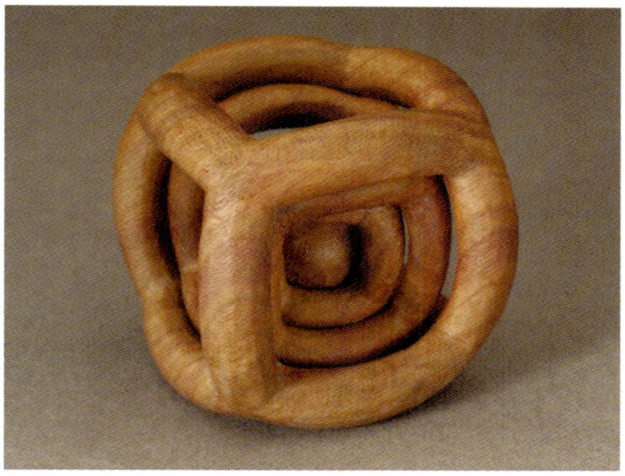

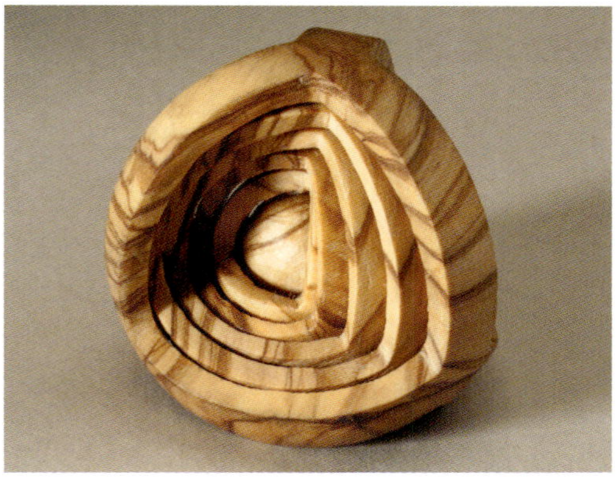

Zwei Variationen. Diese zwei Variationen könnten Hexakugel und Tetrakugel genannt werden. Die Hexakugel wurde aus Rosenholz geschnitzt und hat einen Durchmesser von 48 mm. Die Tetrakugel, geschnitzt aus Olivenholz, misst etwa 45 mm im Durchmesser.

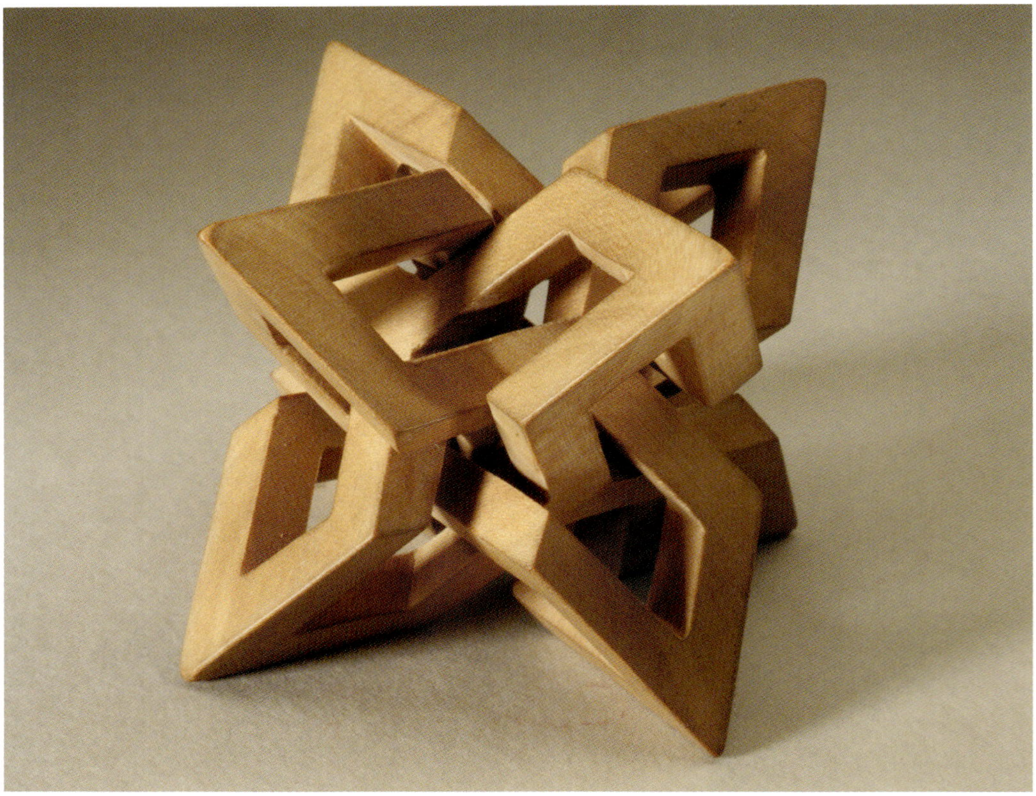

Eine Sternform.
Der Doppelstern ist so ein Wunderding, dass ich kaum glauben kann, dass ich ihn selbst entdeckt habe. Aber das habe ich und ich habe ihn aus Birnenholz geschnitzt. Er misst etwa 45 mm entlang der Seite.

Schwierigkeitsgrad: 8

Doppelstern

Das Konzept von miteinander verbundenen Käfigen entstand aus dem Versuch heraus, die besten Eigenschaften von Ringmodellen mit denen verschachtelter Kugeln zu kombinieren. Ringmodelle verfügen über eine komplexe Symmetrie im großen Ganzen, auch wenn einzelne Teile extrem einfache Strukturen sind. Verschachtelte Kugeln können sehr symmetrische Teile haben, jedoch zeigen sie keine gemeinsame Symmetrie.

Ich wollte ein Modell, in dem jeder Teil einen hohen Grad der Symmetrie aufweist, mit Einzelteilen, die einander symmetrisch mit einbeziehen. Dieser wundervolle Doppelstern, meine erste Errungenschaft, war auch gleichzeitig meine Beste. Auf Seite 110 erkläre ich, wie ich dieses Modell entwickelt habe. Hier zeige ich Ihnen, wie Sie es schnitzen.

Mit einem Würfel beginnen. Zeichnen Sie zwei Diagonalen auf jede Seite. Schneiden Sie entlang der diagonalen Linien von den Ecken aus nach unten zur Mitte einer jeden Seite. Verwenden Sie eine fein gezahnte Säge und schneiden Sie knapp außerhalb der Linien, sodass ein wenig Material stehenbleibt, das mit Messer, Stechbeitel und Feile entfernt werden kann, um eine flache und glatte Oberfläche zu hinterlassen.

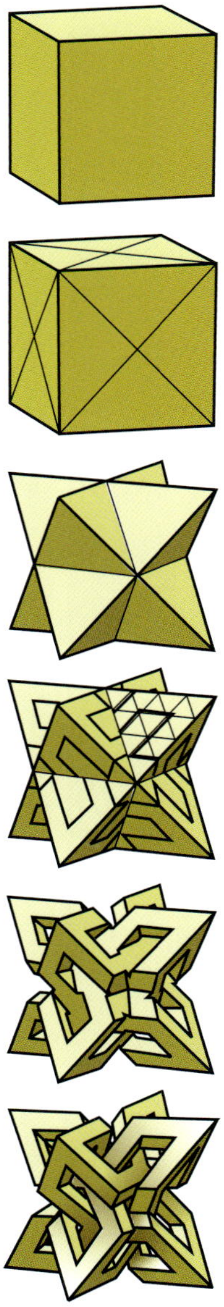

Schnitzsequenz.
Die Grundschritte beim Gestalten des Doppelsterns. Auch wenn sie kompliziert wirken mögen, zeigen die Seiten nur in vier Richtungen. Jede der vielen Oberflächen ist parallel zu einer der Seiten der beiden Tetraeder. Behalten Sie dies im Hinterkopf, wenn Sie dieses Modell schnitzen.

Dies ergibt einen neuen interessanten sternförmigen Festkörper, der entweder als Gefüge zweier Tetraeder oder als Sternoktaeder (ein Oktaeder mit verlängerten Seiten, um die Spitzen zu gestalten, die die sternförmige Erscheinung erzeugen) gesehen werden kann. Johannes Kepler nannte diese Form die „Stella Octangula".

Ein Schnitzmuster auf die Seiten zeichnen. Bringen Sie identische Muster an jedem der 24 gleichseitigen Dreiecke an, die die Oberfläche dieses Festkörpers ergeben. Sie können direkt auf das Holz zeichnen oder ein Muster aus Papier herstellen und Kopien aufkleben.

Um das Muster zu gestalten, teilen Sie jede Seite des Dreiecks in Viertel und verbinden Sie diese Punkte, sodass 16 kleinere Dreiecke entstehen. Markieren Sie die Schnittlinien, wie durch die durchgezogenen Linien in der untenstehenden Zeichnung gezeigt. Beachten Sie, dass die Linien leicht von den gestrichelten Linien abgehoben sind. Dies ist notwendig, um für Platz zum Schnitzen zwischen den Teilen zu sorgen. Der Abstand ist nicht überall der gleiche, weil einige Arme des Modells auf beiden Seiten verschmälert werden, andere jedoch nur auf einer Seite. Die Zeichnung spiegelt die tatsächlichen Abstände wider und gewährleistet, dass jeder Arm um drei Viertel des Platzes, der zwischen den jeweiligen Armen ist, verschmälert wird.

Überschüssiges Holz entfernen. Sie sind nun bereit, sich in die Zacken des sternförmigen Festkörpers zu stürzen.

Wenn Sie von allen drei Seiten tiefer schnitzen, stoßen die Höhlen letztlich im Inneren unter dem Scheitelpunkt aufeinander.

Denken Sie daran, dass jede innenliegende Oberfläche parallel zu einer der außenliegenden Oberflächen sein sollte. Die Seiten des Modells folgen nur vier Richtungen, weshalb es leicht sein sollte, herauszufinden, welche Seiten parallel angeordnet sein müssen.

Die Unterseite der Höhlen ergibt einen durchgehenden flachen Grund, der die drei umliegenden Dreiecke zu einer großen Oberfläche verbindet, durch die die Spitze hervorsticht.

Diese Oberfläche repräsentiert eine der vier Richtungen der Seiten; die Seiten der Spitze repräsentieren die anderen drei.

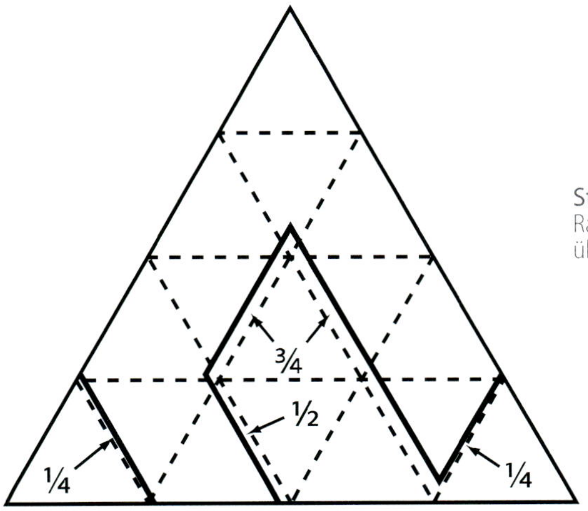

Sternenabstände. Diese Zeichnung zeigt, wie sie den Raum zwischen den Armen aufteilen müssen, damit sie überall die gleiche Stärke erhalten.

Wo sich die Kanten der Tetraeder überschneiden, in den Mitten der ursprünglich würfelförmigen Seiten, müssen Sie eine kleine Einkerbung schnitzen – eine umgekehrte quadratische Pyramide. Hier treffen sich die vier Richtungen der Seiten an einem Punkt unten in der Kerbe.

Die Trennschnitte schnitzen. Das ist der schwierige Teil. Die zwei Abschnitte des Modells sind klar sichtbar und Sie können sehen, wo Sie die Trendschnitte ansetzen müssen. Trotzdem ist es alles andere als einfach, diese Schnitte durchzuführen.

Es gibt zwei Schnittarten. Typ A geht aus dem vierfachen Symmetriepunkt – den vierseitigen Einkerbungen – hervor, von wo sie sich in das Innere erstrecken, um auf zwei weitere zu treffen und so die Unterseite der drei Arme zu formen, die eine Seite des Tetraeders definieren.

Typ B entspringt den zweifachen Symmetriepunkten in der Mitte zwischen den Kerben und zeigt in Richtung Mitte des Festkörpers. Sie haben in jeder der beiden Aushöhlungen, die dort aufeinandertreffen, Zugang zu diesen Schnitten. Schnitzen Sie bis zu der Tiefe, an der sie auf einen Typ-A-Schnitt treffen, um den inneren Winkel zwischen zwei der drei Arme, die innerhalb der Aushöhlung aufeinanderstoßen, zu formen. Sie treffen unter jeder der beiden Aushöhlungen auf Typ-A-Schnitte, die zwei dieser innenliegenden Winkel bilden. Wo die beiden unten an Ihrem Schnitt zusammenkommen, können Sie ein kleines Loch in das Innere bohren. Es ist jedoch keine gute Stelle, um mit dem Herauslösen von überschüssigem Holz zu beginnen, weil Sie sich nur in einer Ebene durch eine kleine Öffnung bewegen können.

Es ist besser, durch die Löcher zu arbeiten, die durch die vier Typ-B-Schnitte unten an jeder Kerbe entstanden sind. Diese Löcher sind ebenfalls recht klein, aber Sie haben mehr Bewegungsfreiheit.

Passen Sie auf, dass Sie nicht die Kanten rund um das Loch beschädigen: Die Arme treffen hier mit ihren scharfen Kanten in Richtung Loch aufeinander.

Benutzen Sie eine Mini-Stichsäge, ein Skalpell und einen schmalen Stechbeitel, um diese tiefen, schmalen Schnitte durchzuführen. Sie müssen auch die Handhabung dieser Werkzeuge in Kombination üben. Wenn Sie dies noch nicht getan haben, erhalten Sie in dieser Schnitzarbeit genug Möglichkeiten zum Üben. Eine Feile mit nur einem Blatt ist nützlich, um innenliegende Oberflächen zu glätten.

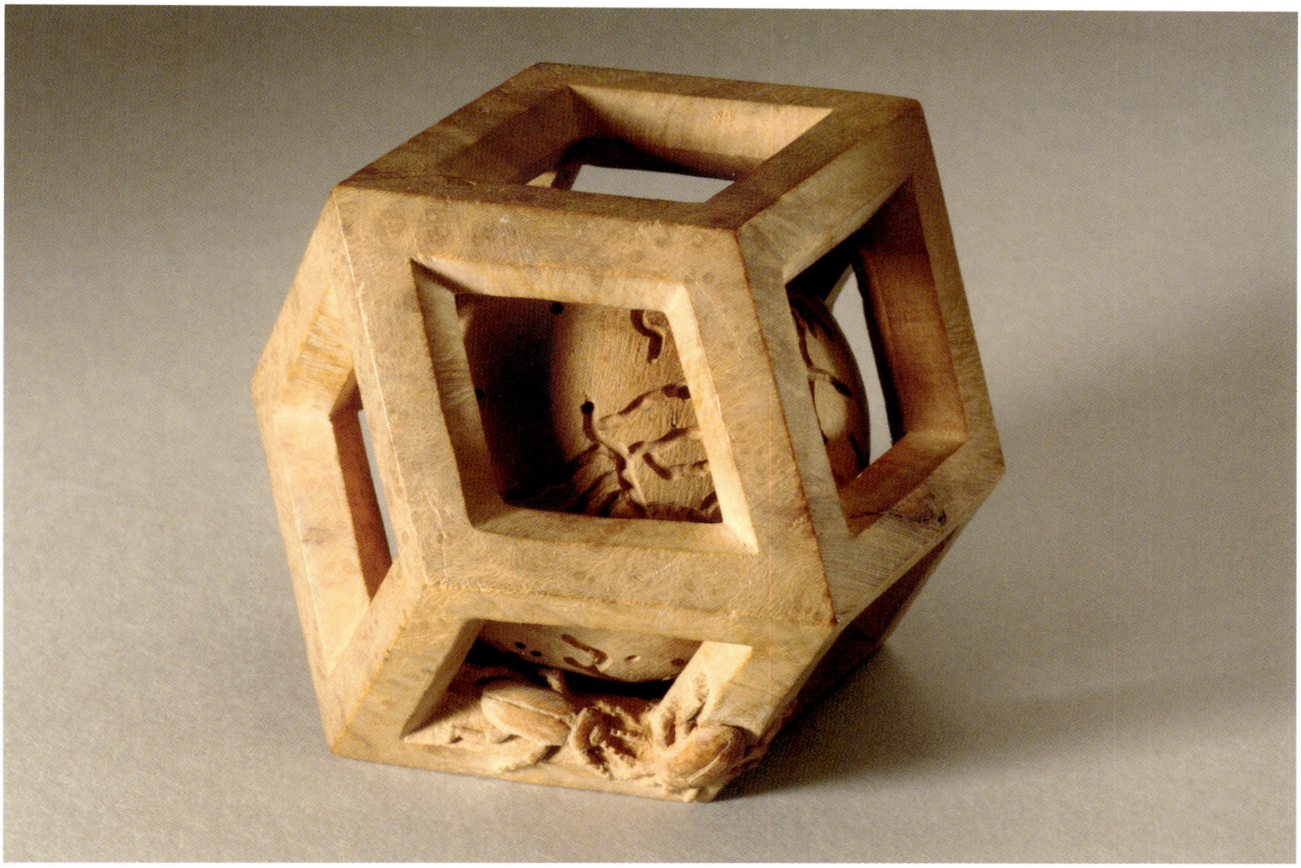

Vergänglichkeit. Künstler der Renaissance erinnerten uns gerne daran, dass alles vergehen muss. Trickschnitzarbeiten machen dabei keine Ausnahme. Dieses Werkstück wurde aus Baumheide geschnitzt, demselben Holz, das man auch für Pfeifen verwendet. Es ist knapp 49 mm hoch.

Memento Mori

Schwierigkeitsgrad: 6

Der Winkel zwischen den angrenzenden Seiten eines rhombischen Dodekaeders beträgt 120°. Sie können dies sehen, wenn Sie den Festkörper inspizieren, während Sie einem dreiseitigen Scheitelpunkt gegenüberstehen. Sechs Seiten schließen sich um den Festkörper, um die regelmäßige sechseckige Kontur zu bilden, die Sie sehen. Dies legt nahe, dass Sie ein Modell des rhombischen Dodekaeders aus sechseckigen Streben oder „Beinen“ konstruieren können, die wie altmodische Bleistifte aussehen.

Siehe Seite 51 für die Anleitung, wie man ein rhombisches Dodekaeder zuschneidet. Wenn Sie den Käfig formen, beachten Sie, dass jede Fläche der sechseckigen Streben parallel zu einer Seite des Dodekaeders liegt.

Das Ergebnis ist diese klare Struktur, die eine geschnitzte Kugel umgibt.

Um einen Kontrast zum scheinbar beständigen Käfig zu erzeugen, habe ich die Kugel mit Zeichen des Verfalls versehen, daher der Name.

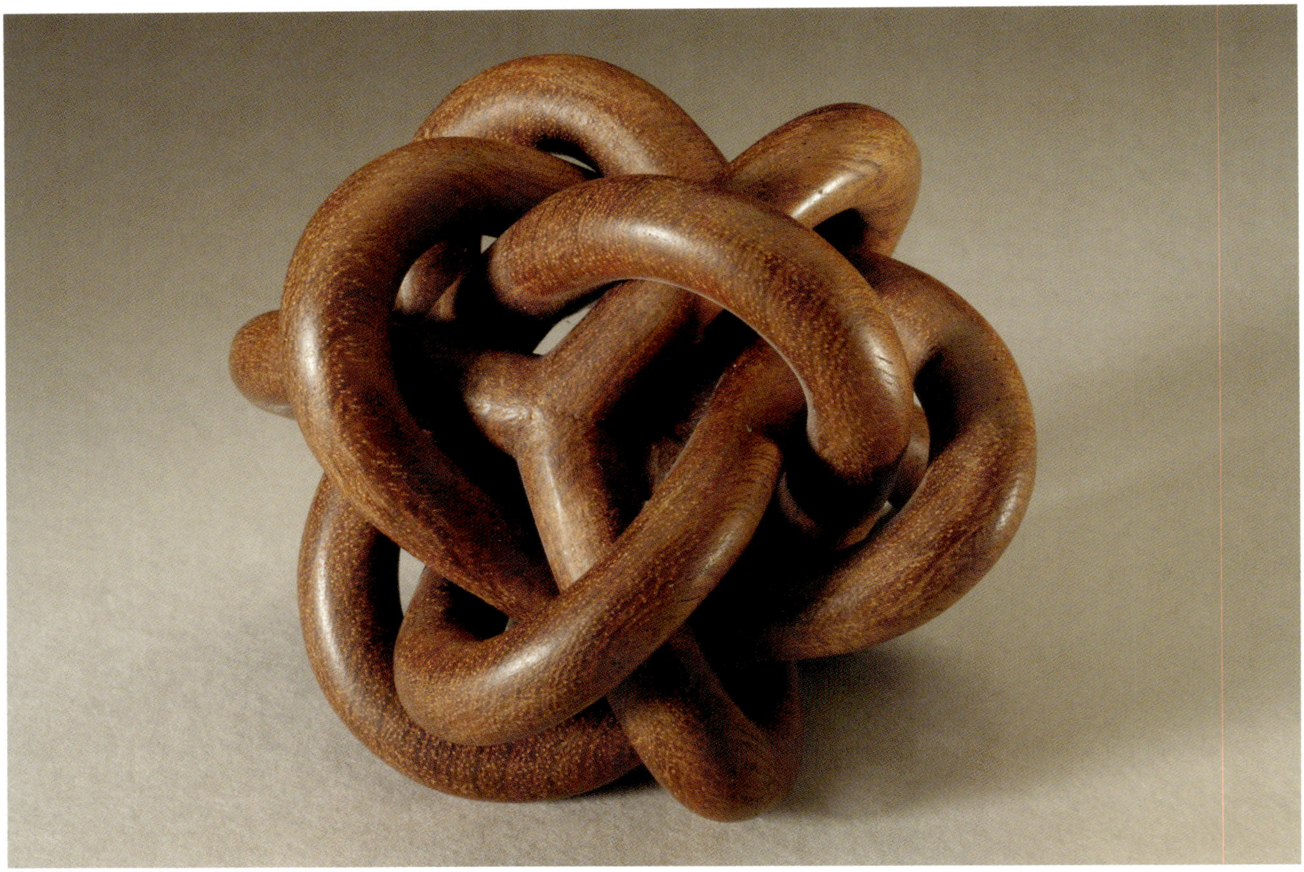

Ringe in Dreierverbindungen. Ich habe Flexus aus ausgezeichnetem Mahagoniholz geschnitzt, das ich von einem Hersteller hochwertiger Möbel erhalten habe. Es misst 55 mm auf einer Seite.

Flexus

Schwierigkeitsgrad: 6

Dieses Modell hat eine ausgefallene dynamische Eigenschaft.

Wenn Sie es auf einer flachen Oberfläche bewegen, neigt es dazu, seine würfelförmige Symmetrie zu verlassen und in eine von zwei Positionen mit tetraedrischer Symmetrie zu fallen. Wenn es von einer stabilen Position zu einer anderen geschoben wird, rotieren die vier Teile im Einklang wie ein kompliziertes Getriebe.

Ich denke, dass es bei einem Projekt wie diesem das Beste ist, einen Prototyp zu bauen. Die Geometrie des Modells ist allerdings relativ einfach, sodass Sie auch versuchen können, es ohne Prototyp zu schnitzen, und die Maße übernehmen können, die ich verwendet habe.

Der Würfel misst etwa 50 mm auf jeder Seite; die gebogenen Teile sind etwas mehr als 7,5 mm stark; die einzelnen Teile messen entlang der Knotenpunkte etwa 36 mm.

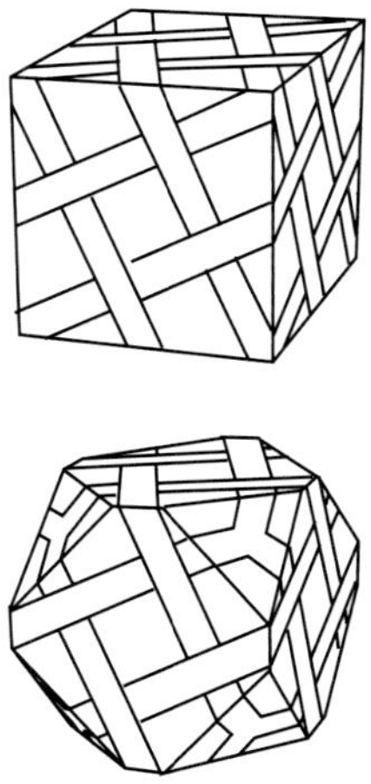

Erst zeichnen, dann schneiden. Das Kappen der Eckpunkte hängt vom Muster ab. Das Muster hängt von den ungekürzten Eckpunkten ab. Deswegen tragen Sie das Muster auf, bevor Sie sie verkürzen.

Das Muster auf dem Würfel anbringen. Zeichnen Sie vier Bänder auf jede Würfelseite, sodass Sie die Ecken mit den Mittelpunkten der Kanten verbinden. Setzen Sie diese Bänder mit etwas mehr als 7,5 mm Breite an. Stellen Sie sicher, dass sie verwoben sind, wie in der Zeichnung gezeigt. Diese Bänder werden Sie beim Formen der Scheiben leiten, die die gebogenen Teile des Modells beinhalten. Wenn Sie ein Band nachzeichnen, werden Sie sehen, dass es die gegenüberliegenden Ecken über den Mittelpunkt einer Kante verbindet.

Den Würfel kappen. Schneiden Sie die Ecken des Würfels ab und achten Sie darauf, nicht in die Bänder an den Mittelpunkten der Kanten zu schneiden. Zeichnen Sie die Bänder wieder auf die neu geformten Seiten.

Beginnen, überschüssiges Holz zu entfernen. Entfernen Sie Holz in dem dreieckigen Bereich rund um den gekürzten Eckpunkt. Schnitzen Sie nicht zu nahe an den drei Bändern, die den Bereich abgrenzen, und berücksichtigen Sie die Neigung der Scheiben, die diese Bänder repräsentieren. Hören Sie auf zu schnitzen, kurz bevor Sie die Tiefe des Knotens, an dem drei Bögen aufeinandertreffen, erreichen.

Als Nächstes schnitzen Sie in die quadratischen Bereiche zwischen den vier verwobenen Bändern in der Mitte einer jeden Würfelseite. Behalten Sie im Hinterkopf, dass die Scheiben zueinander geneigt sind, während Sie in den Festkörper hineinarbeiten.

Unten an dieser Einkerbung entsteht ein kleines Loch, durch das Sie in die Mitte bohren können. Bohren Sie nicht, bevor Sie sich nicht bezüglich der Dicke und der Positionen der umliegenden, gebogenen Teile sicher sind.

Die Bögen formen. Machen Sie zuerst ein paar Schnitte, um die Unter- und Überkreuzungen zu markieren. Schnitzen Sie dann tiefer und tiefer, während Sie die Bögen formen. Arbeiten Sie sich allmählich rund um das Modell, um seine Symmetrie aufrechtzuerhalten. Wenn die gebogenen Teile beginnen, richtig auszusehen, reduzieren Sie stückchenweise ihre Dicke, bis Sie sehen können, dass Sie gerade genug Platz haben, um zwischen ihnen schnitzen zu können.

Das Modell auf die übliche Weise fertigstellen. Wenn Sie die Kurven geformt haben, setzen Sie die Trennschnitte, glätten Sie die Einzelteile und polieren und streichen Sie sie nach ihrem Geschmack.

Verbindung nach Asgard

Schwierigkeitsgrad: 6

Ich nenne dieses Modell „Verbindung nach Asgard", weil es mich irgendwie an ein Zierelement der Wikinger erinnert (As oder Asa ist das Präfix für alles, was sich auf die alten nordischen Gottheiten bezieht; Asgard beispielsweise bedeutet „Heim der Götter"). Es hat viel mit dem vorherigen Modell gemein, aber die gebogenen Teile habe ich leicht verdreht, um zu vermeiden, dass sie einander an den Ecken des Würfels überschneiden. Infolgedessen passt kein Element dieses Modells in eine flache Scheibe. Es ist schwierig, präzisere geometrische Anweisungen für die Anordnung und das Schnitzen zu geben. Umso mehr ein Grund, dieses Modell nach und nach zu formen.

Ich empfehle Ihnen, einen guten Prototyp als Anhaltspunkt zu gestalten. Hier sind meine Maße, falls Sie lieber einfach diesen folgen möchten: Der Würfel hat eine Seitenlänge von 50 mm; die gebogenen Teile sind etwa 8 mm dick; jeder der drei Teile misst etwa 33 mm entlang der Knotenpunkte.

Zeichnen Sie das Muster auf die Seiten des Würfels, betrachten Sie es jedoch nur als Annäherung. Geben Sie den Bändern ausreichend zusätzliche Dicke. Die weichen Kurven erscheinen, während Sie jedes Band allmählich verschmälern. Arbeiten Sie in kleinen Schritten und beenden Sie jeden Schritt rund um das Modell herum.

Beurteilen Sie die Form behutsam, bevor Sie entscheiden, was Sie als Nächstes tun; erhalten Sie die Symmetrie des Werkstücks in jedem Arbeitsstadium.

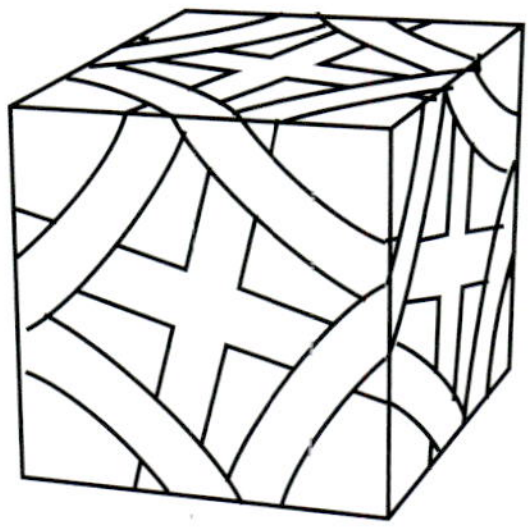

Schnitzmuster. Das Muster für die Verbindung nach Asgard. Sie können es entweder direkt auf das Holz zeichnen oder Kopien aus Papier auf die Seiten des Würfels kleben.

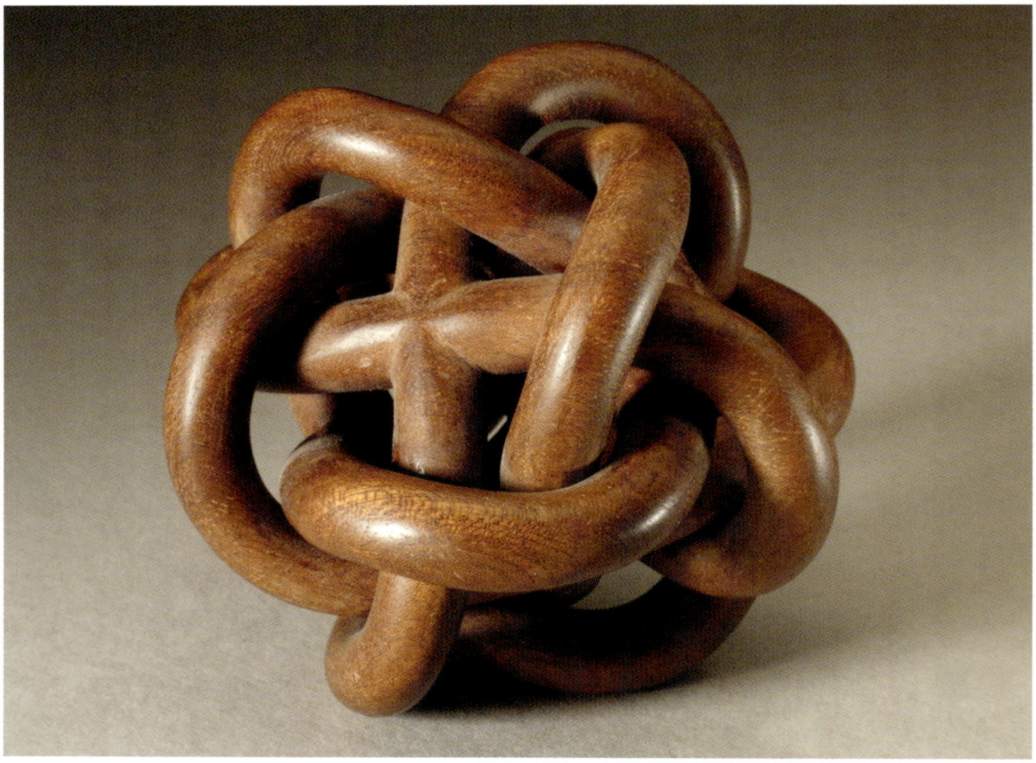

Verdrehte Stäbe. Ich habe die Verbindung nach Asgard aus demselben Stück Mahagoni wie das Flexus-Modell geschnitzt. Auch die Größe ist dieselbe.

Ein Stück der Meisterschule. Sie können der erste sein, der dieses Modell und das auf der nächsten Seite schnitzt. Probieren Sie es jedoch nicht auf die Schnelle, bevor Sie nicht einige Projekte fertiggestellt haben, die leichter zu schnitzen sind.

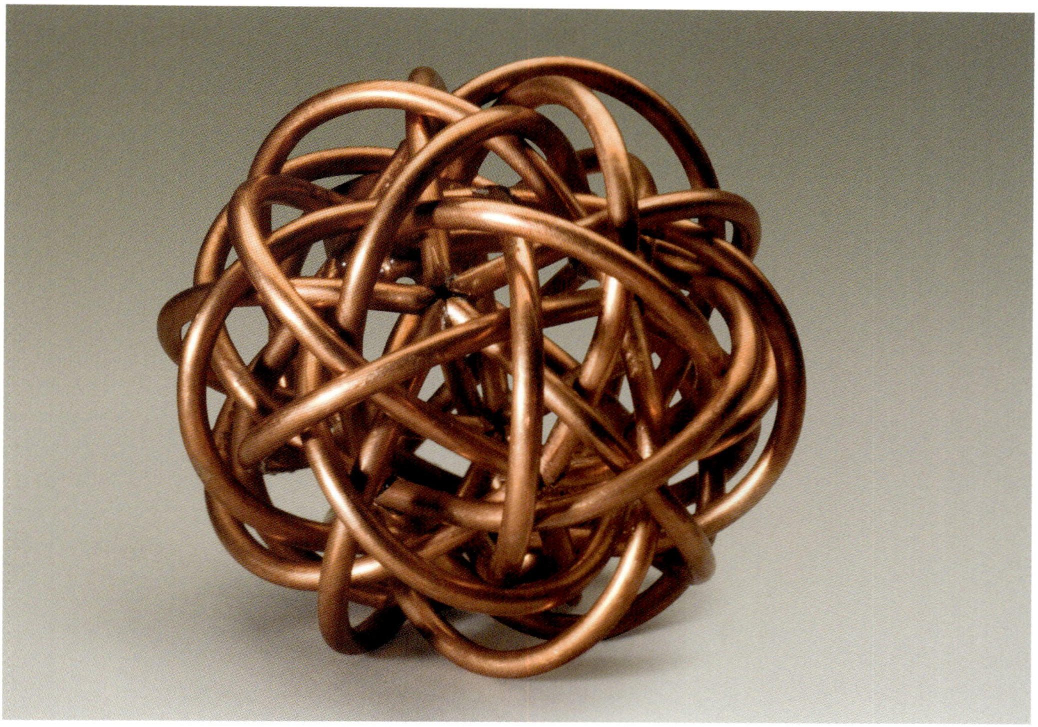

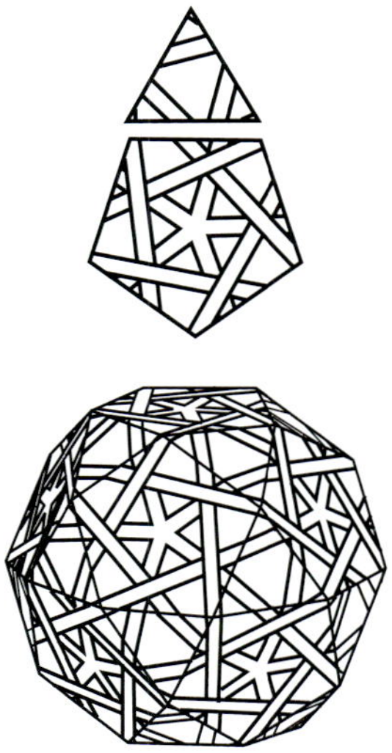

Schnitzmuster. Die beiden Oberflächenmuster, die für die hosoedrische Hexaverbindung benötigt werden. Keiner der Ringe ist in diesem Modell verdreht. Sie sind alle in flachen Scheiben eingeschlossen, die durch die Mitte führen.

Hosoedrische Hexaverbindung

Schwierigkeitsgrad: 8

Ein Hosoeder ist eine Struktur mit zwei Eckpunkten, die durch eine Anzahl an Kanten verbunden sind, wie Längenlinien, die die Pole eines Globus verbinden. Beim magischen Schnitzen, wie auch in der Topologie, nehmen wir einen liberalen Zugang zur präzisen Form von Dingen an und konzentrieren uns mehr auf die Struktur. In diesem Sinne können die beiden Projekte oben als verbundene hosoedrische Rahmen betrachtet werden. Flexus ist ein dreiseitiges Hosoeder mit vier Verbindungen und die Verbindung nach Asgard ist ein vierseitiges Hosoeder mit drei Verbindungen.

Während ich an diesem Buch gearbeitet habe, habe ich eine neue Art entwickelt, eine n-fache hosoedrische Verbindung zu konstruieren. Dies resultierte in der Hexaverbindung und der Dekaverbindung, hier als Prototypen gezeigt.

Die Hexaverbindung besteht aus sechs fünfseitigen Hosoedern. Um dieses Modell zu schnitzen, würde ich von einem Ikosidodekaeder (einem Dodekaeder mit zu den Mittelpunkten der Kanten abgeschnittenen Eckpunkten) ausgehen und die Muster auf seine Oberfläche zeichnen, wie gezeigt.

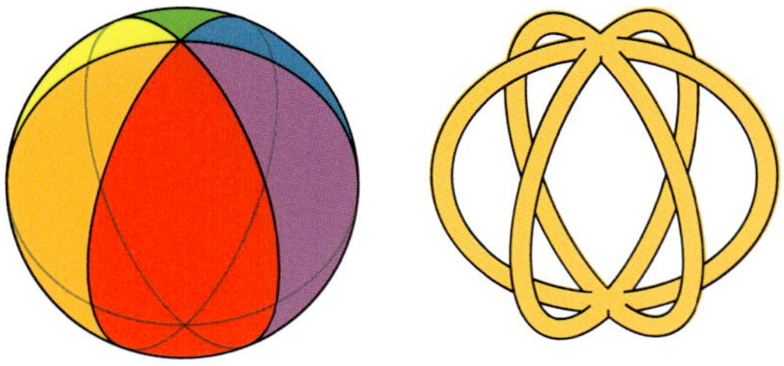

Hosoeder. Ein sechsseitiges Hosoeder und der zugehörige Gitterrahmen. Ein Hosoeder besteht aus Zweiecken (Digonen) oder zweiseitigen Polygonen. Es ist schwer, sich seine Figur auf einer glatten Oberfläche vorzustellen, nicht jedoch auf einer Kugel. Denken Sie für die Segmente an einen klassischen Wasserball.

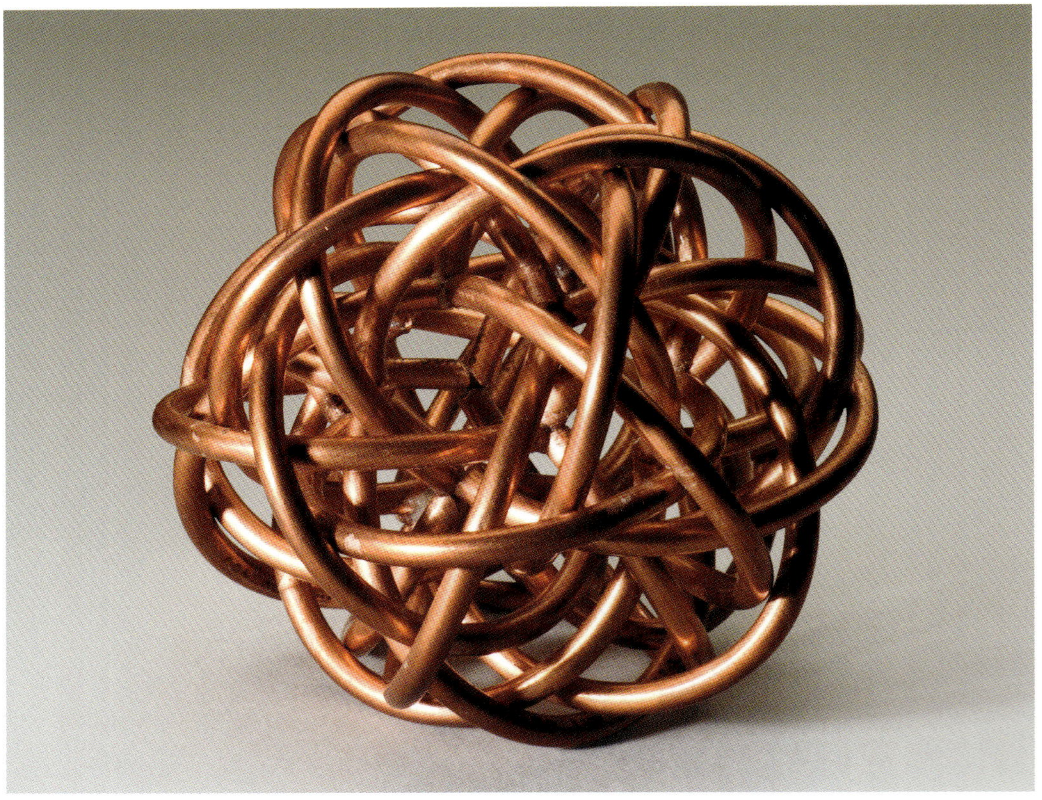

Ein weiteres Stück für die Meisterschule. Ein Prototyp aus Kupferröhrchen für ein Projekt, das noch niemand versucht hat. Es gehört ebenfalls in die Meisterschule. Es ist vermutlich sogar schwerer zu schnitzen als die hosoedrische Hexaverbindung.

Hosoedrische Dekaverbindung

Schwierigkeitsgrad: 8

Diese Dekaverbindung besteht aus zehn dreiseitigen Hosoedern. Wie die Hexaverbindung würde ich auch dieses Schnitzprojekt mit einem Ikosidodekaeder beginnen, das das hier gezeigte Oberflächenmuster aufweist.

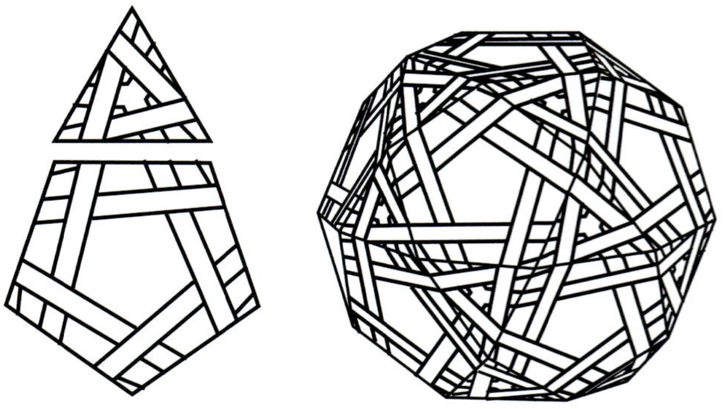

Schnitzmuster. Das Oberflächenmuster, das für die hosoedrische Dekaverbindung benötigt wird. Wie das zuvor gezeigte Modell hat diese Bögen, die in flachen, durch die Mitte führenden Scheiben liegen.

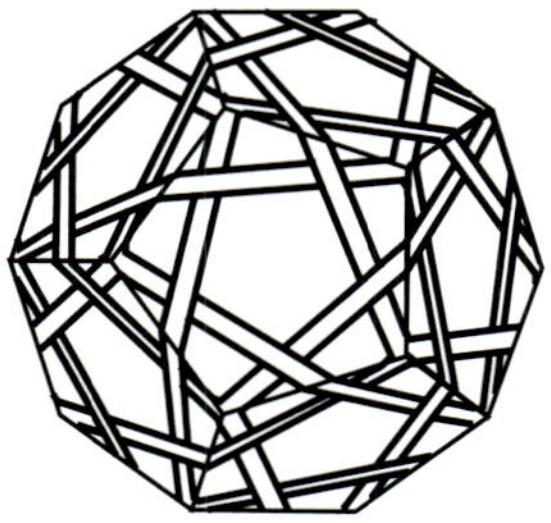

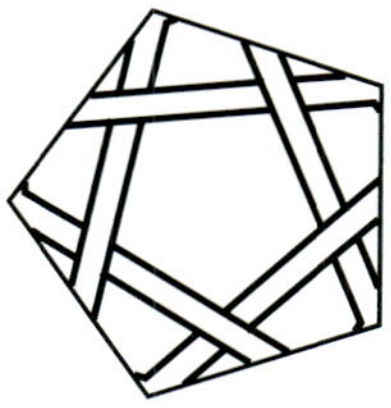

Schnitzmuster. Dies ist das Oberflächenmuster für die fünf invertierten Tetraeder. Wenn Sie die unten gezeigte geradlinige Version versuchen möchten, kehren Sie einfach die Unter- und Überkreuzungen um.

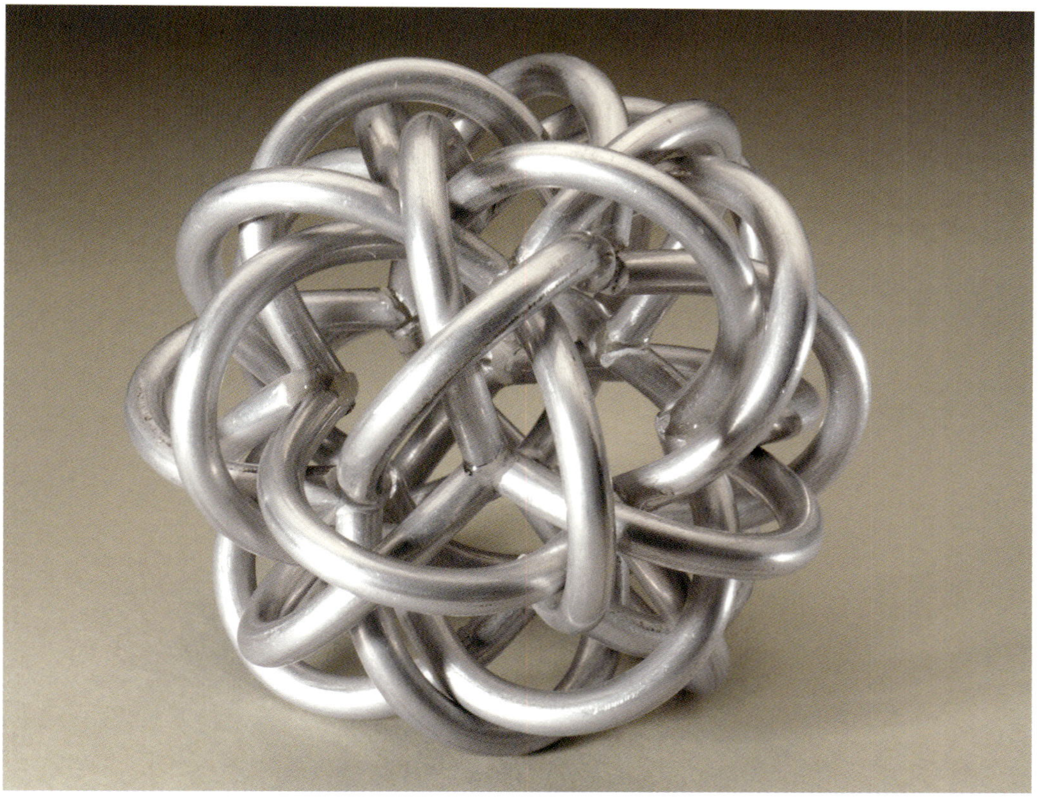

Noch nicht geschnitzt. Ein Prototyp für die fünf invertierten Tetraeder aus 6 mm Aluminiumdraht. Das Modell ist etwa 88 mm hoch.

Fünf invertierte Tetraeder

Schwierigkeitsgrad: 8

Die Verbindung von fünf regelmäßigen Tetraedern, die in ein regelmäßiges Dodekaeder eingeschrieben sind, ist wohlbekannt. Die Figur ist eine offensichtliche Herausforderung für den Trickschnitzer, weil keine Kante eine andere schneidet.

Dies ist das Projekt, das ich aufgeben musste, weil ich zu früh in die Mitte gebohrt hatte, wie auf Seite 31 erklärt. Wenn ich es noch einmal angehe, werde ich die Figur umkehren, sodass die Kanten als Bögen nach außen kommen und die Eckpunkte nach innen zur Mitte zeigen. Ich empfinde dies als eine sehr viel ansprechendere Form. Sie können natürlich anderer Meinung sein. Wenn Sie lieber die Tetraederversion schnitzen möchten, kehren Sie die Über- und Unterquerungen des Musters einfach um.

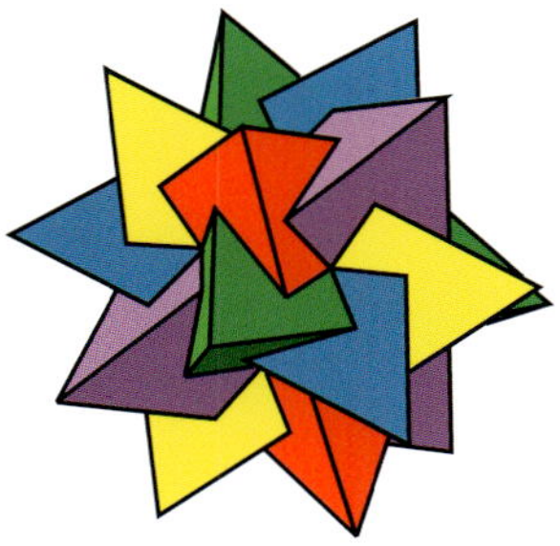

Ein artverwandter Festkörper. Die wohlbekannte Verbindung von fünf Tetraedern. Beachten Sie, dass die 20 Eckpunkte die Ecken eines Dodekaeders sind und dass keine der 30 Kanten einander schneiden.

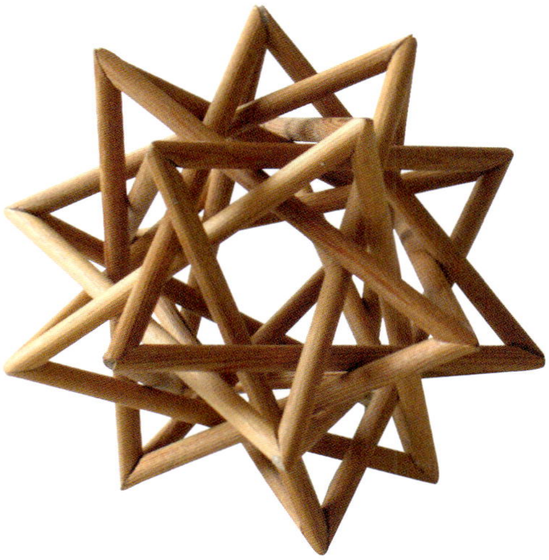

Eine frühe Leistung. Ein die Kanten der fünf Tetraeder aus Rundhölzern umrahmendes Modell. Ich habe dies einmal als Schnitzprojekt ausprobiert, bin jedoch in einem frühen Stadium gescheitert. Später habe ich mir die invertierte Version ausgedacht, die ich sehr viel lieber mag.

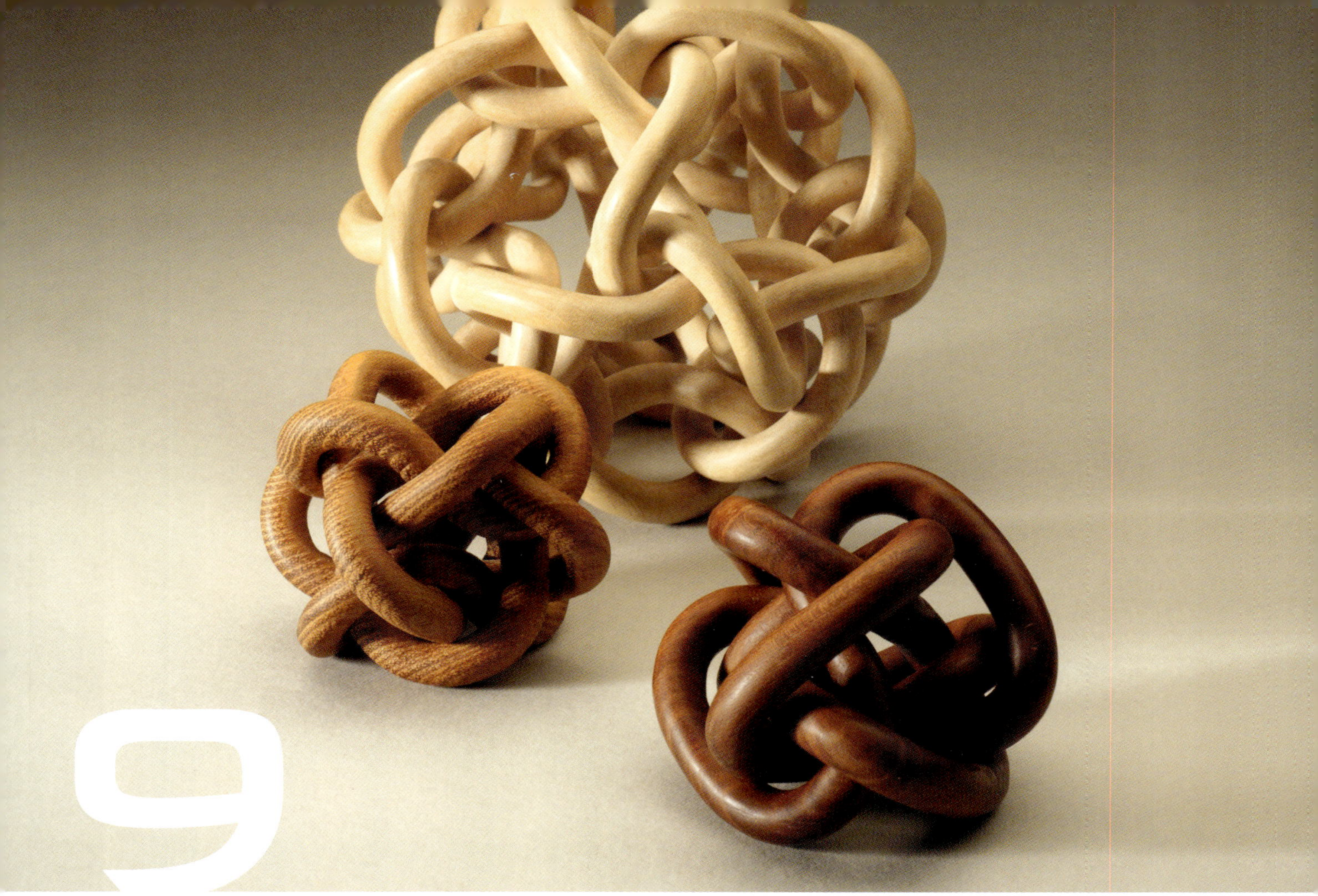

9 Verschlungene Ringe

Die Modelle in Kapitel 7 haben eine wichtige gemeinsame Eigenschaft: All ihre Ringe sind flach. Das bedeutet, dass die Ringe in einer Reihe flacher Scheiben rund um das Modell angeordnet sind. Indem Sie die Durchmesser dieser Scheiben auf die Oberfläche des hölzernen Rohlings zeichnen, können Sie leicht sehen, was Sie schnitzen und was Sie stehenlassen müssen.

Nicht so mit den Modellen in diesem Kapitel. Ihre Ringe winden und verdrehen sich umeinander auf Arten, die nicht leicht genau zu beschreiben sind. Das Ergebnis Ihrer Schnitzarbeit wird teilweise davon abhängen, wie gut Sie einen natürlichen Weg für jeden Ring erkennen.

Für jedes Projekt liefere ich Ihnen ein Muster, das Sie auf die Oberfläche des Rohlings zeichnen können, um Ihnen ein zweidimensionales Bild davon zu geben, wie die Ringe ineinander verwoben sind.

Prototypen sind für diese Projekte unabdinglich. Es liegt an Ihnen, den tatsächlichen dreidimensionalen Weg der Ringe innerhalb des Rohlings zu finden, selbst wenn ich Ihnen Tipps geben werde, wo immer ich kann.

Grundlegende Schnitzrichtlinien

Ziehen Sie das Bohren in die Mitte des Werkstücks in Erwägung, um überschüssiges Holz schnell zu entfernen. Vergessen Sie nicht: Die Löcher sollten kleiner sein, als Sie denken, wie in Kapitel 3, S. 30, erklärt.

Das Schnitzen mit flachem Relief beginnen. Folgen Sie der Zeichnung an der Oberfläche und lassen Sie genug zusätzliches Material rund um die Ringe stehen.

Arbeiten Sie in Richtung Mitte, jedoch nicht rechtwinkelig zur Oberfläche – außer Sie nutzen eine der Orthogonalprojektionen, die bei einigen Projekten zur Verfügung stehen.

Tiefer schnitzen und die Ringe verschmälern. Schnitzen Sie das Relief tiefer und tiefer. Wenn Sie ein gutes Gefühl für die Struktur bekommen, beginnen Sie damit, die Ringe allmählich zu verschmälern, bis sie gut geformt sind und Sie gerade genug Platz haben, um mit dem Schnitzen in dem engen Raum zwischen ihnen anfangen zu können.

Seien Sie vorbereitet auf Herausforderungen. Die schwierigsten Teile dieser Projekte liegen in den Eckpunkten, wo drei Ringe sich um eine Symmetrieachse drehen und Windungen bilden. (In dieser Hinsicht ist das Modell Wellenpäckchen auf Seite 94 einfacher als andere, weil es keine Windungen hat. Die Bogenführung ist dort, wo seine vier Stränge aufeinandertreffen, recht moderat, weshalb Sie eine Säge ohne große Schwierigkeiten hindurchbekommen.) Die Unterschnitte bei den fester verwobenen Eckpunkten sind wie Wendeltreppen oder Korkenzieher. Um sie zu schnitzen, verwenden Sie eine Säge und ein Skalpell. Ein Mikromeißel und ein Mikromesser aus dem Zahnarztbereich können sich ebenfalls als nützlich erweisen.

Haben Sie Geduld. Nehmen Sie sich Zeit, wenn Sie diese Modelle schnitzen, und versuchen Sie, die Formen der sich windenden Stränge zu beurteilen. Vergewissern Sie sich von Anfang an, dass sie genug Tiefe haben, damit diese Helixformen natürlich aussehen. Ein gedehnter „Korkenzieher" ist auch leichter zu schnitzen als ein gestauchter.

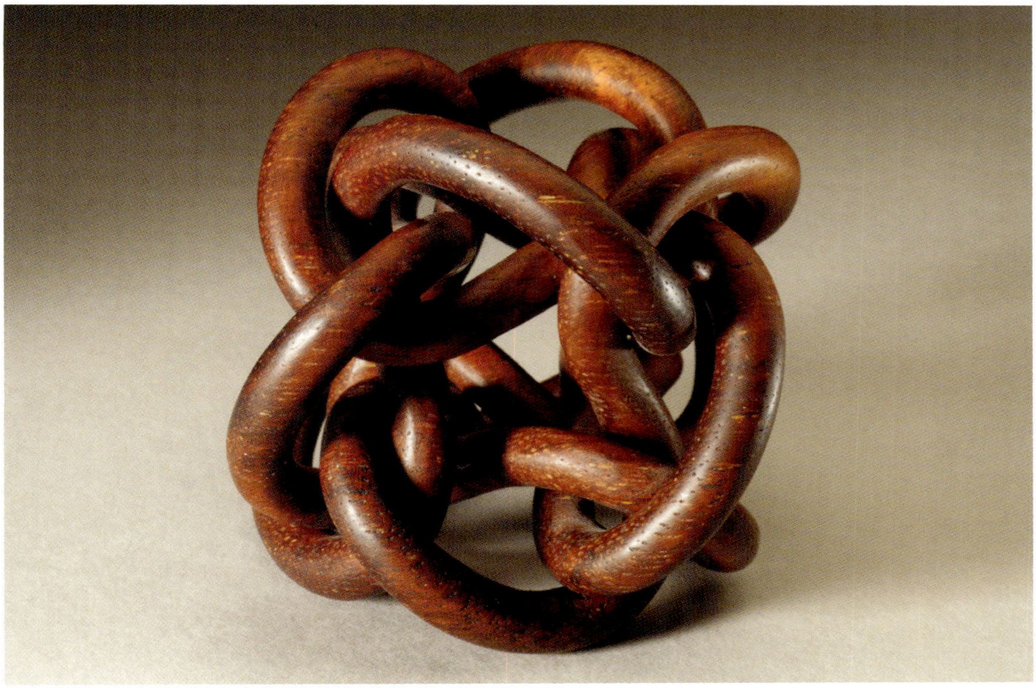

Es zahlt sich aus. Wenn Sie langsam und vorsichtig schnitzen, können Sie sogar fest verschlungene Bögen formen und werden mit einer erstaunlichen, magischen Skulptur belohnt.

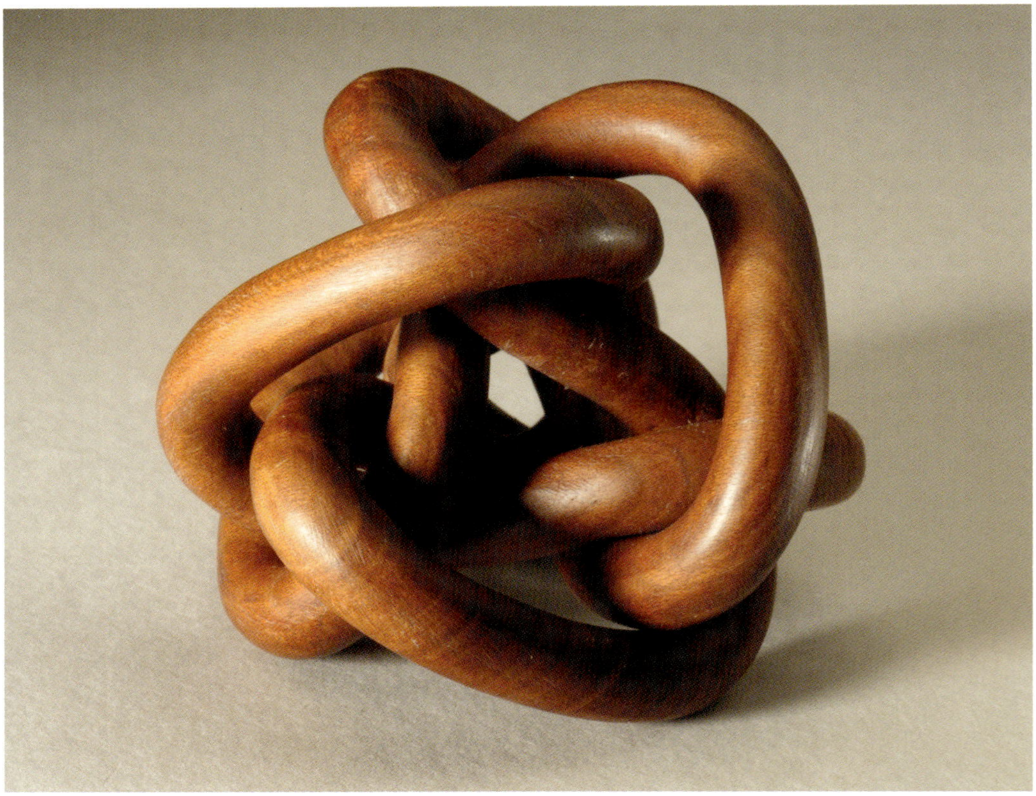

Dreifachschlingen. Der Dreifache Whitehead, geschnitzt aus Pflaumenholz. Er misst etwa 50 mm im Durchmesser.

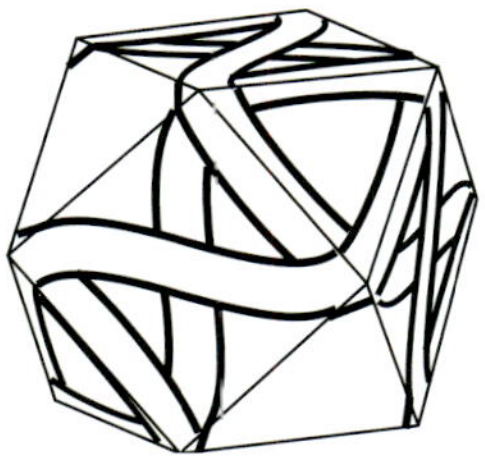

Schnitzmuster. Es ist nicht leicht, von dieser einfachen Oberflächenzeichnung zu den geschmeidigen natürlichen Kurven zu gelangen, die ein erfolgreiches Modell erfordert. Es sollte keinen Hinweis auf den ursprünglichen Schnitzrohling geben, wie etwa flache Streckung, wo die Ringe an den Seiten vorbeiführen. Ein guter Prototyp erweist sich hier als unbezahlbar.

Dreifacher Whitehead

Schwierigkeitsgrad: 5

Das einfachste Projekt in diesem Kapitel besteht aus drei identischen Achterschleifen, die auf recht interessante Weise ineinander verwoben sind. Jedes Schleifenpaar bildet das, was Mathematiker als Whitehead-Verschlingung (nach dem britischen Mathematiker Alfred North Whitehead, der sie als Erster beschrieben hat) bezeichnen. Deswegen habe ich es Dreifacher Whitehead genannt.

Um den Dreifachen Whitehead zu schnitzen, zeichnen Sie das oben rechts gezeigte Muster auf die Oberfläche eines Kuboktaeders. Dann folgen Sie den grundlegenden Anleitungen am Anfang dieses Kapitels.

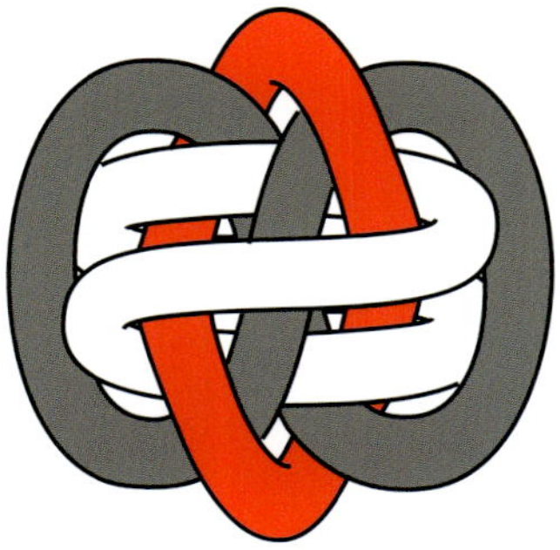

Whitehead-Verschlingung. Diese Zeichnung zeigt, dass zwei der dreifachen Whitehead-Schlingen eine ausgefallene Verbindung zwischen einem einfachen Ring (rot) und einer Acht (grau) bilden. Das ist die Whitehead-Verschlingung.

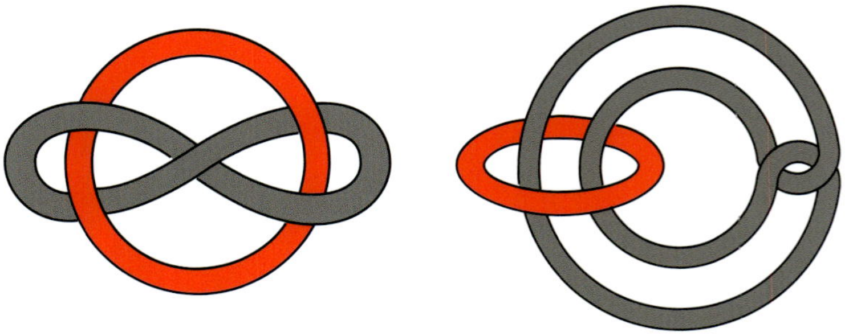

Zwei Whitehead-Versionen. Beachten Sie, wie eine Schlinge mit sich selbst durch die andere Schlinge verbunden ist. Wird diese Selbst-Verschlingung gelöst, sind die beiden Schlingen gar nicht mehr miteinander verbunden. Sie können das Paar so neu anordnen, dass aus der Acht ein einfacher Ring wird, während der einfache Ring zu einer Acht verdreht wird.

SO NIMMT DER DREIFACHE WHITEHEAD FORM AN

Die Fotos zeigen, wie Sie mit einem Oberflächenmuster anfangen, mit dem Schnitzen im flachen Relief beginnen und das Werkstück fertigstellen, indem Sie die Ringe tiefer und enger schnitzen. Sie können Ihnen bei der Gestaltung eines jeden Modells in diesem Kapitel helfen.

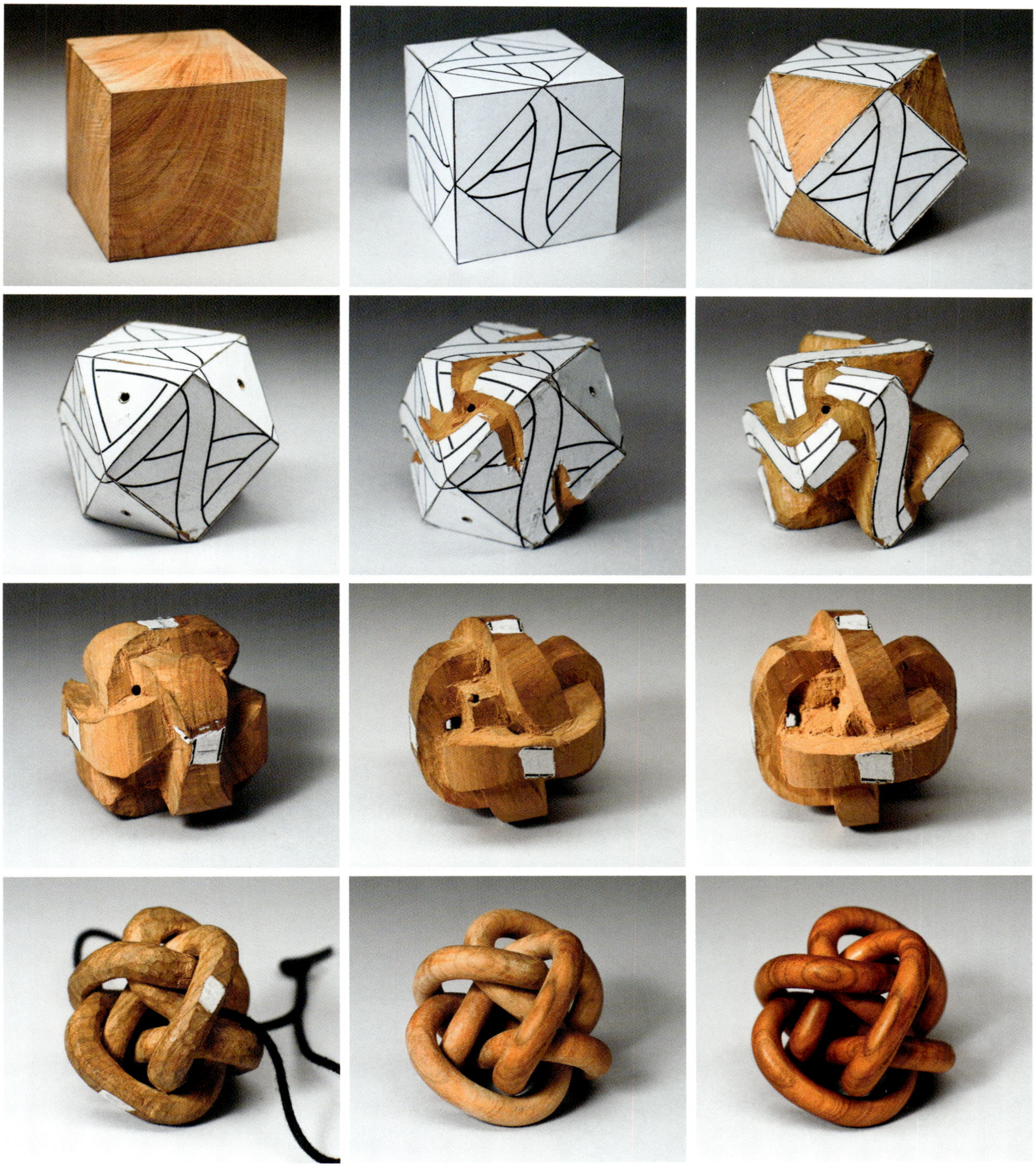

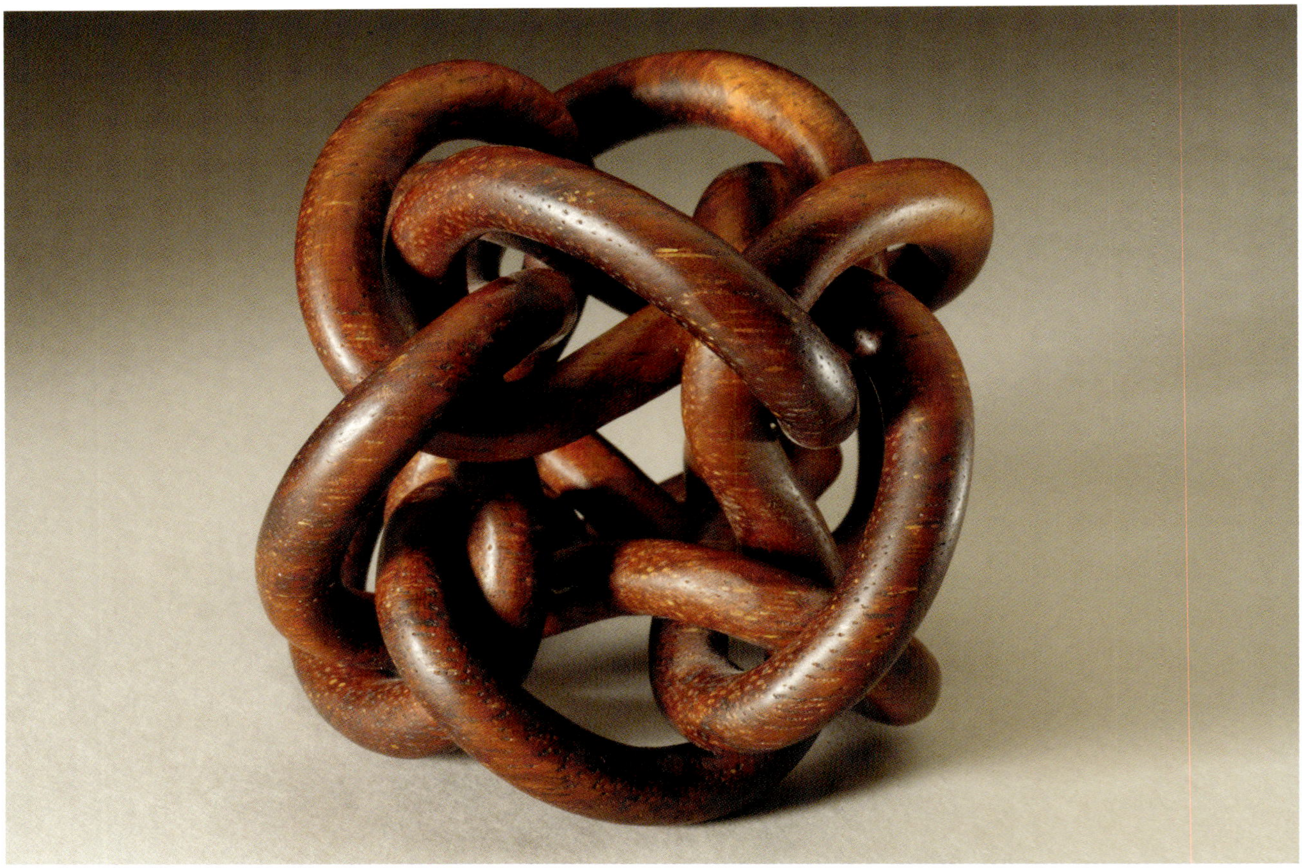

Dreifachspirale. Ich habe dieses Werkstück aus Merbau (Kwila) in einer Größe von 65 mm geschnitzt. Kwila ist schwer zu schnitzen. Seine offenen Poren bringen manchmal kieselerdehaltige, goldene Striche ans Tageslicht, doch die fuchsroten und schwarzen Färbungen sind schön.

Dreifachspirale

Schwierigkeitsgrad: 7

Stellen Sie sich drei Windungen einer ausgedehnten und zu einer geschlossenen Schlinge gebogenen Spirale vor.

Vier Schlingen dieser Form verweben sich symmetrisch, um diesen charmanten Knoten zu bilden. Er wird auf dieselbe Weise geschnitzt wie der Dreifache Whitehead.

Das Modell hat eine eindeutig würfelförmige Symmetrie. Tatsächlich steht es genauso in Beziehung zum Würfel wie der Dreifache Whitehead zum Tetraeder. Dies wird noch weit offensichtlicher, wenn Sie die Zeichnungen für die beiden Projekte miteinander vergleichen.

Diese Art der Oberflächenzeichnung ist ein angenäherter zentraler Entwurf des Modells auf die Oberfläche des Rohlings. Sie gibt ein klares Bild der Wege für die einzelnen Schlingen wieder und eine Anweisung darüber, wie sie einander über- und unterqueren. Oberflächenzeichnungen geben Ihnen allerdings keine Informationen über die Tiefe. Dafür müssen Sie einen Prototyp anfertigen, bevor Sie mit dem Schnitzen beginnen.

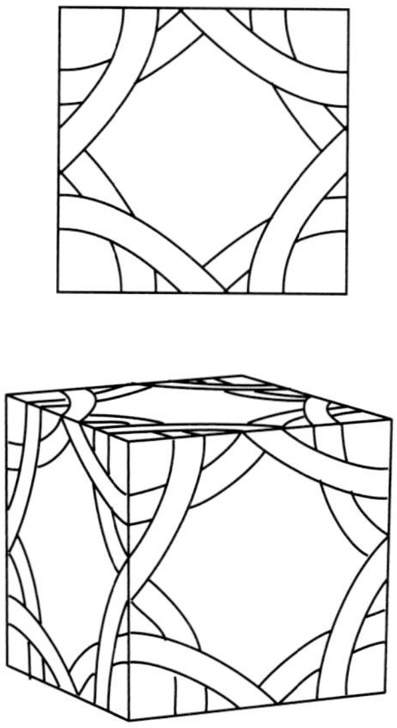

Schnitzmuster. Diese Art Zeichnung erlaubt Ihnen, den Weg der einzelnen Schlingen von Anfang an zu verfolgen. Allerdings können Sie keine Informationen über die Tiefe aus der Zeichnung ziehen; diese entnehmen Sie einem Prototyp oder dem rechts gezeigten Entwurf. Wenn Sie tiefer schnitzen, bewegen Sie sich in Richtung Mitte, nicht senkrecht zur Oberfläche.

Wenn Sie mit einem Würfel arbeiten, können Sie anstelle einer Oberflächenzeichnung eine Orthogonalprojektion auf jeder Seite zeichnen. Die Zeichnung zur Rechten zeigt so eine Projektion für die Dreifachspirale. Orthogonalprojektionen liefern die Tiefeninformationen, die Sie benötigen, also sollten Sie prinzipiell auch in der Lage sein, ohne Prototyp zu arbeiten. Beachten Sie allerdings, dass Orthogonalprojektionen einige Mankos aufweisen. Sie können einem Strang nicht von einer Oberfläche zur anderen folgen. Und es braucht einiges an Übung, um ein Element auf einer Seite mit dem entsprechenden Element auf der Seite nebenan übereinzustimmen. Ich empfehle Ihnen stark, einen Prototyp herzustellen, ganz gleich, ob Sie Oberflächenzeichnungen oder Orthogonalprojektionen nutzen. Abgesehen davon, wie kommen Sie denn an akkurate Projektionszeichnungen, ganz ohne einen Prototyp, der Ihnen die Maße liefert?

Wenn Sie die Orthogonalprojektion und die Oberflächenzeichnung für die Dreifachspirale vergleichen, können Sie sehen, warum es riskant sein kann, in die Mitte eines Modells zu bohren, bevor Sie mit dem Schnitzen beginnen. Die Oberflächenzeichnung zeigt einen großen Abstand in der Mitte einer jeden Seite, doch das leitet in die Irre. Die Orthogonalprojektion zeigt die wahre (viel kleinere) Größe des Abstands.

Denken Sie daran, eine gute Menge zusätzliches Material rund um die Stränge stehenzulassen, wenn Sie zu schnitzen beginnen, damit Sie die Freiheit haben, die Schlingen zu einem späteren Zeitpunkt in weichen und natürlichen Bögen zu formen. Wenn Sie diese Kurven beurteilen, behalten Sie das Bild einer Spirale, die gedehnt und gebogen wird, im Hinterkopf.

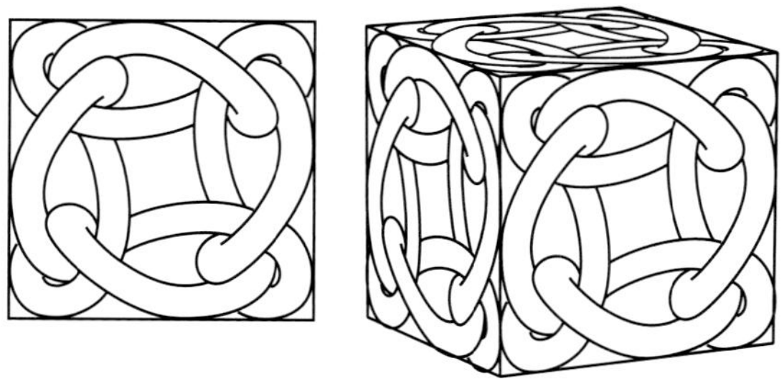

Alternatives Muster. Wenn Sie es schaffen, Orthogonalprojektionen zu lesen, arbeiten Sie vielleicht lieber mit dieser Art der Oberflächenzeichnung. Sie erlaubt Ihnen, im rechten Winkel zur Oberfläche zu arbeiten. Es kann allerdings schwierig sein, die Projektionen in Ihrem Kopf zusammenzufügen, um die Wege der Schlingen herauszuarbeiten.

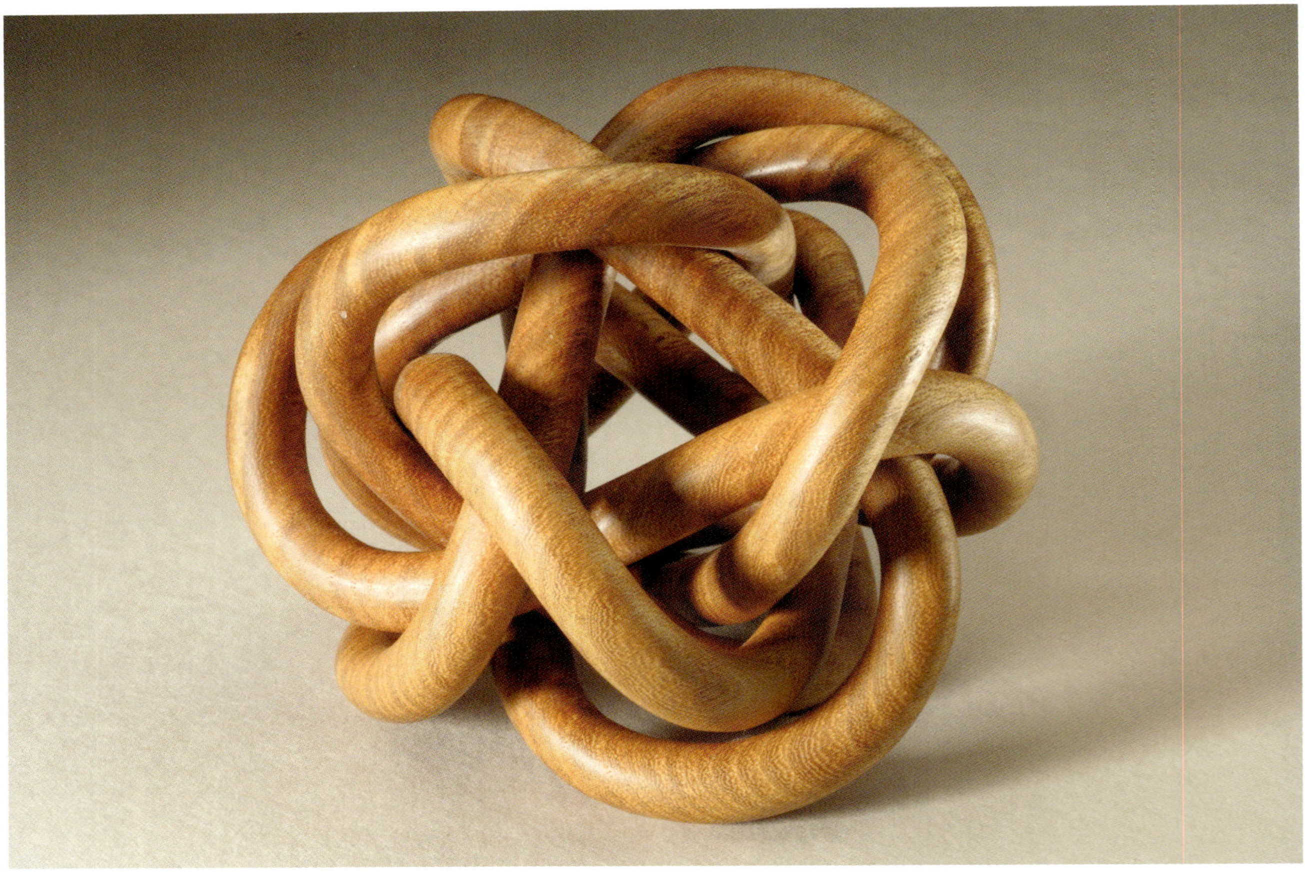

Wellenpäckchen. Ich habe dieses Werkstück mit etwa 65 mm im Durchmesser aus Pflaumenholz geschnitzt.

Wellenpäckchen

Schwierigkeitsgrad: 7

Es mag nicht sofort ins Auge stechen, dass dieses Modell eng mit den letzten beiden verwandt ist, jedoch haben sie dasselbe Verhältnis zum Oktaeder bzw. zum Tetraeder und zum Würfel. Kapitel 11 „Kreative Geometrie", S. 108, deckt die Familienverhältnisse unter den Modellen im Detail ab.

Wellenpäckchen besteht aus sechs miteinander verbundenen Schlingen. Es mag einfacher sein, es als drei Schlingenpaare wahrzunehmen, die wechselseitig rechtwinklig angeordnet sind. Jedes Schlingenpaar vollführt zwei volle Drehungen. Wo zwei Paare einander im rechten Winkel kreuzen, werden sie auf einfache Weise miteinander verbunden, sodass sie eine flache Drehbewegung um eine vierseitige Symmetrieachse bilden.

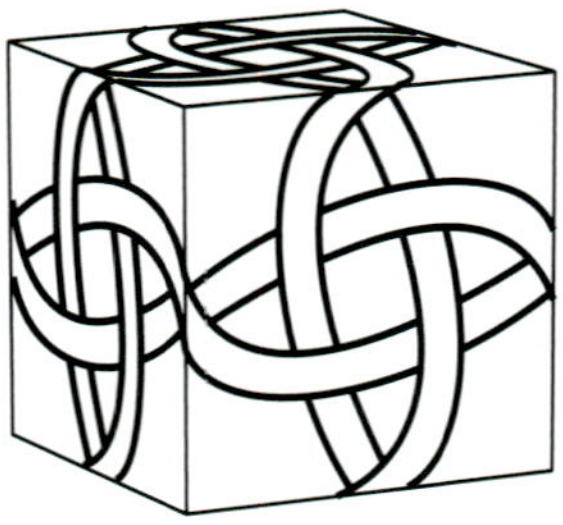

Schnitzmuster. Diese Oberflächenzeichnung zeigt klar, wie die Ringe drei geschwungene Paare bilden.

Helicon

Schwierigkeitsgrad: 7

Dieses Modell mag komplex aussehen, aber wenn Sie es in Händen halten, werden Sie sehen, dass es in Wahrheit recht einfach ist. Es besteht aus sechs ovalen Ringen, jeder wellenförmig geschwungen wie jene des Modells „Wellenpäckchen“, jedoch ausgeprägter. Was dem Auge einen Streich spielen kann, ist, dass die Symmetrie würfelförmig wirkt, aber tatsächlich tetraedrisch ist. Was nach einer vierfachen Symmetrie aussieht, stellt sich als Illusion heraus. Das Modell hat acht dreifache Wirbel, die ähnlich erscheinen, aber in Wahrheit von zweierlei Typus sind: Vier von ihnen sind gekringelt und schwierig zu schnitzen; die anderen vier sind weniger gebogen und somit leichter zu schnitzen.

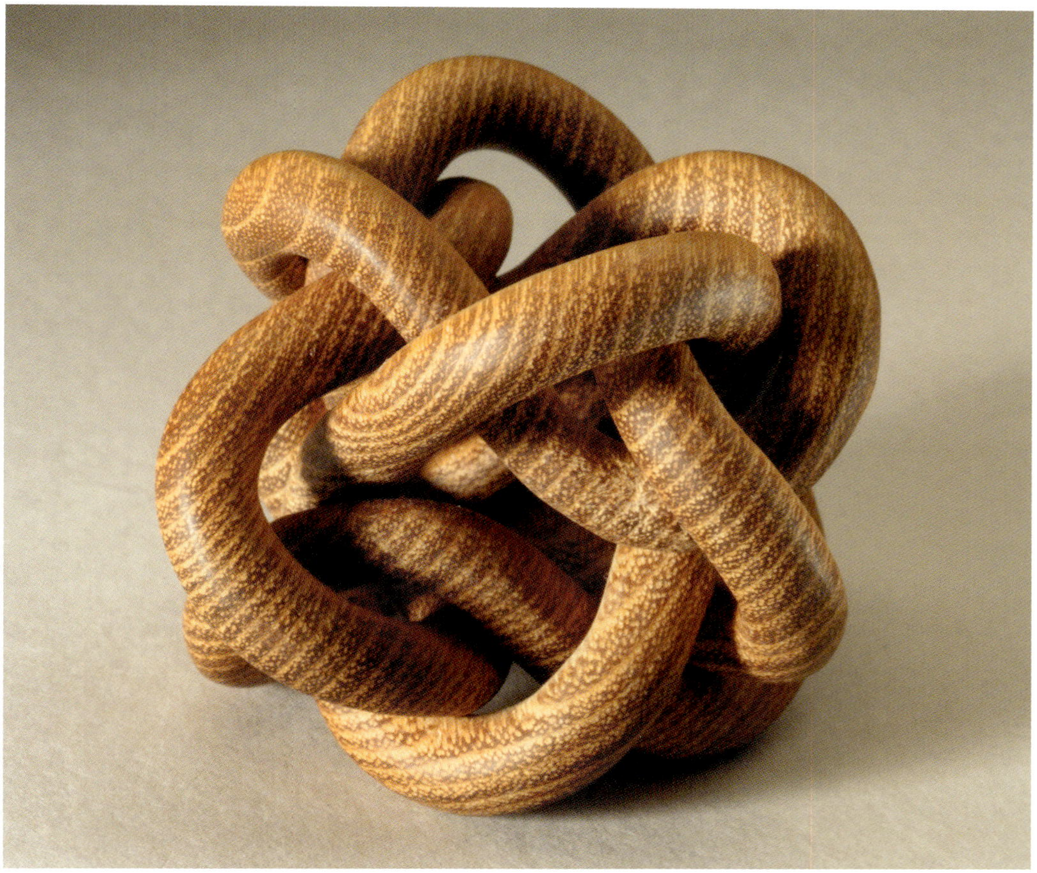

Trügerisch Komplex. Dieses Modell besteht aus sechs Ringen. Ich habe dieses aus Robinienholz geschnitzt und etwa 50 mm im Durchmesser groß gemacht.

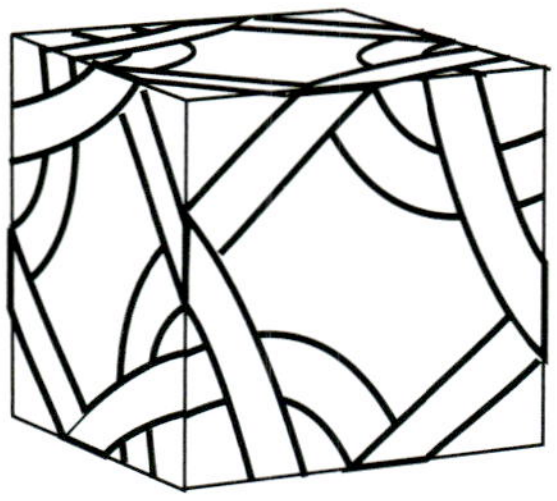

Schnitzmuster. Eine Oberflächenzeichnung für Helicon

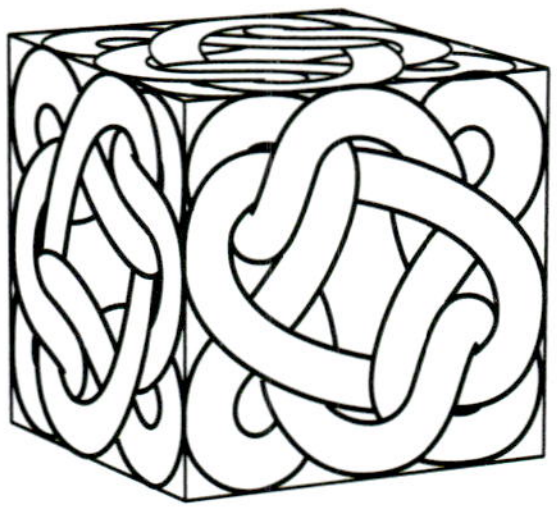

Alternatives Muster. Anstelle einer Oberflächenzeichnung können Sie eine Orthogonalprojektion als Ausgangspunkt verwenden.

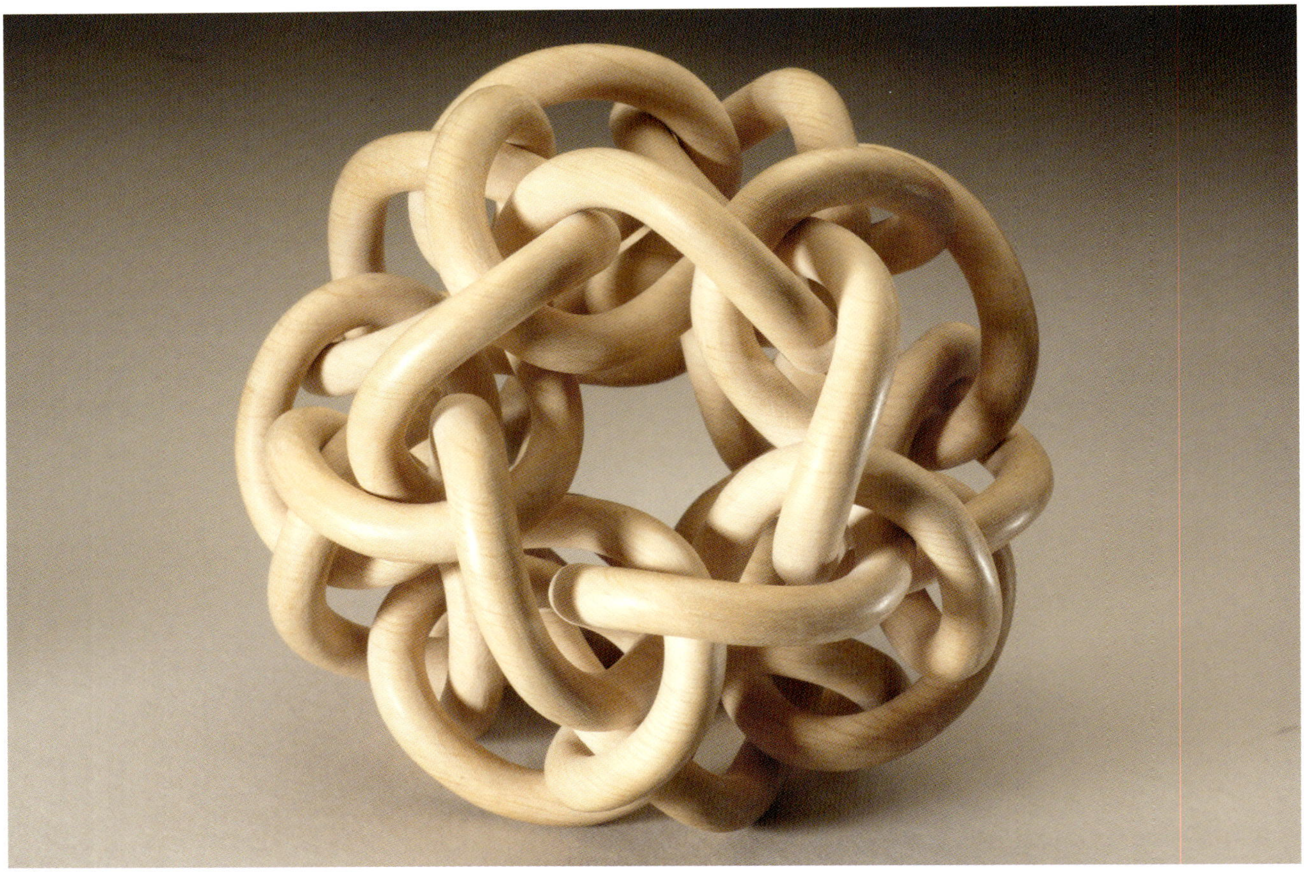

Die größte Herausforderung. Dieses Werkstück hat 90 Kreuzungen, von denen die meisten schwierig zu schnitzen sind. Ich habe diese Hexa-Spirale aus Hainbuche geschnitzt. Sie misst 110 mm im Durchmesser.

Hexa-Spirale

Schwierigkeitsgrad: 10

Das ehrgeizigste Projekt in diesem Kapitel ist zweifelsohne die Hexa-Spirale. Jede der sechs Schlingen, wie die Schlingen der Tetra-Spirale, ähnelt einer ausgedehnten Feder, die zu einer geschlossenen Schlinge gebogen wurde. Diese Schlingen haben fünf Spiralumdrehungen. Das Modell hat 90 Kreuzungen, von denen 30 weit geöffnet sind und kein Problem darstellen. Die anderen 60 sind herausfordernde Korkenzieherdrehungen. Ich habe etwa 3,6 m Schlingen geglättet, geschliffen und poliert.

Beginnen Sie dieses Projekt, indem sie einen dodekaedrischen Rohling (siehe Seite 50) herstellen.

Dann zeichnen Sie das in der Illustration gezeigte Muster auf jede Seite. Fahren Sie mit dem Schnitzen fort und folgen Sie den grundlegenden Anweisungen am Beginn dieses Kapitels.

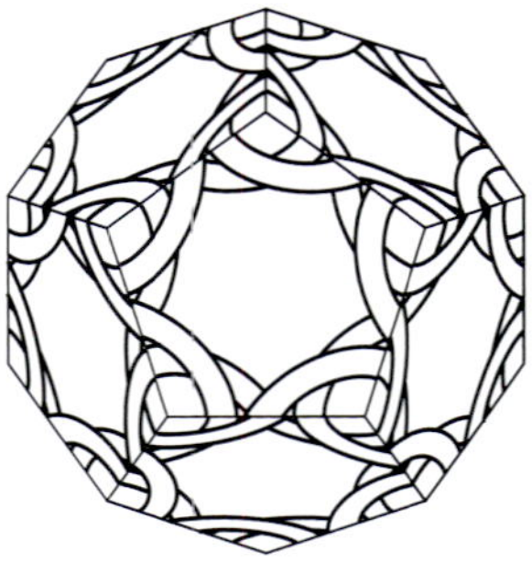

Schnitzmuster. Ein dodekaedrischer Rohling mit dem Anfangsmuster zum Schnitzen der Hexa-Spirale.

Fünffache Borromäische Ringe

Schwierigkeitsgrad: 10

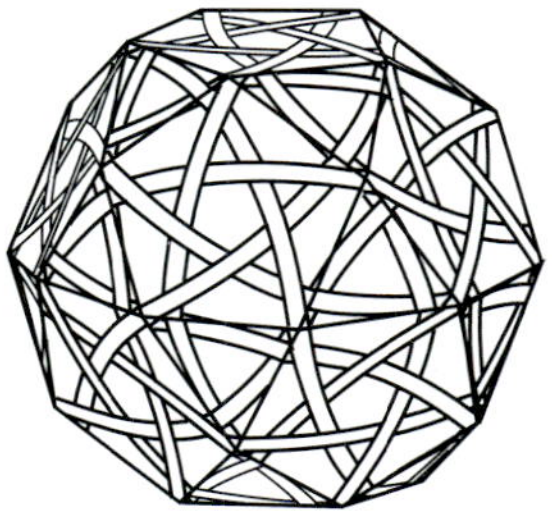

Schnitzmuster. Icosidodekaedrischer Rohling mit dem Oberflächenmuster zum Schnitzen dieser Pentakaideka-Verbindung.

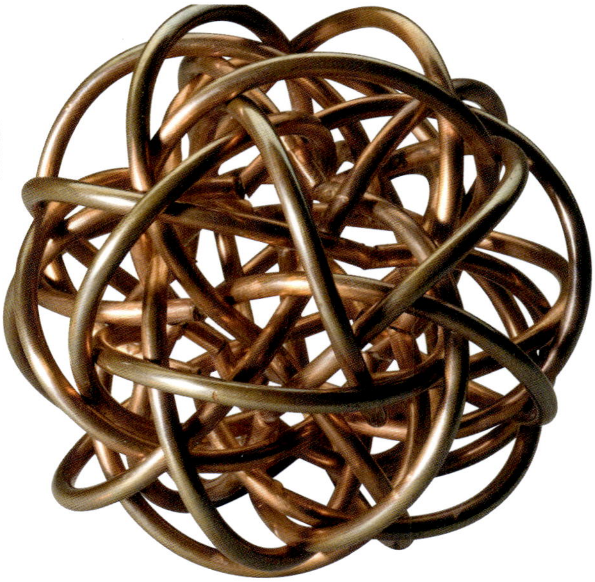

Kleiner Prototyp. Dieser Prototyp misst etwa 115 mm im Durchmesser. Allerdings sollte er 184 mm im Durchmesser haben, damit die Ringe wenigstens 8 mm dick sind.

Ein gleichermaßen ehrgeiziges Projekt ist diese Pentakaideka-Verbindung (eine Verbindung mit 15 Ringen), die ich noch nicht geschnitzt habe. Ich warte, bis ich einen sehr großen Rohling (etwa 180–200 mm dick) aus Holz in hoher Qualität und etwa ein halbes Jahr Schnitzzeit finde. Die Struktur ist von jener Schönheit, die Sie in mittelalterlichen Kathedralen antreffen. Zwölf Kuppeln, verbunden durch ein Netz aus großen Bögen, erheben sich über ein sternförmiges Inneres. Jeder der 15 Ringe ist wie eine in der Mitte geöffnete Acht geformt, der in eine leichte Drehung versetzt wurde.

Der Rohling für dieses Projekt ist ein Ikosidodekaeder, ein Dodekaeder dessen Eckpunkte zu den Mittelpunkten seiner Kanten hin abgeschnitten wurden (siehe Seite 50 für die Anleitung zur Herstellung eines Dodekaeders). Die Ringe dieses Modells haben ihre höchsten und tiefsten Punkte an den Eckpunkten des Ikosidodekaeders. Die Spitze eines Bogens liegt nahe der Oberfläche: Die Vertiefung, wo die Achterschleife aufgeschnitten wurde, liegt viel tiefer. Dieselben zwei Ringe treffen einander erneut auf exakt dieselbe Weise am gegenüberliegenden Eckpunkt. Zwischen diesen beiden „Polen“ treffen die beiden Ringe auf einen Dritten, der sich über die Täler des einen wölbt und unter die Bögen eines anderen taucht. In anderen Worten, die drei Ringe bilden eine Borromäische Verbindung. Das Modell besteht aus fünf solcher Sätze Borromäischer Ringe. Jedes Ringpaar, das nicht zu demselben Satz Borromäischer Ringe gehört, wird wie Kettenglieder verbunden.

Die Herausforderung liegt hauptsächlich in der enormen Zahl der Trennschnitte. Sie sollten nicht sehr schwierig sein, aber es gibt 120 Stück von ihnen, die eine Hälfte nahe an der Oberfläche, die andere Hälfte etwas tieferliegend. Es gibt 90 weitere Kreuzungen, je drei unter jedem der großen Bögen, aber der Platz ist hier so geräumig, dass Sie überschüssiges Holz leicht entfernen können.

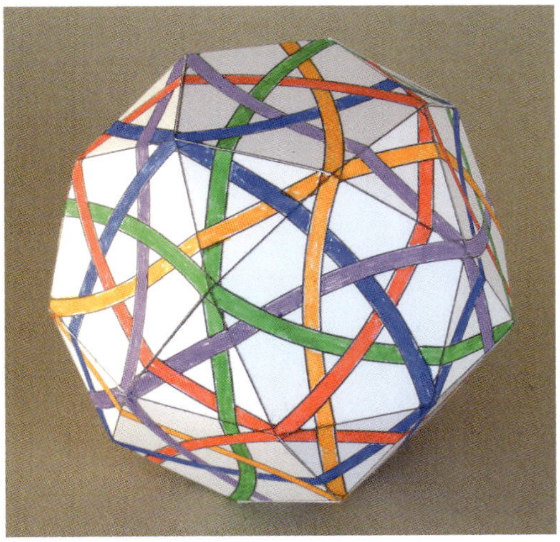

Offenbarte Ringe. Die eingefärbten Bänder zeigen die fünf Sätze Borromäischer Ringe.

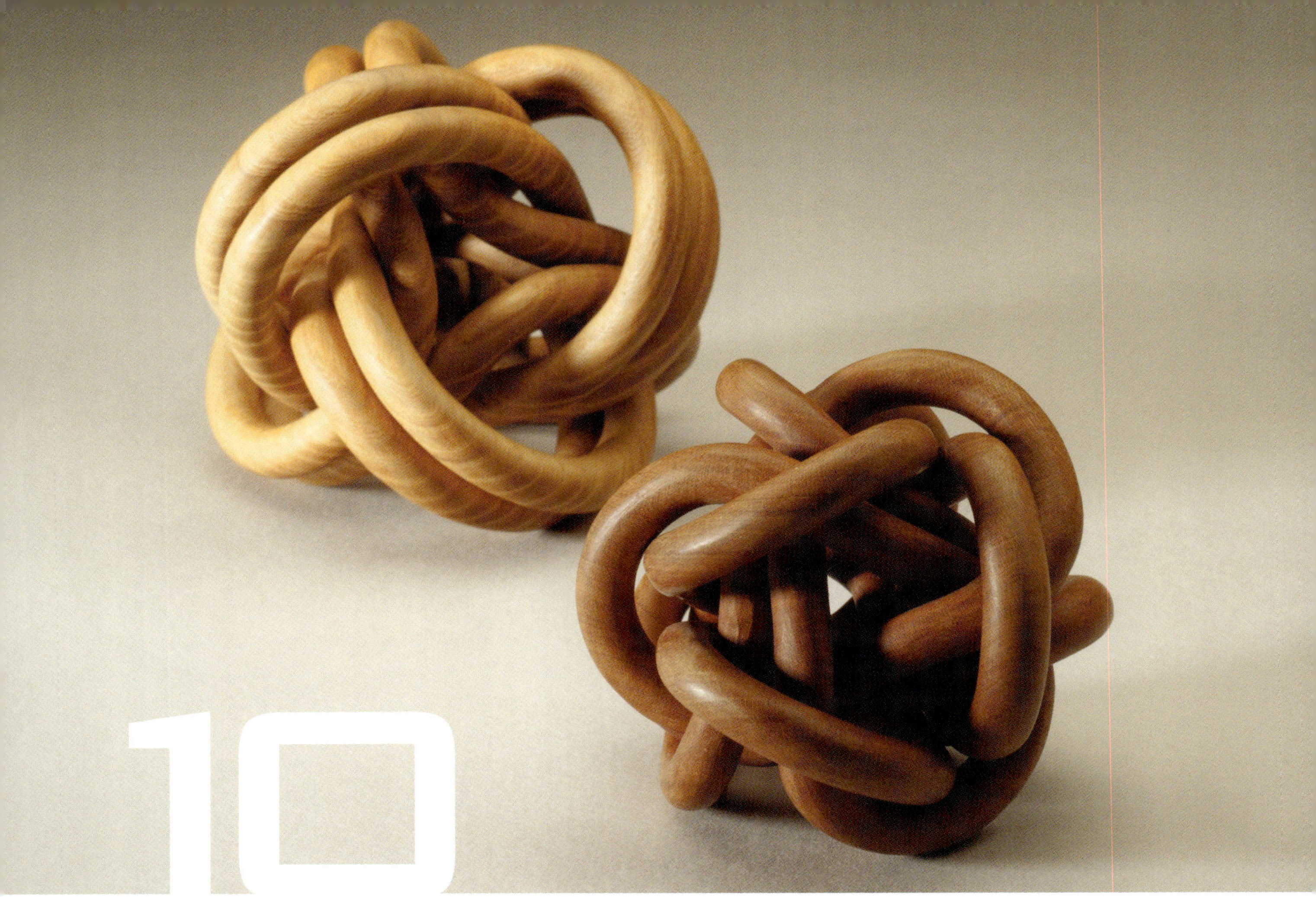

10

Geknotete Ringe

Die Ringe, die diese Modelle bilden, verdrehen sich so sehr, dass sie sich selbst verknoten. Ich nenne Modelle wie diese Polyknoten, um sie von Polyverbindungen zu unterscheiden, das ist der allgemein akzeptierte Terminus für verbundene Ringe oder Polygone.

Ich habe mich auf Vierfachknoten (Modelle mit vier Knoten) konzentriert, weil ich einige von ihnen ganz besonders schön finde. Größere Knotenzahlen sind möglich. Dieses Kapitel enthält drei Vierfachknoten, die ich geschnitzt habe, sowie Prototypen für zwei weitere vielversprechende Modelle.

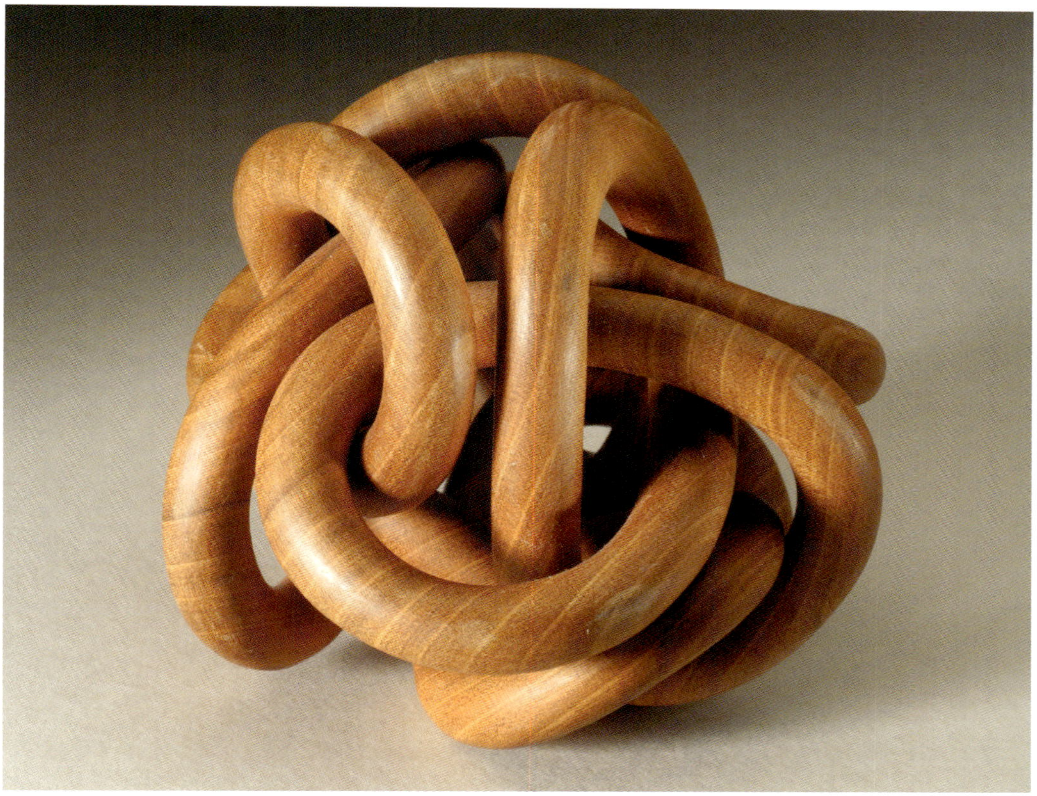

Der einfachste Knoten. Der kleine Vierfachknoten ist das leichteste Projekt in diesem Kapitel – zum Ergreifen und Losschnitzen. Ich habe diesen aus Pflaumenholz geschnitzt. Er misst etwa 80 mm im Durchmesser.

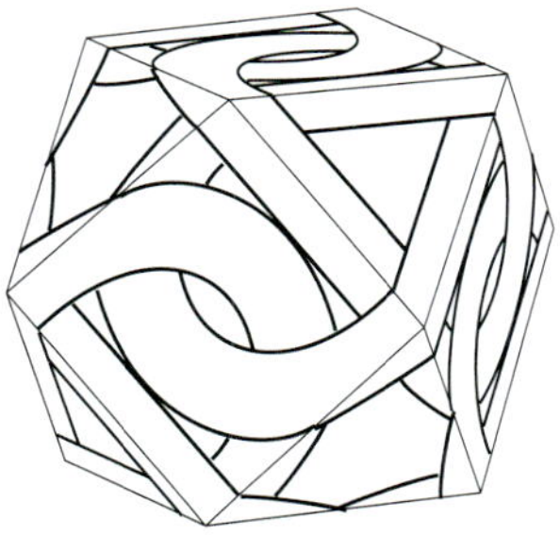

Schnitzmuster. Ein Kuboktaeder mit der Oberflächenzeichnung für einen Kleinen Vierfachknotenpunkt

Kleiner Vierfachknoten

Schwierigkeitsgrad: 7

Die Verknotung der Ringe macht es oft schwierig, die Anzahl und die Formen der einzelnen Teile des Modells auszumachen. Nicht so bei diesem Modell. Sie können leicht erkennen, wie seine vier Dreifachknoten miteinander verbunden sind.

Er ist auch leichter zu schnitzen als alle anderen Vierfachknoten. Außerdem ist er der lockerste und neigt dazu, zu wackeln, wenn man ihn in Händen hält. Aber er ist stabil und attraktiv, wenn er auf eine flache Oberfläche gestellt wird.

Er wird aus einem Kuboktaeder (siehe Seite 48) geschnitzt. Ich habe einen Rohling mit einer Seitenlänge von etwa 80 mm verwendet. Die Schlingen sind ca. 10 mm dick.

Wenn Sie das Kuboktaeder vorbereitet haben, pausen Sie das in der Zeichnung gezeigte Muster auf die Seiten. Vielleicht möchten Sie Löcher bohren, um die Reste aus der Mitte zu entfernen. Sie können das durch alle dreieckigen Seiten hindurch machen, verwenden Sie aber den Prototyp und nicht die Zeichnung, um die Größe der Löcher zu ergründen. Fahren Sie dann mit dem Schnitzen fort, wie Sie es bei den Verdrehten Ringen in Kapitel 9, S. 88, machen würden: Beginnen Sie mit einem flachen Relief und formen Sie allmählich die Schlingen.

Wenn Sie sich den Trennschnitten annähern, werden Sie merken, dass diese ganz schön kompliziert sind.

Einige Schnitte werden nicht einmal helfen, dass die Knoten auseinandergehen, weil Sie nur zwei Abschnitte desselben Knotens trennen.

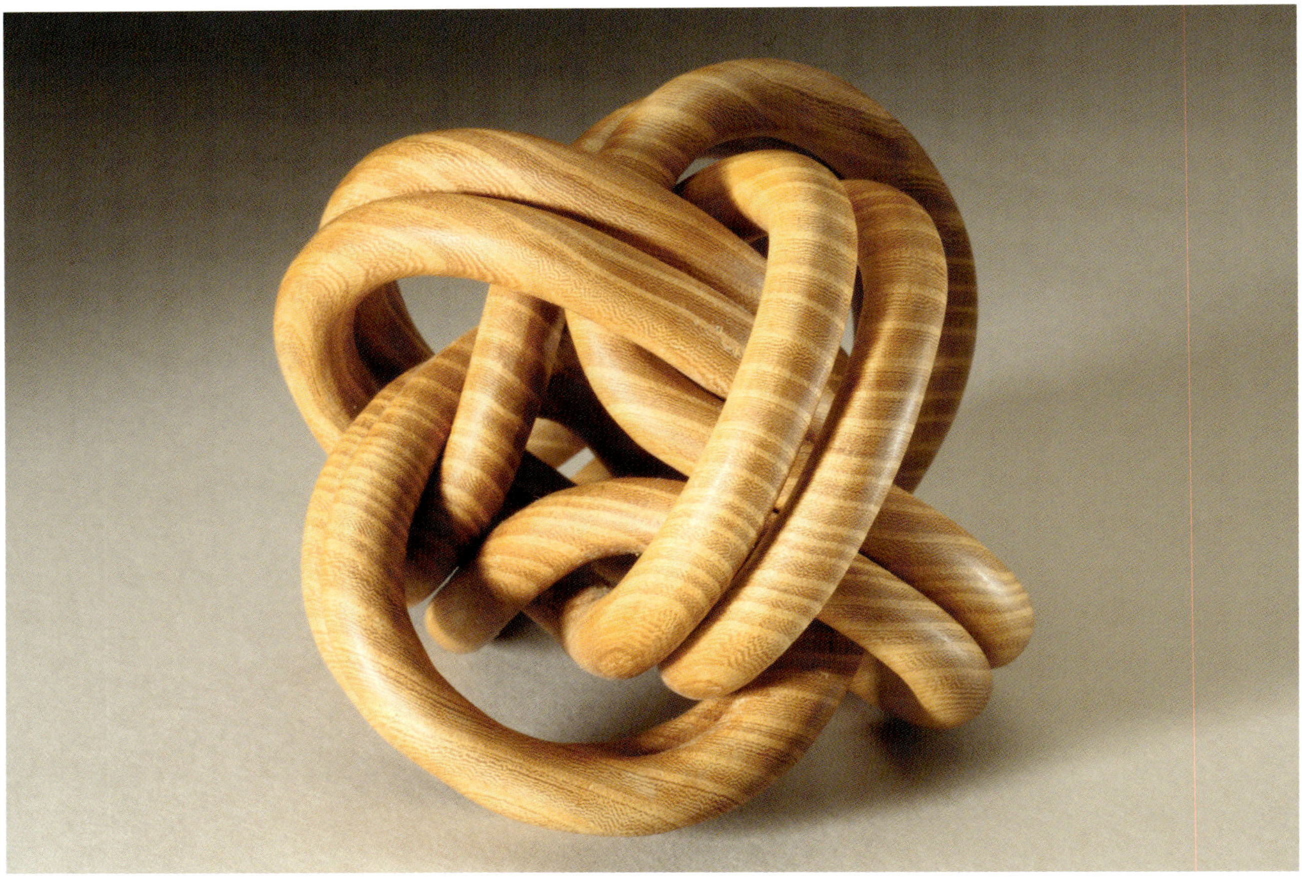

Komplexer Knoten. Ich habe diesen großen Vierfachknoten aus Ulmenholz geschnitzt. Er misst fast 100 mm im Durchmesser.

Großer Vierfachknoten

Schwierigkeitsgrad: 8

Ich bin besonders begeistert von diesem Modell. Die zwölf Schlingen der vier Dreifachknoten vereinen sich paarweise und die drei Schlingen, die jede der großen dreieckigen Öffnungen einrahmen, bilden einen Knoten.

Ich habe oft mit Dreifachknoten gespielt, die ich aus Pfeifenreinigern geformt hatte, und habe gefunden, dass sie besonders hübsch aussehen, wenn ihre Schlingen im rechten Winkel liegen oder in fast gleich geneigte Ebenen fallen, wie sie es hier tun.

Ich hatte so ein Gefühl, dass es möglich sein sollte, einige Knoten miteinander zu kombinieren, konnte aber nicht herausfinden, wie ich das anstellen sollte. Aber wie ich auf Seite 113 erkläre, poppte die geknotete Tetraederstruktur plötzlich auf, als ich gar nicht danach suchte. Was für ein *Aha*-Erlebnis!

Wenn Sie dieses Modell schnitzen, achten Sie darauf, genügend Platz unter den Doppelschlingen zu lassen, um ihnen den natürlichen weichen Verlauf zu verleihen, der die Schönheit der Knoten ausmacht. Schnitzen Sie die Ringe nicht zu dünn; wenn Sie dies tun, werden sie aufgrund der beträchtlichen Länge, da sie verknotet sind, zu zerbrechlich. Kurz: Beginnen Sie dieses Projekt nicht mit einem zu kleinen Rohling. Ich habe diesen Großen Vierfachknoten aus einem Würfel geschnitzt, der eine Seitenlänge von 100 mm hatte. Die Schlingen sind etwa 9 mm dick.

Ich habe eine Orthogonalprojektion auf allen Seiten des Blocks verwendet. Wenn ich es jedoch noch einmal schnitzen müsste, würde ich mit einem Kuboktaeder und einem Muster, wie dem unten links gezeigten, beginnen. So oder so ist ein guter Prototyp essenziell wichtig. Das Muster auf dem Kuboktaeder nähert sich einer zentralen Projektion des Modells an und erlaubt Ihnen, dem Verlauf eines jeden Knotens von Anfang an zu folgen. Einziges Manko ist, dass die Öffnungen zwischen den Ringen viel größer erscheinen, als sie tatsächlich sind. Wenn Sie aber in Richtung Mitte schnitzen und dabei die Schlingen in einer konstanten Stärke belassen, werden Sie sehen, wie der tatsächliche Platz abnimmt. Vergewissern Sie sich, dass Sie die Schlingen etwas größer lassen als ihre Stärke am Ende der Arbeit, damit Sie noch Spiel haben, um die Kurven am Schluss zu korrigieren.

Die verdoppelten Schlingen dieses Modells stellen eine besondere Herausforderung dar, wenn Sie die beiden Stränge trennen müssen. Beginnen Sie nicht mit diesen Schnitten, bevor Sie nicht mit dem Gesamteindruck der Knoten zufrieden sind und den Großteil des Materials in der Mitte entfernt haben.

Das Trennen der Doppelschlingen ist nicht so schwierig, wie Sie vielleicht denken mögen. Der Großteil einer jeden liegt außen im Freien, wo Sie sie leicht erreichen können. Beginnen Sie, indem Sie mit einem Meißel und einem Messer eine Vertiefung fast zur Hälfte hindurchschnitzen. Verwenden Sie eine Mini-Stichsäge, um den Schnitt fertigzustellen. Eine Modellbausäge mit Rasierklingen ist gut geeignet, um die anfängliche Öffnung zu schneiden, aber sie lässt sich schwer dirigieren. Sie können auch mit einem Stück eines Laubsägeblattes arbeiten oder ein Skalpell benutzen, um die Lücke für die Säge zu eröffnen.

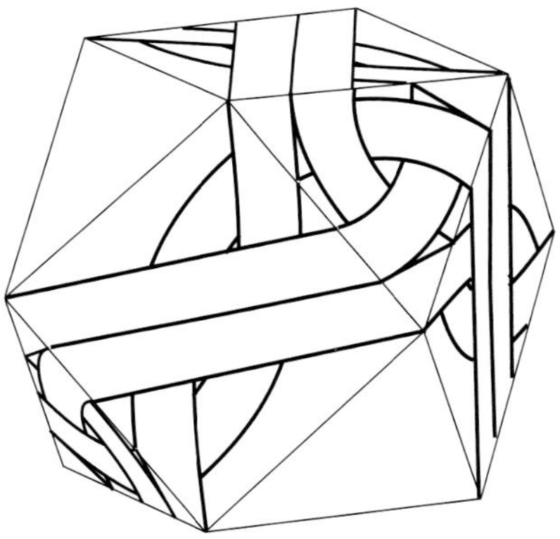

Schnitzmuster. Mit einem Oberflächenmuster wie diesem lässt sich intuitiver arbeiten, weil Sie dem Verlauf der einzelnen Schlingen von Anfang an folgen können. Die Idee ist es, eher in Richtung Mitte zu arbeiten als im rechten Winkel zur Oberfläche.

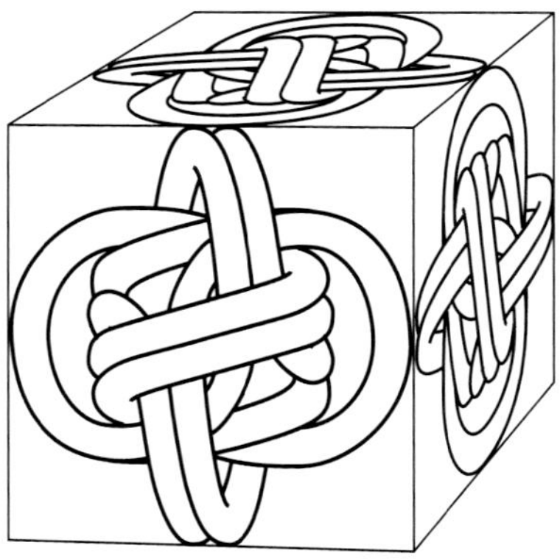

Alternatives Muster. Sie können einen Großen Vierfachknoten aus dieser Orthogonalprojektion schnitzen, aber es braucht einiges an Aufwand, um zu sehen, wie die Teile von einer Seite mit der anderen Seite verbunden sind. Die Projektion gibt Ihnen direkte Tiefeninformationen. Allerdings verschwindet das meiste der Zeichnung, sobald Sie mit dem Schnitzen beginnen.

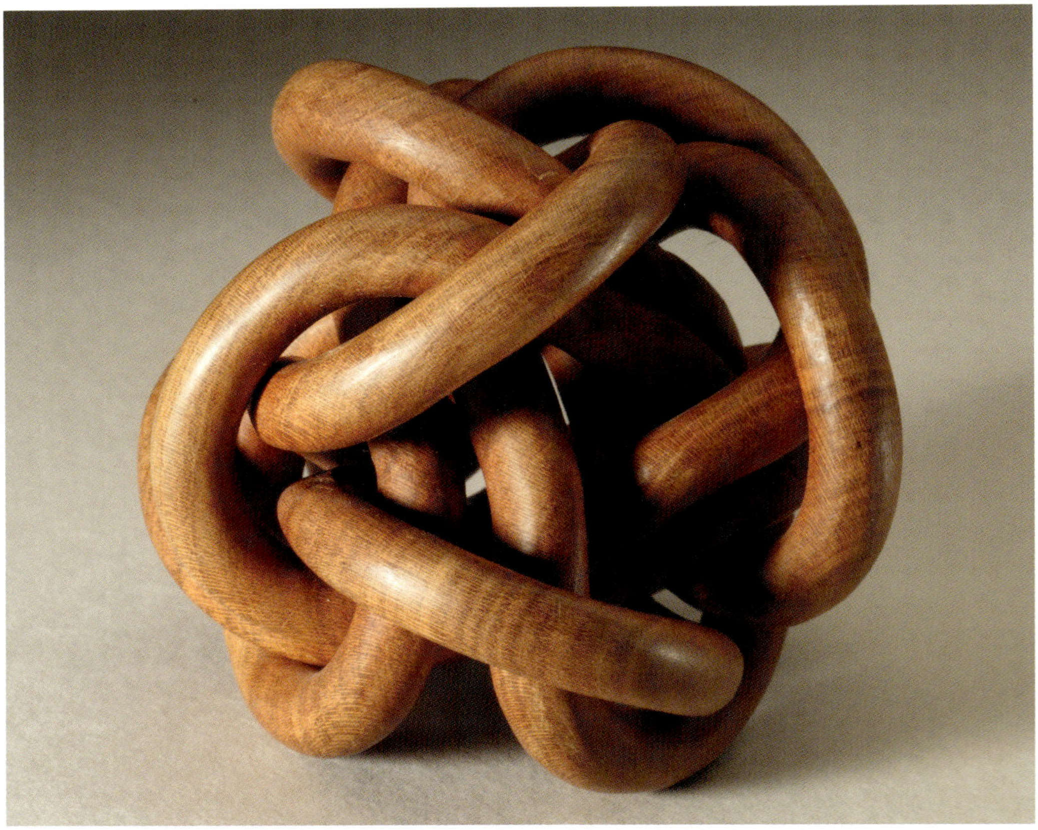

Auf links gedreht. Das Umkehren eines Großen Vierfachknotens ergibt ein sehr schwieriges Projekt. Ich habe dieses Beispiel aus Pflaumenholz geschnitzt. Es misst etwa 70 mm im Durchmesser.

Umgekehrter Großer Vierfachknoten

Schwierigkeitsgrad: 9

Wenn Sie den Großen Vierfachknoten umkehren, erzeugen Sie diese Figur. Die außenliegenden Doppelschlingen des Großen Vierfachknotens bilden nun die innere Struktur.

Vom Bildhauerischen her finde ich dieses Modell weniger ansprechend als den Großen Vierfachknoten. Es ist auch noch schwieriger zu schnitzen, weil die doppelten Wege weniger leicht zugänglich sind. Vielleicht wundern Sie sich, warum ich mir überhaupt die Mühe gemacht habe, ihn zu schnitzen. Ich hatte ihn schon lange vor meiner Entdeckung des Großen Vierfachknotens geschnitzt und das topologische Naheverhältnis zwischen den beiden erschloss sich mir erst später. Er ist ja keine schlechte Skulptur und ich hätte ihn wohl auch geschnitzt, wenn ich den Großen Vierfachknoten zuerst gefertigt hätte.

Sie schnitzen den Umgekehrten Großen Vierfachknoten auf exakt dieselbe Weise, wie Sie es mit dem Großen Vierfachknoten machen. Sogar das Muster ist ähnlich, wenngleich gespiegelt und in Bezug auf das Kreuzen der Schlingen umgekehrt. Ich habe dieses Werkstück aus einem Würfel mit einer Seitenlänge von 70 mm geschnitzt. Die Schlingen sind etwa 8 mm dick.

Wie die Zeichnung für das Muster zeigt, habe ich den Würfel zugeschnitten, um ein Kuboktaeder zu erhalten.

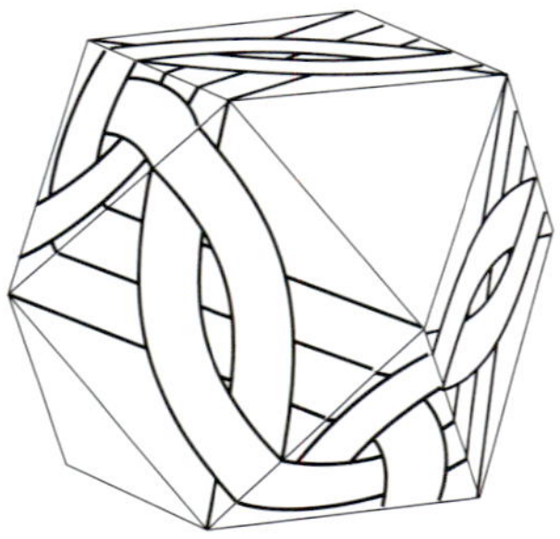

Schnitzmuster. Ein Kuboktaeder mit der Anfangszeichnung für den Umgekehrten Großen Vierfachknotenpunkt. Beachten Sie, wie sie im Vergleich zum ähnlichen Muster für den Großen Vierfachknoten aussieht.

Ein etwas anderer Knoten. Die Vier Knoten, die hier als Prototyp dargestellt sind, werden ohne den Abstand, der bezeichnend für die beiden vorherigen Modelle ist, um die Mitte geknotet.

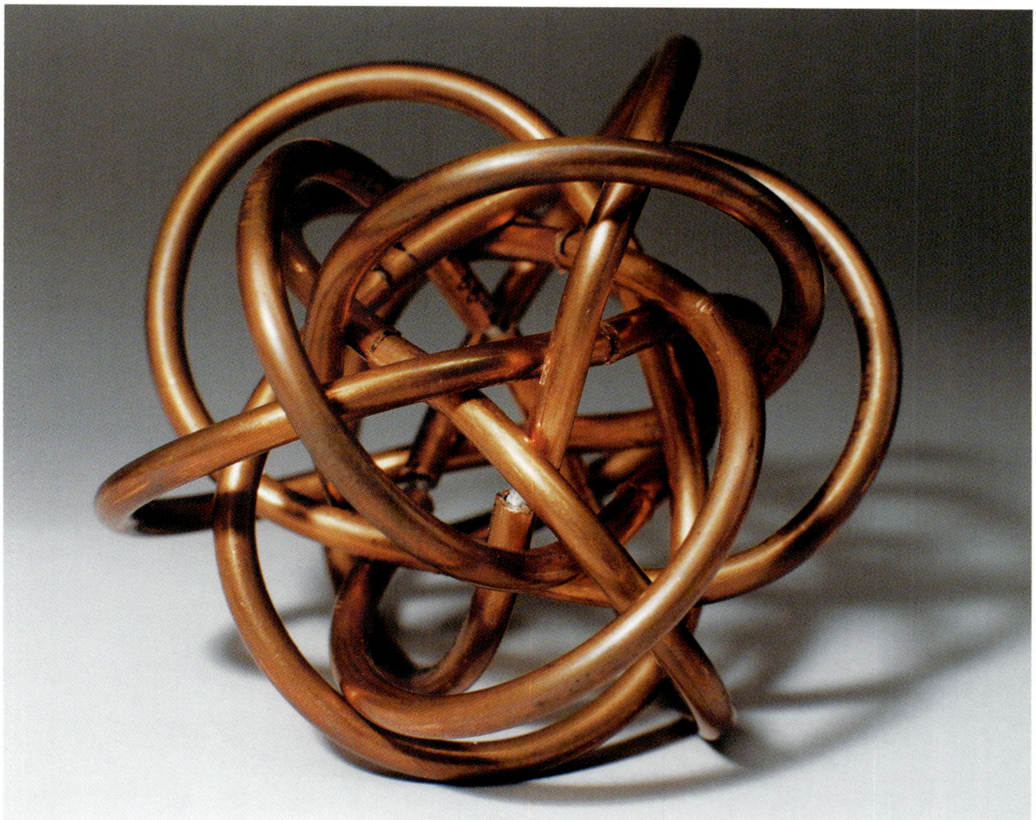

Kleiner Konzentrischer Vierfachknoten

Schwierigkeitsgrad: 8

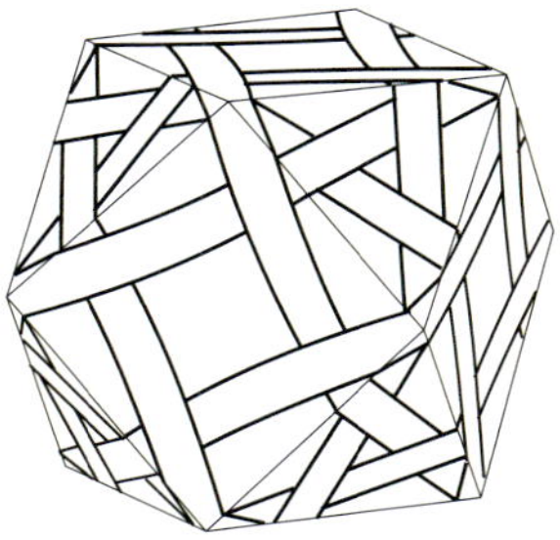

Schnitzmuster. Ein Kuboktaeder mit der Anfangszeichnung für den Kleinen Konzentrischen Vierfachknoten. Beachten Sie, wie die einzelnen Knoten sich um die Achtecke am Äquator des Kuboktaeders weben.

Die Vierfachknoten, die bis jetzt gezeigt wurden, haben alle ihre Teile abseits der Mitte, ähnlich den Seiten eines Tetraeders. Die Tetraederseiten können jedoch nach innen bewegt werden, bis ihre einzelnen Mitten zusammentreffen. Das Ergebnis ist das Modell Vier Dreiecke (siehe Seite 65).

Vierfachknoten können auch diese Art von Symmetrie aufweisen. Der hier gezeigte kann tatsächlich aus den Vier Dreiecken konstruiert werden, indem jedes Dreieck einfach in einen dreifachen Knoten umgebildet wird. Es macht einen leichten Unterschied, ob sie nach rechts oder nach links geschlagene Knoten knüpfen. Ich habe nur einen Prototyp von dieser Version angefertigt und dazu 5 mm dicke Kupferröhrchen verwendet; die Gesamtgröße beträgt ca. 80 × 80 × 80 mm. Sie können das Werkstück aus einem Kuboktaeder schnitzen und das links gezeigte Muster verwenden. Folgen Sie denselben Schritten wie für die anderen Vierfachknoten.

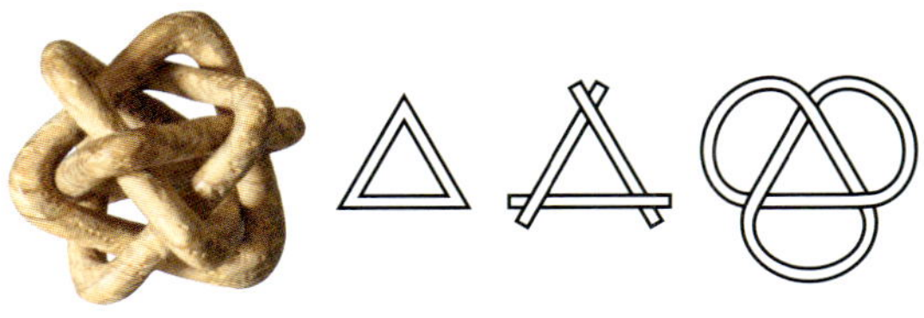

Räumliche Verhältnisse. Vom Konzept her kann dieser Vierfachknoten vom Modell der Vier Dreiecke in Kapitel 4, S. 40, abgeleitet werden.

Großer Konzentrischer Vierfachknoten

Schwierigkeitsgrad: 9

Diese vier Dreifachknoten sind konzentrisch wie jene des Kleinen Konzentrischen Vierfachknotens, aber ihr Webmuster ist etwas komplizierter. Ich habe einen der Knoten im Prototyp eingefärbt, um es Ihnen zu erleichtern, seinem Weg zu folgen. Beachten Sie, wie elegant er sich durch das Modell biegt. Das Webmuster, das hier in Oktaeder-Symmetrie wiederholt wird, ist das gleiche wie bei den Fünffachen Borromäischen Ringen (Seite 97), die ikosaedrische Symmetrie aufweisen. So habe ich das Modell entwickelt. Ich erkläre mehr über diese Art von Verwandtschaft zwischen Modellen in Kapitel 11, S. 108.

Soweit ich das sagen kann, bringt dieses Projekt keine speziellen Schwierigkeiten mit sich. Es ist allerdings eine große und recht komplizierte Arbeit und es ist wichtig, dass die Kurven wohlgeformt sind. Ein guter Prototyp ist unerlässlich.

Ich habe meinen Prototyp aus 5 mm dicken Kupferröhrchen gemacht; er misst etwa 100 × 100 × 100 mm im Gesamten. Ich würde es nicht wagen, die Knoten dünner als 8 mm zu gestalten. Das bedeutet, dass sie einen hochwertigen Rohling mit den Seitenmaßen von mindestens 160 mm benötigen. Diese Art Holz ist nicht leicht zu finden.

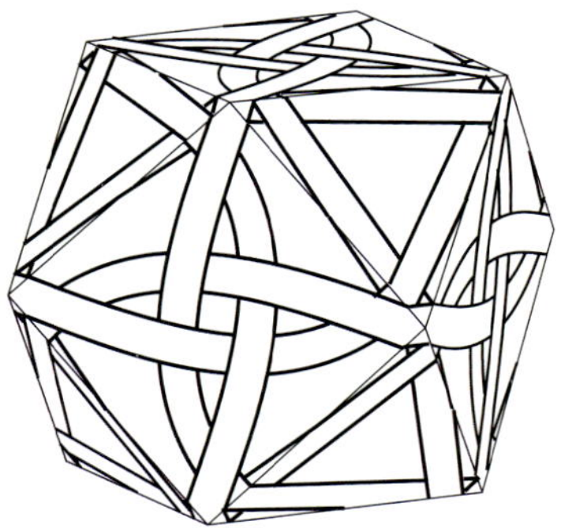

Schnitzmuster. Ein Kuboktaeder mit der Oberflächenzeichnung für den Großen Konzentrischen Vierfachknoten. Dieses Oberflächenmuster in ein dreidimensionales Modell zu übersetzen, ist nicht einfach. Ich befürchte, dass Ihnen das nicht ohne einen guten Prototyp gelingen wird.

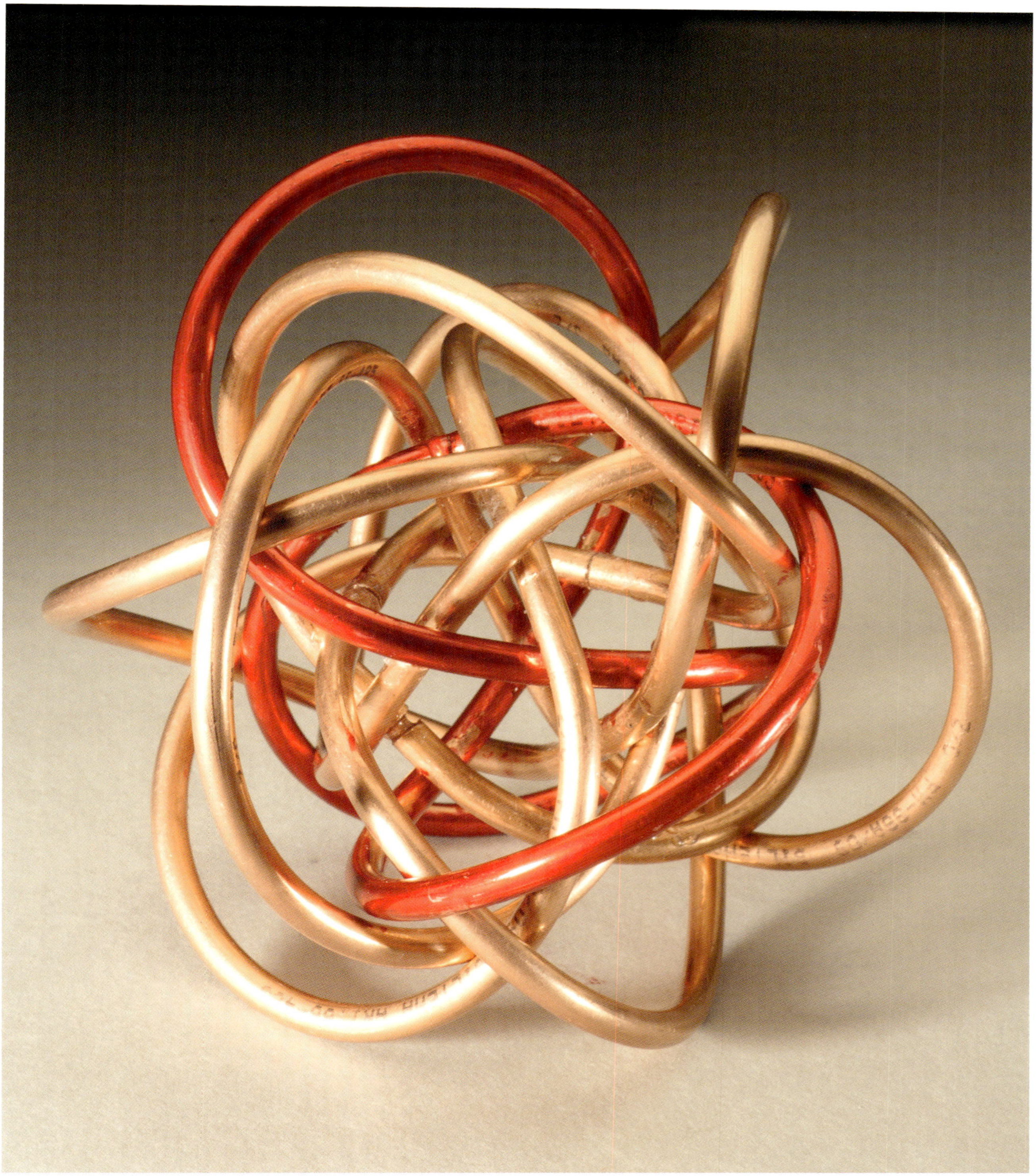

Interessantes Innenleben. Beachten Sie, wie die Achsen der vierfachen Rotationssymmetrie sich in rechten Winkeln treffen und wie jede Achse von vier sich drehenden Kurven umgeben ist – je eine von jedem Knoten. Dies verleiht dem Modell ein sehr interessantes Inneres.

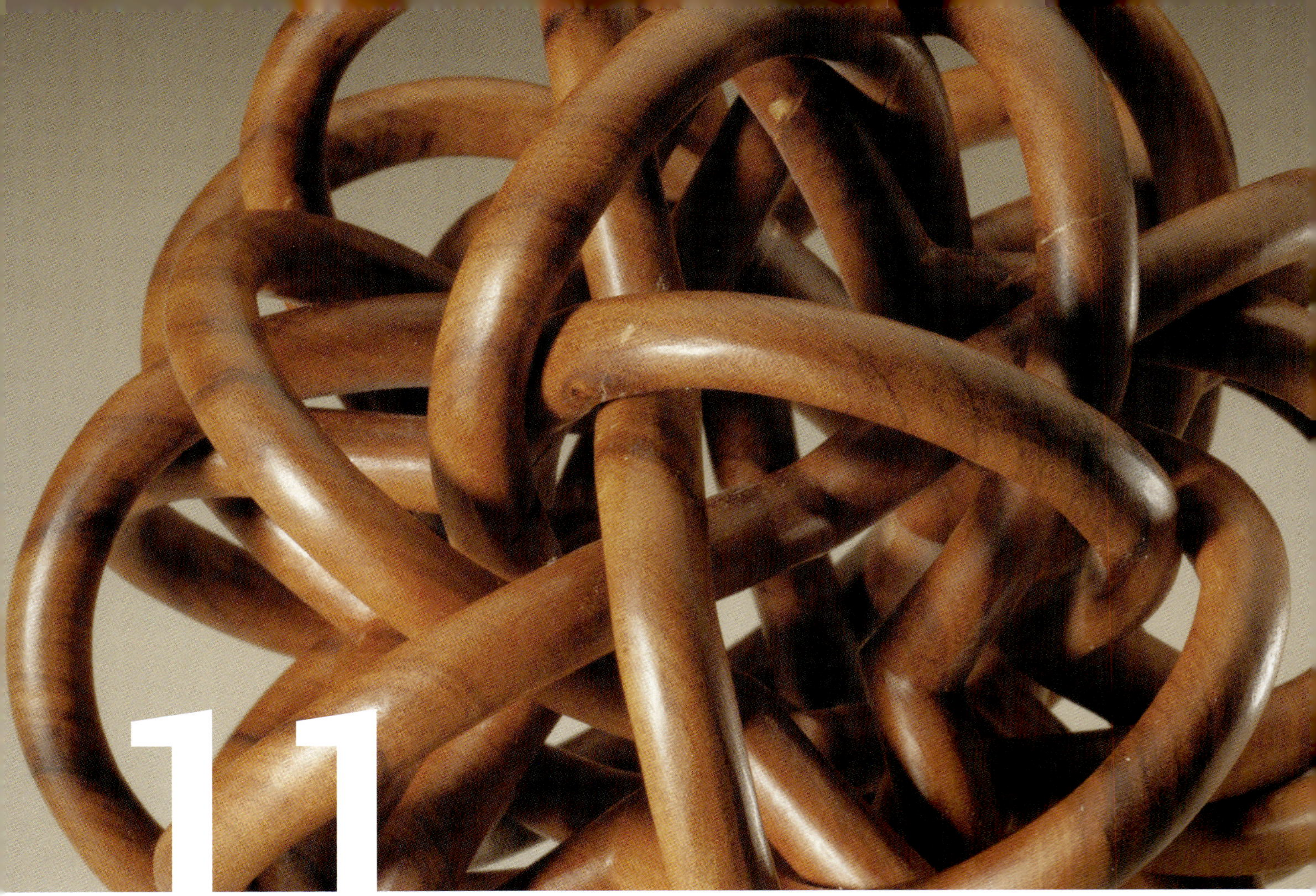

11 Kreative Geometrie

Ursprünglich war meine Motivation für die Arbeit im Schnitzbereich der Wunsch, dieses magische Gefühl weiterzugeben, wenn man etwas herstellt, das unmöglich erscheint. Die pure meditative Freude, das Holz zu schnitzen, wurde ebenso bald Teil des Anreizes. Als ich nach und nach neue Ideen für das Schnitzen entwickelte, wurde die Suche nach diesen Ideen allmählich zu meiner Hauptmotivation. Es ist eine wundervolle Erfahrung, wenn eine vage Idee in Ihrem Kopf entsteht, Sie diese dann mit Bleistift und Papier skizzieren und – wenn die Idee es wert ist – sie mit Pfeifenreinigern ausprobieren, um zu sehen, wie sie Form annimmt. In diesem Kapitel erkläre ich einige der Wege, denen ich gefolgt bin, um neue Herausforderungen für das Schnitzen zu finden. Ich hoffe, sie werden Sie ebenfalls inspirieren..

In Festkörpern versteckte Ringe

Meine lebenslange Erkundung der kreativen Geometrie begann mit den Borromäischen Ringen. Um zu verstehen, wie das Modell mich zu ähnlichen geleitet hat, müssen Sie zuerst einen Blick auf einige symmetrische Festkörper werfen. Dies sind die fünf regelmäßigen konvexen Polyeder, auch Platonische Körper genannt (ein recht unverdienter Name, so denke ich, da sie bereits wohlbekannt waren, bevor Plato sie beschrieben und ihnen

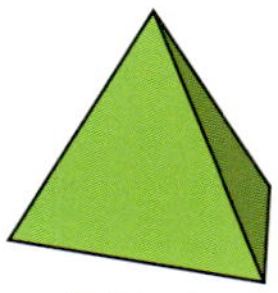

Tetraeder

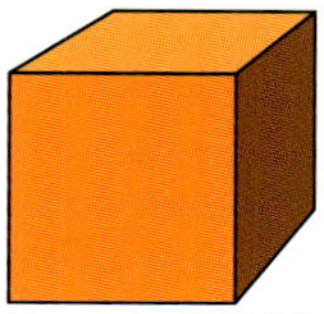

Hexaeder (Würfel)

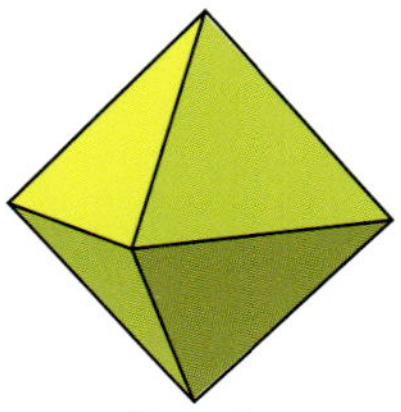

Oktaeder

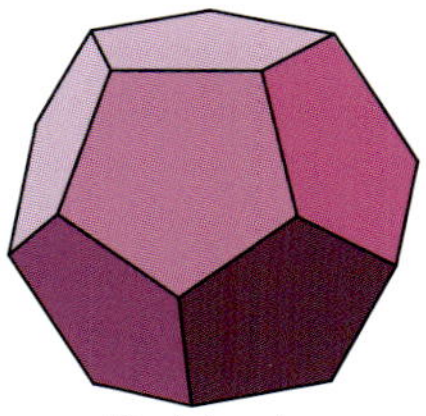

Dodekaeder

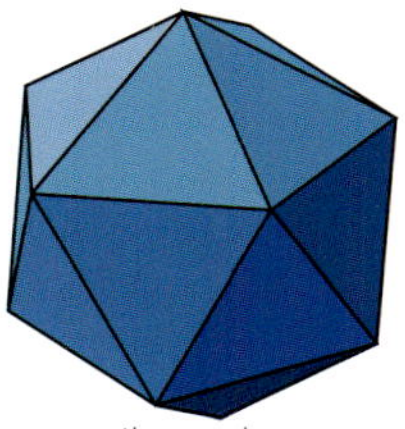

Ikosaeder

Platonische Körper. Diese fünf Körper sind die einzig möglichen, regelmäßigen, konvexen Polyeder. Ihre Seiten sind identische, regelmäßige Polygone, die rund um identische Eckpunkte angeordnet sind, wodurch sie höchst symmetrisch sind.

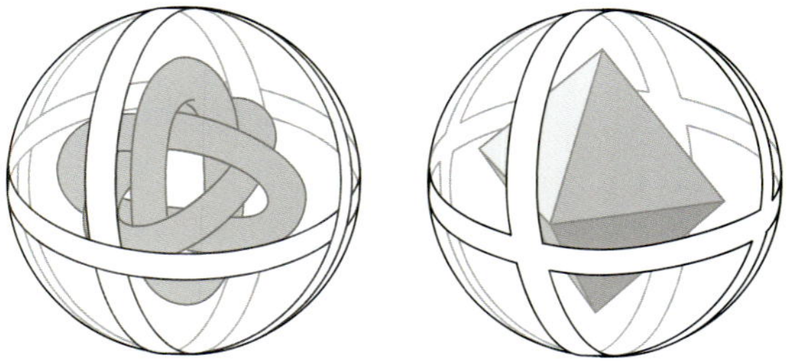

Räumliche Beziehung. Die Borromäischen Ringe und die Kanten eines Oktaeders ergeben ähnliche Projektionen auf einer Kugel.

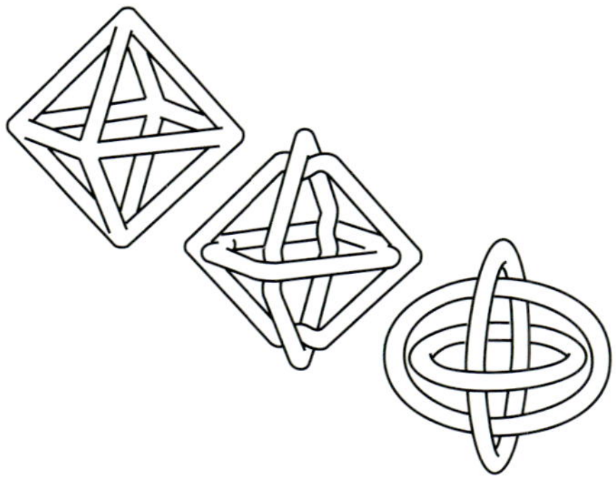

Metamorphose. Wenn Sie die Kanten eines Oktaeders als drei quadratische Ringe betrachten, können Sie sie abwechselnd über- und untereinander queren lassen, um ihre Überschneidungen zu vermeiden. Die Form wandelt sich zu den Borromäischen Ringen.

gehuldigt hat). Dabei handelt es sich um Tetraeder, Hexaeder (Würfel), Oktaeder, Dodekaeder und Ikosaeder. Die Vorsilben dieser Namen sind schlicht die griechischen Wörter für die Anzahl der Seiten: 4, 6, 8, 12 und 20.

Um zu verstehen, wie die Körper mit dem Magischen Schnitzen zusammenhängen, stellen Sie sich die Borromäische Ringe projiziert in eine sie umschreibende Kugel vor. Das Bild ähnelt jenem Bild, als ob die Kanten eines Oktaeders in die Kugel projiziert würden. Denken Sie an die Kanten des Oktaeders als Vorläufer der Borromäischen Ringe. Sie müssen nur die Über- und Unterquerungen arrangieren.

Mit diesem Gedanken im Hinterkopf ist es natürlich, damit zu beginnen, nach weiteren Körpern zu suchen, die zu Konstellationen aus verwobenen Ringen führen können. Aber was ist notwendig für ein Polyeder, um als Wegbereiter zu dienen, wie es das Oktaeder für die Borromäischen Ringe tut? Der Schlüssel ist, dass vier Kanten einander an jedem Eckpunkt treffen müssen, um die Querung zu arrangieren.

Es gibt keine weiteren passenden Formen unter den fünf Platonischen Körpern, aber es gibt viele andere symmetrische Festkörper. Auf der nächsten Seite finden Sie die 13 halb-regelmäßigen konvexen (oder Archimedischen) Polyeder. Ihre Seiten sind allesamt reguläre Polygone und alle Eckpunkte sind gleich, genau wie bei den fünf Platonischen Körpern. Allerdings sind die Seiten dieser Körper nicht identisch. Vier dieser Archimedischen Körper entsprechen unseren Anforderungen.

Der erste ist das Kuboktaeder, gebildet aus sechs Quadraten und acht Dreiecken. Sie können es aus einem Würfel oder einem Oktaeder erzeugen, indem sie seine Eckpunkte zu den Mittelpunkten seiner Kanten stutzen. Wenn Sie den Kanten des Kuboktaeders folgen, indem sie an den Eckpunkten gerade auf die andere Seite gehen, werden Sie sehen, dass diese vier Sechsecke bilden, die Sie umflechten können. Um Unter- und Überkreuzungen anzuordnen, verbinden Sie wechselweise Eckpunkte der Sechsecke, um eine Konstellation von vier ineinander verwobenen drei Ecken zu gestalten.

Der zweite geeignete Festkörper ist das Ikosidodekaeder. Es wird gestaltet, indem entweder von einem Ikosaeder oder einem Dodekaeder die Ecken abgeschnitten werden. Sechs Zehnecke umgeben den Körper und führen zu einer Konstellation von sechs Fünfecken.

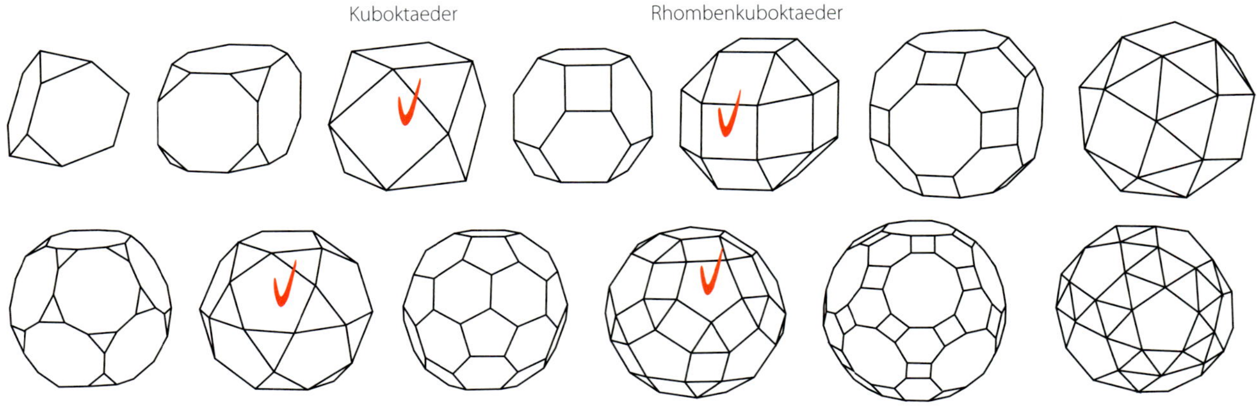

Archimedische Körper. Die Häkchen zeigen die vier Körper, die über vier Kanten verfügen, die sich an jedem Eckpunkt treffen – die Grundstruktur, die gebraucht wird, um ordentlich verbundene Ringe zu gestalten.

Die beiden verbleibenden Kandidaten werden am besten als ein Würfel und ein Dodekaeder mit teilweise beschnittenen oder gestauchten Eckpunkten und Kanten verstanden. Beide Festkörper bilden Konstellationen mit parallelen Ringpaaren – drei Paare aus Quadraten des Würfels, sechs Paare aus den Fünfecken des Dodekaeders. (Die Zeichnung auf der nächsten Seite zeigt einen fünfzackigen Stern anstelle eines Fünfecks, denn fünfeckige Ringe wären sehr dünn. Die Sternform bietet mehr Platz zwischen den Ringen, weshalb sie gehaltvoller sein kann. Das Ergebnis ist ein sehr hübsches Modell).

Weil Mathematik und Geometrie allgemeine menschliche Bestrebungen sind, seien Sie nicht überrascht, wenn jemand anderes bereits auf dieselben Modelle gekommen ist wie Sie. Ich hatte zum Beispiel nicht erwartet, dass irgendeines der hier beschriebenen Modelle neu sein könnte, aber ich hätte auch nicht erwartet, so viele damit verwandte Formen zu sehen, als ich Alan Holdens Buch *Orderly Tangles* (Columbia University Press, 1983) kaufte. Sein Unterfangen besteht aus reiner geometrischer Neugierde und viele seiner Modelle sind nicht zum Schnitzen geeignet. Trotzdem war es mir möglich, einige der Modelle aus Holdens Buch (siehe Seite 70 und 72) zu adaptieren.

Es waren nicht nur meine Ringmodelle, die von anderen entdeckt wurden. Gerade erst vor einem Jahr wurde ich der herausragenden Arbeit gewahr, die der Wissenschaftler und Origamimeister Robert J. Lang knapp vor der Jahrhundertwende geleistet hat. Er fand nicht nur all meine Ringmodelle, alle Ringmodelle von Alan Holden und weitere dieser Art: Er fand auch andere Arten verbundener Strukturen, etwa das verbundene Hosoeder (siehe Seite 82–86). Vor allem bewies er, dass mit den 54 Strukturen, die er präsentierte, die Möglichkeiten für verbundene Strukturen, die bestimmte Bedingungen erfüllen, erschöpft waren. Die markanteste dieser Bedingungen ist, dass die Strukturen aus geraden Kanten bestehen müssen, alle von derselben Art. Dies bedeutet, es gibt keine verdrehten Ringe und keine verschlungenen Knoten. Ich warte noch immer darauf, zu erfahren, was andere in diesen Bereichen erarbeitet haben.

Fortschritte. Die Zeichnungen zeigen, wie die Eckpunkte in den vier Archimedischen Festkörpern verbunden werden können, um einen Ring zu bilden. Von dort ausgehend, erhält der Ring Fülle und wird multipliziert; die mittleren Zeichnungen zeigen das entwickelte Modell. Die Fotos zeigen, wie jedes Modell realisiert wurde.

Kuboktaeder

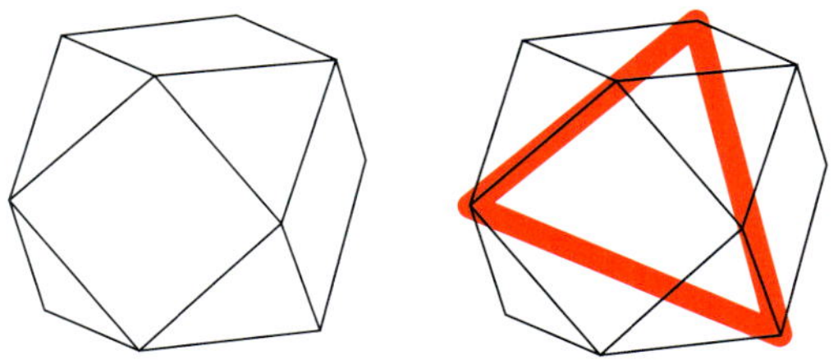

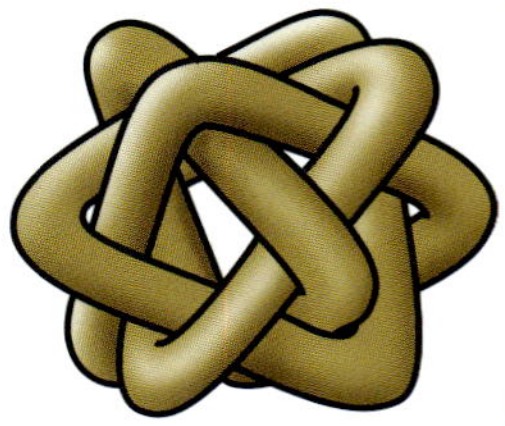

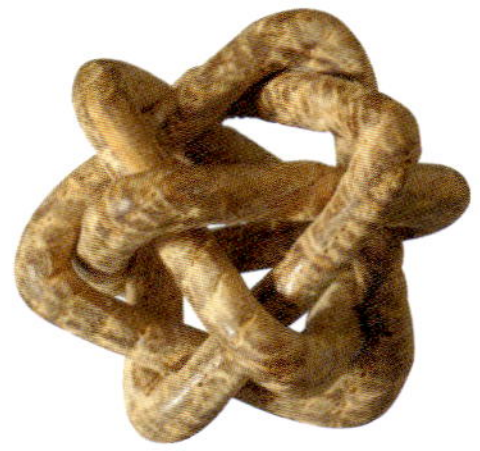

Vier Dreiecke, Seite 65

Ikosidodekaeder

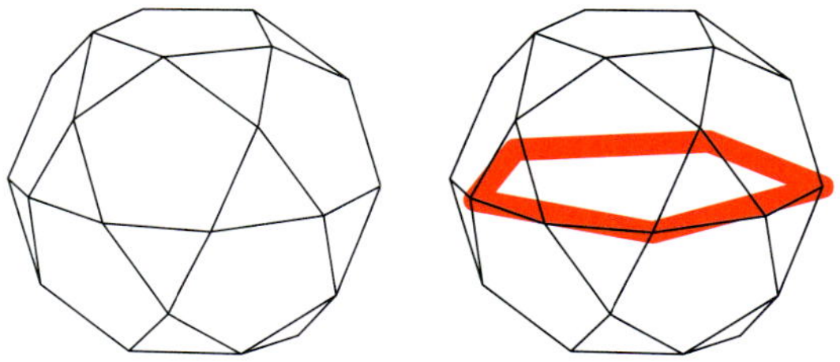

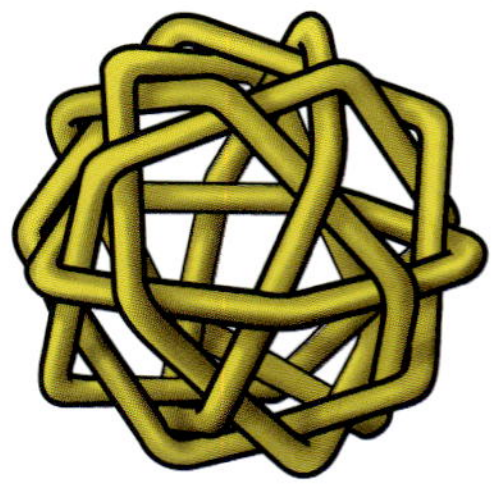

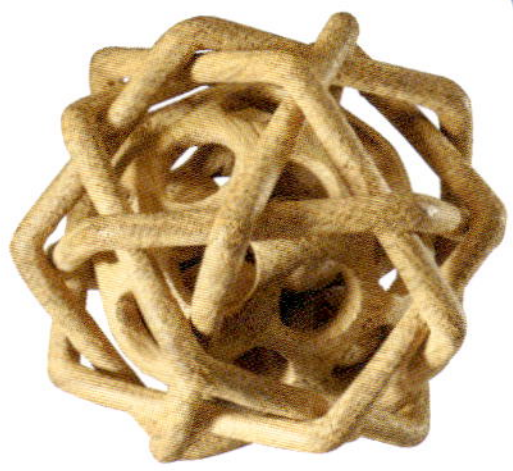

Sechs Fünfecke, Seite 69

Rhombenkuboktaeder

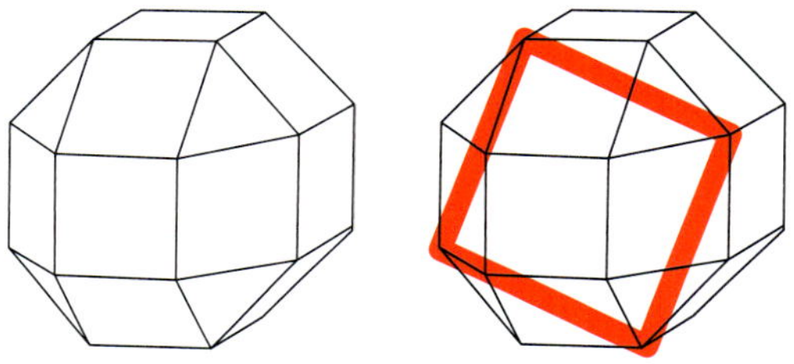

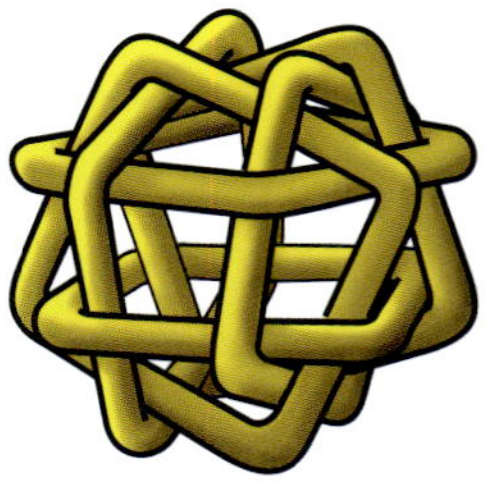

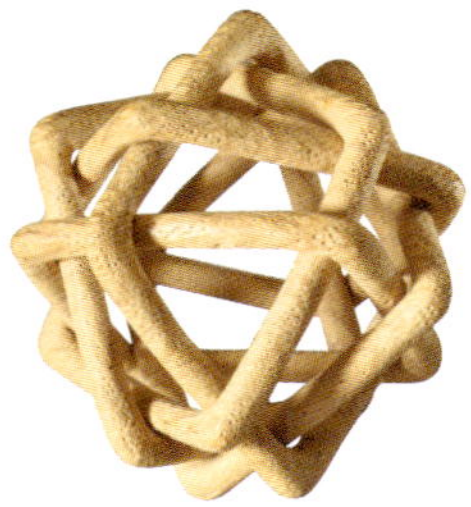

Squaredance, Seite 67

Rhombenikosidodekaeder

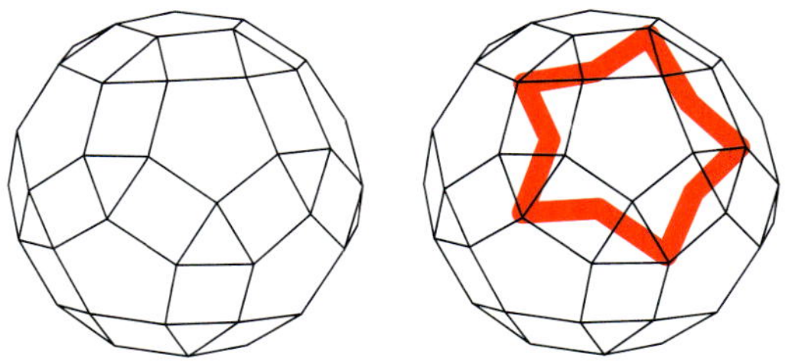

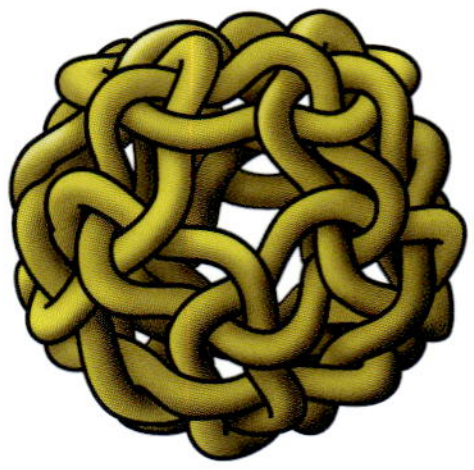

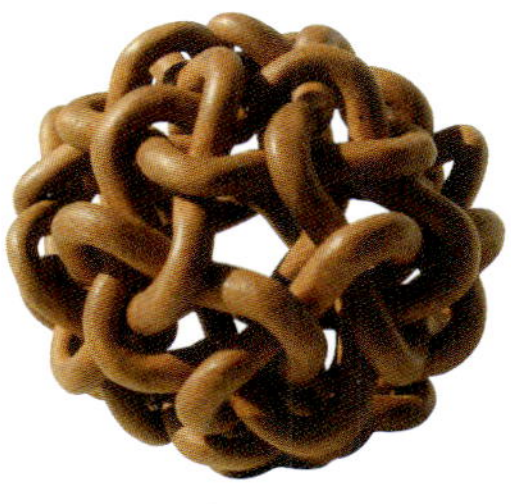

Sternenhaufen, Seite 71

Ein Glücksstern

Mein nächster Erfolg öffnete mir die Tür zu einer Menge neuer Ideen. Ich fragte mich, ob komplexere Strukturen symmetrisch verbunden werden konnten. *Double Planetoid*, ein Kunstdruck des berühmten holländischen Künstlers M. C. Escher, der zwei ineinander verzahnte Tetraeder zeigt, die strahlende Schlösser und felsige Gebirgslandschaften wiedergeben, brachte mich dazu, die Möglichkeiten des Magischen Schnitzens mit einer wohlbekannten Komponente, nämlich Keplers Sterntetraeder, zu überdenken. Konnten die Kanten zweier ineinander verschachtelter Tetraeder so über- und untereinander gewoben werden, dass die beiden Teile identisch und doch voneinander getrennt waren?

Ich realisierte bald, dass das nicht möglich sein würde, da das Tetraeder nur drei Kanten an jeder Seite hat, sodass ich keine Querung ausarbeiten konnte.

Ich brauchte ein Polyeder mit gerader Seitenanzahl – in anderen Worten: einen Würfel. Konnten zwei Würfel so angeordnet werden, dass ihre Eckpunkte abwechselnd innen und außen lägen? Die Antwort ist „ja“: Geben Sie jedem Kantenpaar eine halbe Drehung und jeder Würfel hat vier Eckpunkte innen und vier außen. Ich baute ein Übungsmodell aus Pfeifenreinigern und begann, sie zu schieben und zu biegen, um zu sehen, was ich zuwege bringen konnte. Ich drückte die inneren Eckpunkte nach innen, um eine Ebene mit drei benachbarten außenliegenden Eckpunkten zu bilden, die ich nach außen zog, um spitzwinkelige Scheitelpunkte zu bilden. Die Form tendierte zu zwei Tetraedern, weshalb ich jeder Kante eine Ecke verpasste, um jeden Teil der Struktur einer von sechs tetraedrischen Richtungen folgen zu lassen. Indem ich alle Kanten zu rhombischen Prismen gemacht hatte, konnte ich sogar alle Oberflächen parallel zu den tetraederischen Seiten gestalten. Das Ergebnis war Eschers Zeichnung, die mir dabei half, es zu erdenken, recht ähnlich. Siehe Doppelstern, Seite 78.

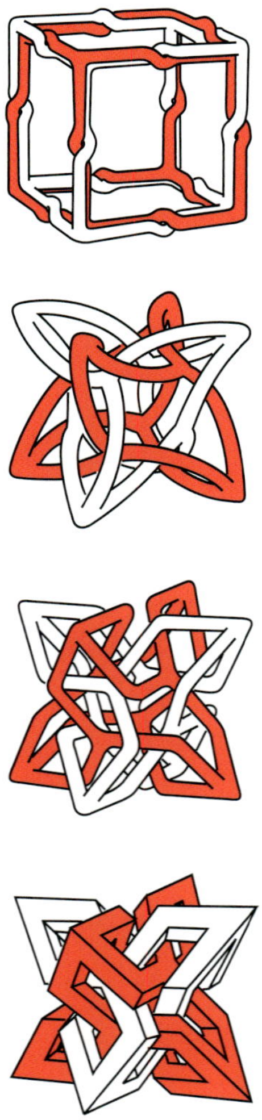

Glück gehabt. Da Würfel eine gerade Kantenanzahl um jede Seite herum haben, können sie so angeordnet werden, dass sie abwechselnd auf regelmäßige Weise innen und außen liegen. Nach dem Ändern ihrer Form gingen die beiden Würfel in einer zwei Tetraedern ähnelnden Form auf, durch die diese Übung inspiriert war.

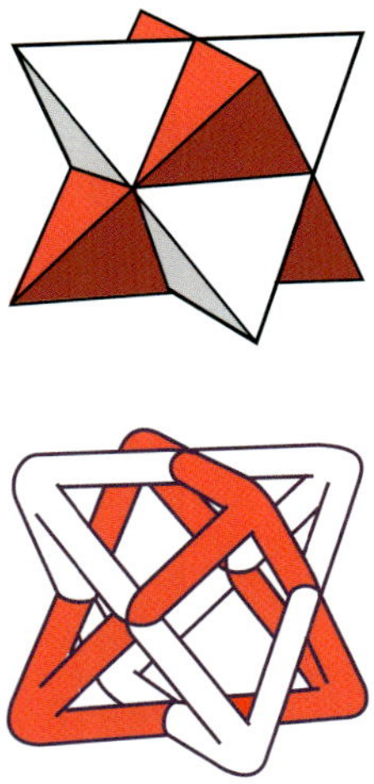

Totes Ende. Die Kanten dieser beiden Tetraeder können nicht auf reguläre Weise verwoben werden, weil es entlang jeder Seite nur drei Kanten gibt.

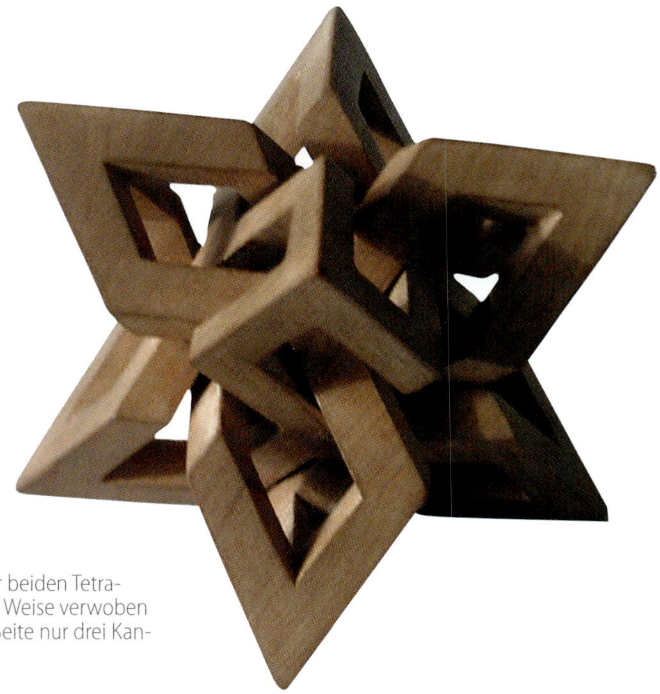

Leitmotive und Variationen

Im Bereich der kreativen Arbeit führt eine Idee oft zur nächsten, ähnlich wie das musikalische Konzept von Thema und Variationen. Um zu zeigen, wie dieser Prozess für mich funktioniert hat, beginne ich mit dem Doppelstern. Er ist nicht nur meine stolzeste Errungenschaft, er führte mich auch zu einigen neuen Ideen. Die untenstehende Illustration zeigt, wie sich jede Idee entwickelt hat.

Ideen entwickeln. Neue Ideen für Schnitzarbeiten zu finden, beinhaltet das Erkunden von Themenvariationen. Es ist auch eine Art plastische Chirurgie: Dinge werden auseinandergeschnitten, anders angeordnet und wieder zusammengenäht. Tatsächlich habe ich zwei dieser Variationen auf andere Weise gefunden, bevor ich die hier gezeigte Verbindung entdeckt habe. Solche Verbindungen aufzuspüren, ist nützlich, auch wenn dies nicht zu neuen Modellen führt. Es schärft Ihre Intuition und hilft Ihnen, ähnliche Verbindungen andernorts zu erkennen.

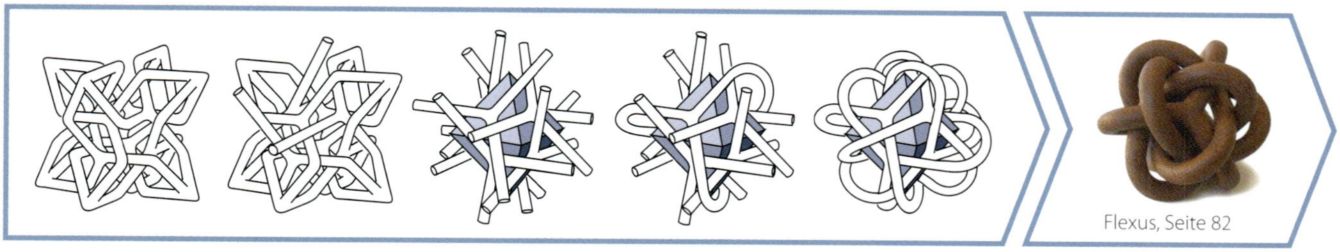

Flexus, Seite 82

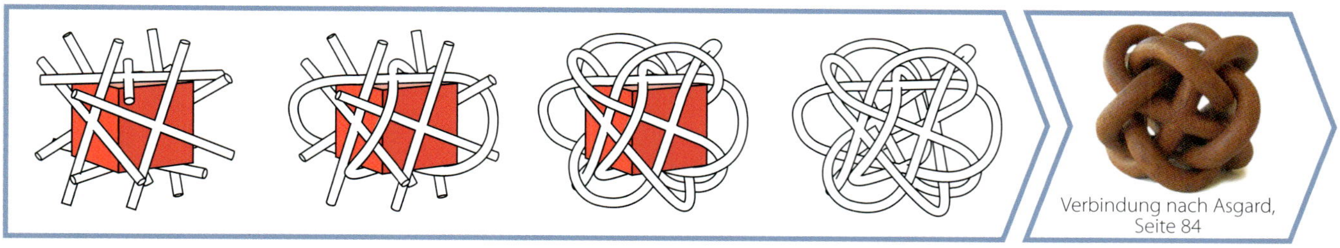

Verbindung nach Asgard, Seite 84

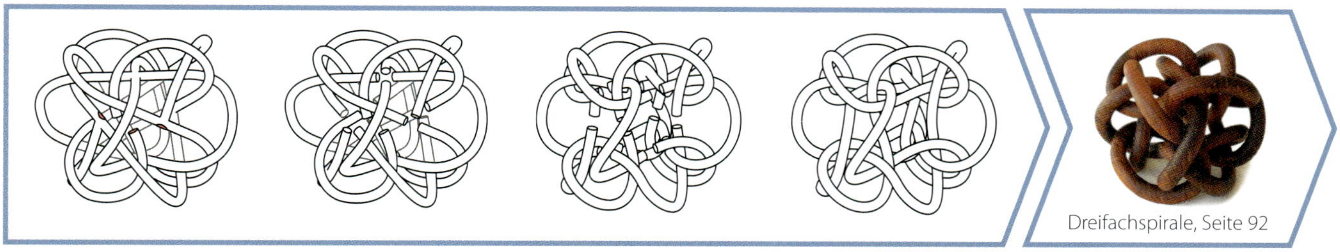

Dreifachspirale, Seite 92

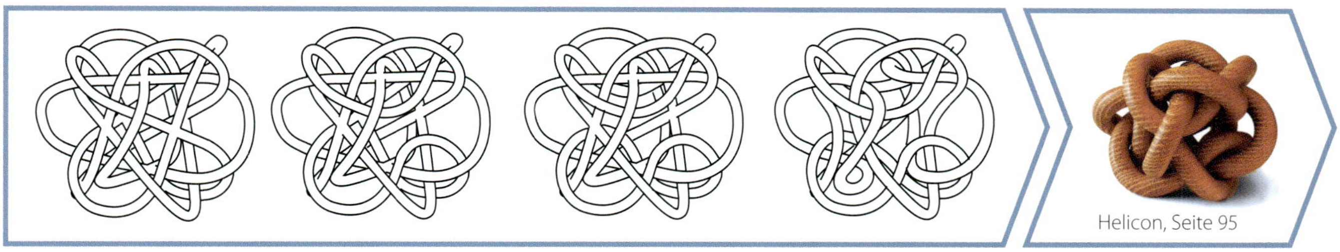

Helicon, Seite 95

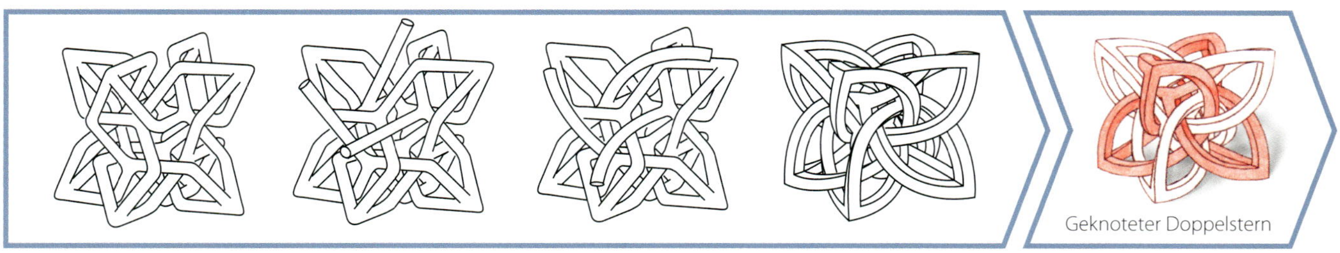

Geknoteter Doppelstern

Das erste Thema sind die innenliegenden Eckpunkte des Doppelsterns. Um das Thema zu variieren, habe ich die äußeren Eckpunkte aufgespaltet und die Kanten geglättet. Dies hinterließ acht dreiarmige propellerartige Objekte, die um einen in der Mitte liegenden oktaedrischen Hohlkörper (in der Zeichnung auf den vorigen Seiten blau eingezeichnet) angeordnet waren. Wenn ich nun die Arme eines jeden Propellerpaars, die auf gegenüberliegenden Seiten des Oktaeders in der Mitte liegen, verbinde, erzeuge ich eine Anordnung von vier dreiseitigen Figuren, die man als Hosoeder kennt.

Für das nächste Thema habe ich die Idee der propellerartigen, sich auf gegenüberliegenden Seiten befindlichen Objekte auf einem Würfel anstelle auf einem Oktaeder angenommen. Die Propeller sollten dann vierarmig sein; das Ergebnis des Verbindens dieser Arme mit den gegenüberliegenden Propellerobjekten ergibt drei vierkantige Hosoeder.

Als Nächstes lasse ich die äußeren Bögen des Modells bestehen, variiere aber die Art, wie sie innen verbunden sind. Indem ich die Knoten aufspalte und die Arme ein bisschen stärker verbiege, kann ich jeden Arm auf einen seiner Nachbarn treffen lassen. Dieser kleine Squaredance erzeugt vier spiralförmig gedrehte Ringe, die auf interessante Weise miteinander verbunden sind.

Für die vierte Variation ließ ich die äußeren Bögen stabil und spaltete die Knoten nur teilweise auf, sodass die Arme zwei und zwei parallel verliefen und zusammenblieben. Durch das Ändern der Richtung der Aufspaltung bekomme ich sechs sich drehende Ringe, von denen jeder mit seinen vier Nachbarn verbunden ist, aber nicht mit jenem Ring, der ihm gegenüberliegt.

Zu guter Letzt kehrte ich das erste Thema, die inneren Eckpunkte des Doppelsterns, um. Erneut teilte ich die äußeren Eckpunkte und begradigte die Kanten, doch dieses Mal bog ich jede Kante über den am nächsten liegenden Eckpunkt. Das Wiederzusammensetzen der Kanten erzeugt eine andere Art Doppelstern, dessen Einzelteile einander auf merkwürdige Weise umschlingen.

Ein Teil allein kann als Kanten eines Würfels mit abwechselnden Eckpunkten betrachtet werden, die nach innen gedrückt werden, bis sie in der Mitte durcheinanderführen.

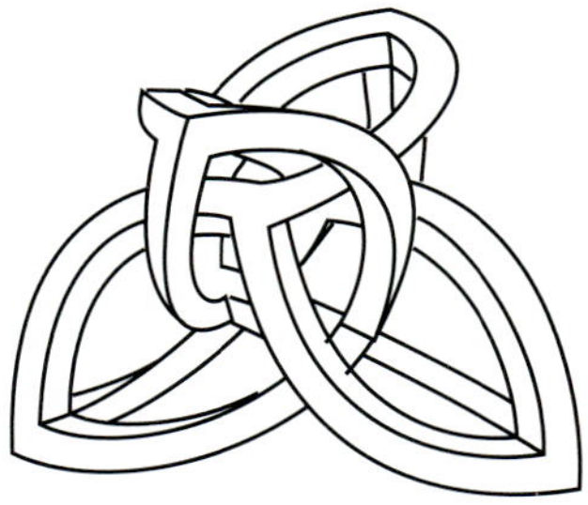

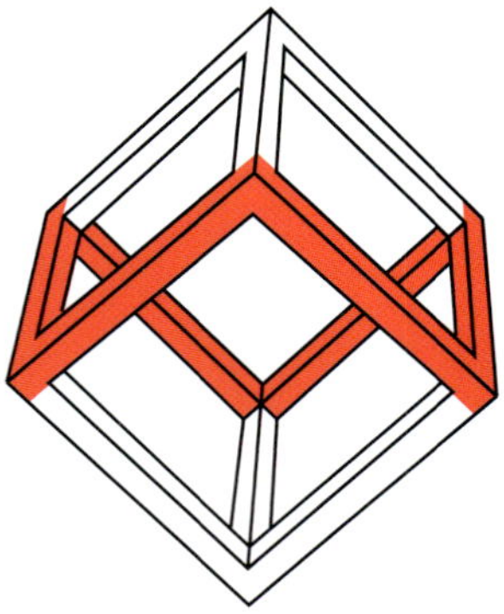

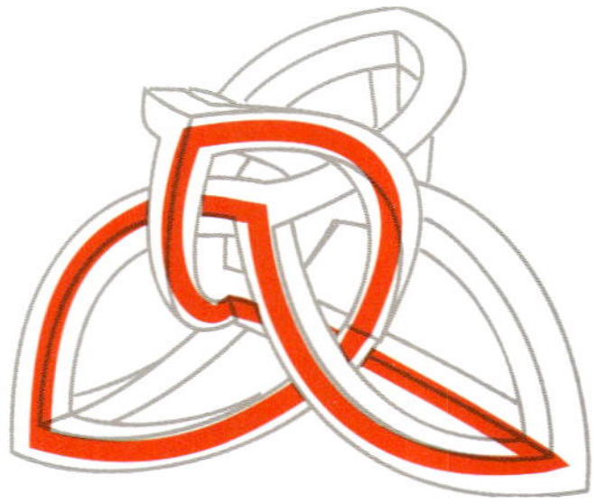

Eine merkwürdige Struktur. Werfen Sie einen genaueren Blick auf die letzte Variation auf Seite 111 und denken Sie an seine beiden Komponenten als deformierte Würfel. Stellen Sie sich vor, der Südpol des Würfels in der Mitte wurde durch die rote Zickzacklinie geschoben, um unter dem Nordpol zu liegen, wie in der unteren Zeichnung gezeigt. Die Schlinge verknotet sich, da drei seiner Eckpunkte ähnlich hindurchgeschoben wurden.

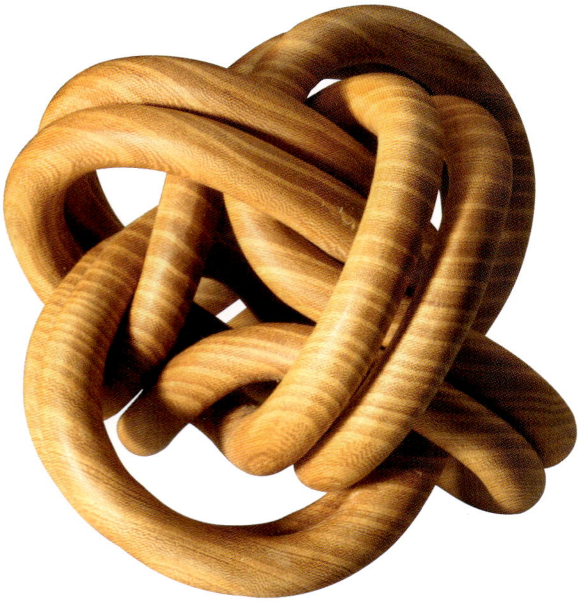

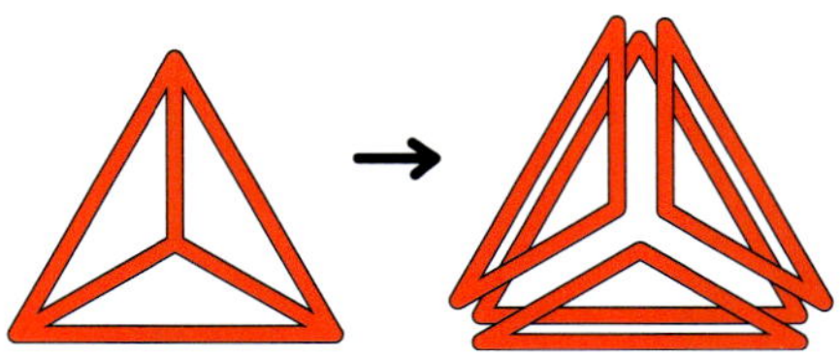

Eine Form aufteilen. Wenn Sie die Kanten eines normalen Tetraeders aufspalten, erzeugen Sie vier voneinander getrennte dreieckige Schlingen. Wenn Sie dasselbe bei einem geknoteten Tetraeder machen, erzeugen Sie eine elegante Anordnung von vier verschlungenen Dreifachknoten. Das Ergebnis ist der Große Vierfachknoten auf Seite 100.

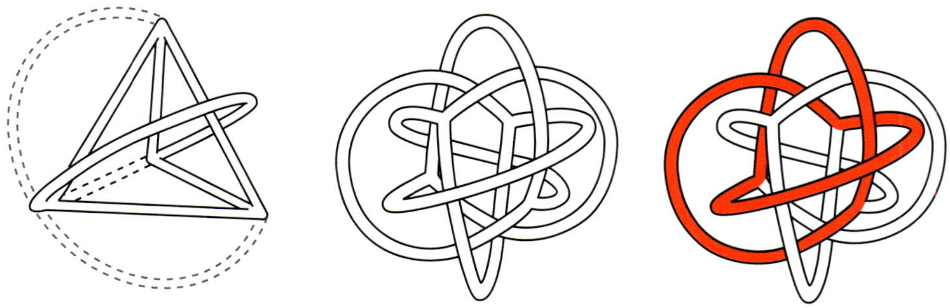

Formwandeln. Wenn Sie die Kanten eines Tetraeders strecken und sie um den Festkörper bewegen, anstatt sie von Eckpunkt zu Eckpunkt zu führen, transformieren Sie die tetraedrischen Seiten zu Dreifachknoten.

Wenn Sie den Kanten im Uhrzeigersinn folgen, um die Seiten dieser Struktur zu bestimmen, werden Sie sehen, dass die Kanten einen einfachen Knoten bilden. Sie können diese Struktur „geknoteten Würfel“ nennen, mit vier verknoteten, sechseckigen Seiten anstelle der ursprünglichen sechs Quadrate. Die geknoteten Seiten entsprechen jedoch den Zickzackwegen des ursprünglichen Würfels.

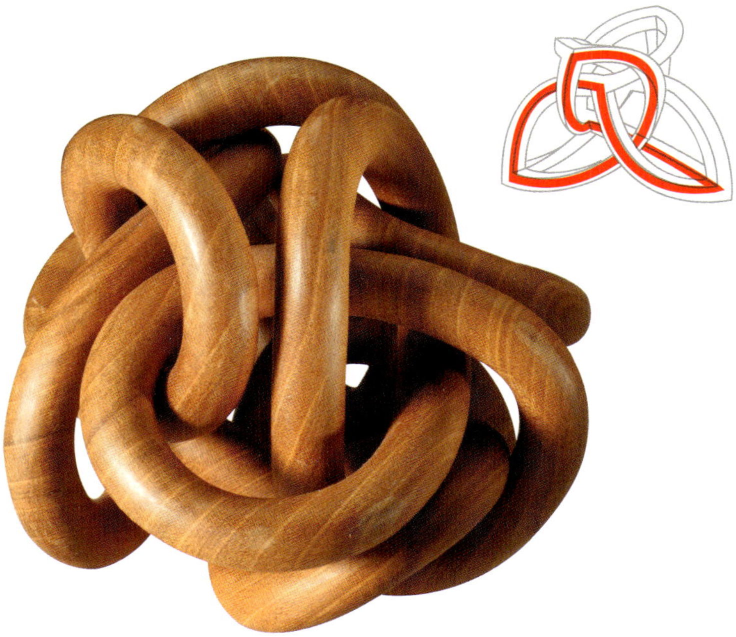

Würfelspalten. Das Aufspalten der Kanten eines „geknoteten Würfels“ erzeugt einen Kleinen Vierfachknoten.

Enden abspalten

Ich habe eine weitere Struktur mit geknoteten Seiten gefunden, deren Arme sich weiter als zur Hälfte um die Struktur biegen. Denken Sie an die Kanten eines Tetraeders und stellen Sie sich vor, dass jede Kante gedehnt wird und auf einen Abstecher rund um das Tetraeder geschickt wird. Das Ergebnis ist ein Tetraeder mit verknoteten Seiten. Auch wenn sie interessant ist, ist diese Form nicht sehr geeignet zum Magischen Schnitzen, abgesehen vielleicht von einem Käfig mit einer Kugel darin.

Eines Tages versuchte ich, das Tetraeder in zwei zu teilen, indem ich alle Kanten abspaltete (oder verdoppelte). Schnell erkannte ich, dass das Abspalten der Kanten auch bedeutete, die Eckpunkte so zu öffnen (siehe ganz links), dass ich anstelle zweier Kopien der Ausgangsstruktur vier Einzelteile bekäme, die den vier verknoteten Seiten entsprachen: eine Anordnung von Dreifachknoten – etwas, das ich schon jahrelang konstruieren wollte, jedoch nie wusste, wie. Plötzlich war er da: der Große Vierfachknoten.

Sie können auch einen „geknoteten Würfel“ aufspalten. Auch hier ist das Ergebnis eine Anordnung von vier verknoteten Ringen, die jedoch nicht so tief miteinander verwoben sind, wie der vorhergehende Knoten. Ich nenne ihn den Kleinen Vierfachknoten.

Innen nach außen kehren

Manchmal kann ein Modell davon profitieren, dass sein Inneres nach außen gedreht wird, wie ein T-Shirt oder ein Pullover. Hätte ich diese Technik systematisch angewandt, hätte ich den Großen Vierfachknoten bereits früher entdeckt. Als ich ihn mit einem Vierfachknoten verglich, den ich Jahre zuvor geschnitzt hatte, entdeckte ich, dass sie tatsächlich miteinander in Zusammenhang stehen. Die parallelen Abschnitte ergeben das Innere des einen und das Äußere des anderen.

Die Umkehrung (Inversion) bietet manchmal mehr Platz zum Schnitzen. So wurde zum Beispiel der Halo (Seite 74) auf diese Weise von einer Konstellation aus zehn Dreiecken abgeleitet, die sonst sehr dünn geworden wären. Die Inversion schenkt Ihnen ein viel besseres Schnitzmodell und auch vom Ästhetischen her gefällt mir das sich wölbende Äußere viel besser. Die fünf Tetraeder, die im Kapitel über verschachtelte Käfige präsentiert werden (Seite 76), können ebenso von der Umkehrung profitieren – aus denselben Gründen.

Sie können ein invertiertes Modell mithilfe von Pfeifenreinigern erzeugen. Ziehen Sie das Modell an einer beliebigen Stelle auseinander und ziehen Sie den Rest des Modells durch die Öffnung, dann versuchen Sie es wieder ordentlich aussehen zu lassen. Dies hat keinen Effekt darauf, wie die Einzelteile der Struktur miteinander verbunden sind, aber der geometrische Unterschied kann recht bedeutsam sein.

Eine weitere, vielleicht praktischerere Art, ein Modell umzukehren, ist die Verwendung des rhombischen Musters (erklärt auf den folgenden Seiten) und das Umkehren von Über- und Unterquerungen. Dies entspricht dem, was die Mathematiker als „zentrale Reziprozität" bezeichnen, was bedeutet, dass die Entfernung eines jeden Punkts von der Mitte durch dessen Kehrwert ausgetauscht wird. Was der Mitte am nächsten war, kommt nach ganz außen und umgekehrt.

Das Ergebnis wird etwas anders als eine physikalische Inversion sein. Sie werden Spiegelbilder voneinander. Wenn Sie dies vermeiden möchten, spiegeln Sie das rhombische Muster vor oder nach dem Umkehren der Querungen.

Den meisten der Modelle in diesem Buch fehlt die Spiegelsymmetrie. Ausnahmen sind die einfachsten Modelle, wie die Borromäischen Ringe und die Hopf-Verschlingung; sie gibt es als linke und rechte Version. Für gewöhnlich spielt das keine Rolle. Wenn Sie allerdings die Beziehungen, die im folgenden Abschnitt erklärt werden, darstellen möchten ist es wichtig, dass alle Familienmitglieder auf dieselbe Seite gerichtet sind.

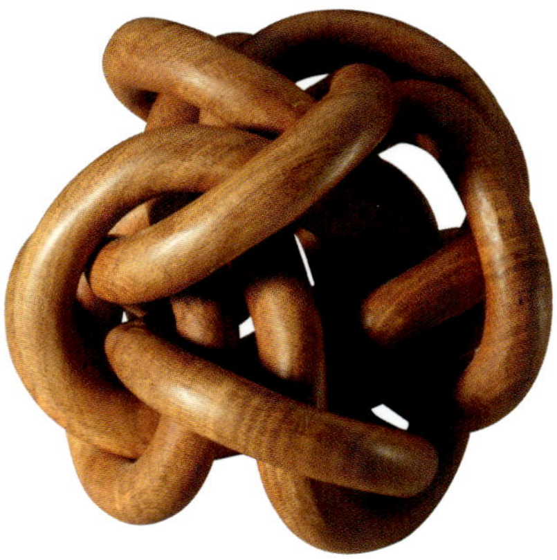

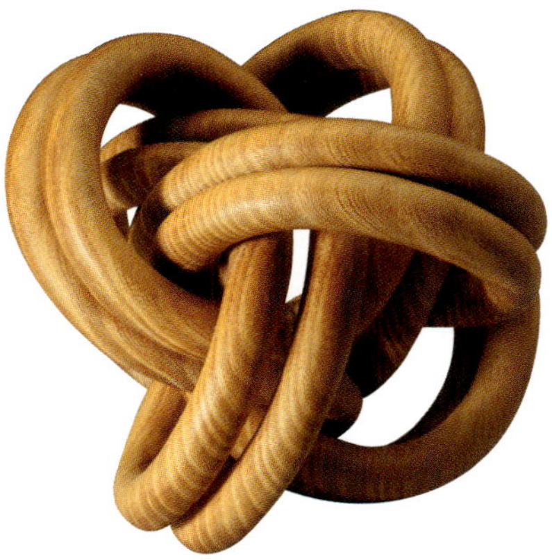

Topologische Zwillinge. Diese beiden Vierfachknoten sind topologisch gleich. Drehen Sie die eine Form von innen nach außen, erzeugen Sie die andere.

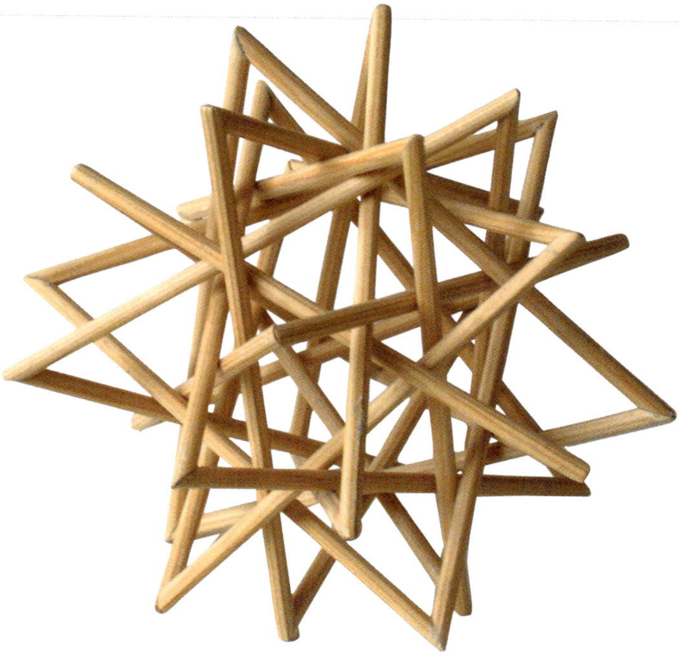

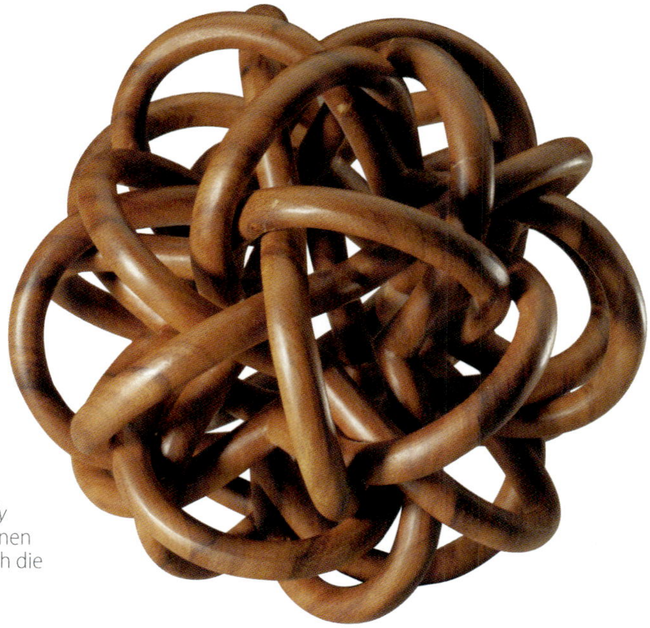

Transformation. Das Modell aus zehn Dreiecken aus Alan Holdens Buch *Orderly Tangles* hat zu dünne Arme für das Trickschnitzen. Als ich aber das Modell von innen nach außen drehte und dabei die Dreiecke in Kleeblätter umwandelte, konnte ich die Arme dicker schnitzen. Halo, Seite 74.

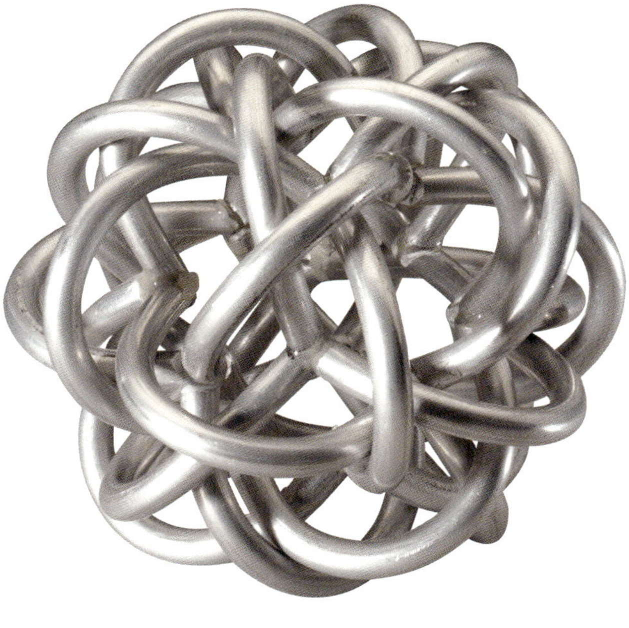

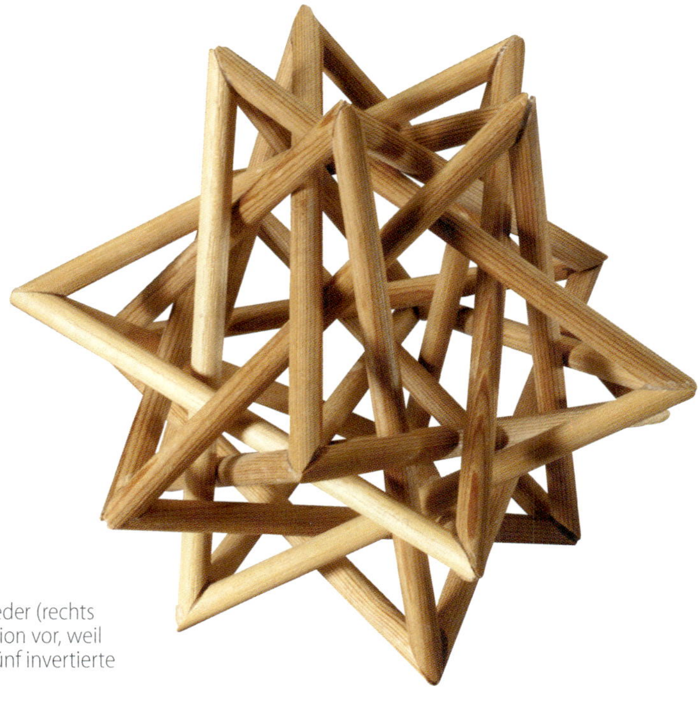

Kurven vor Spitzen. Das Modell der fünf einander schneidenden Tetraeder (rechts gezeigt) sollte zum Schnitzen sein. Trotzdem ziehe ich die invertierte Version vor, weil die einzelnen Teile dicker sein können und weil ich sie attraktiver finde. Fünf invertierte Tetraeder, Seite 87.

Muster und Verwandtschaft

Eine der kraftvollsten geometrischen Arbeitsweisen, die ich entwickelt habe, hat mit der Verwandtschaft unter den Modellen zu tun. Wenn man Ringmodelle, wie die unten gezeigten, betrachtet, neigt man dazu, den Fokus auf die Form und Anzahl einzelner Ringe zu legen. Das ist allerdings nicht besonders produktiv. Versuchen Sie stattdessen, sich die gewebten Muster, die von den Ringen gebildet werden, zu vergegenwärtigen, wie in der Illustration unten gezeigt. Sie werden Ähnlichkeiten zwischen den Modellen finden.

Die obere Reihe zeigt ein Muster von drei aufeinandertreffenden Ringen – das passiert in allen drei Modellen. Bei den Borromäischen Ringen wird es dreimal rund um dreieckige Öffnungen wiederholt, was identisch zum Grundmuster geschieht, daher die Spiegelsymmetrie dieses Modells. Beim mittleren Modell wiederholt es sich viermal rund um quadratische Öffnungen. Und beim großen Modell wiederholt sich das Grundmuster fünfmal rund um fünfeckige Öffnungen. Die untere Reihe zeigt ein Muster aus drei einander schneidenden Ringen, die sich mit einem Muster aus vier Ringen abwechseln. Die Muster wiederholen sich wie in der oberen Reihe.

Eine gute Art, Ähnlichkeiten zwischen Modellen zu enthüllen, ist es, sie in ein geeignetes, regelmäßiges Polyeder einzuschreiben und die Ringe so auf die Oberfläche zu projizieren, dass dasselbe Muster auf jeder Seite des Polyeders erscheint. Meine Hoffnung war es, ein einzelnes Grundmuster zu finden, das irgendwie auf die fünf Platonischen Körper angewandt werden könnte, um fünf verschiedene, aber miteinander in Zusammenhang stehende Modelle zu erzeugen.

Ich habe mit den Unterteilungen der Polyederseiten gerungen, um artverwandte Muster für die fünf Platonischen Körper zu gestalten. Am Ende fand ich eine elegante Lösung, indem ich rhombische Muster verwendet habe.

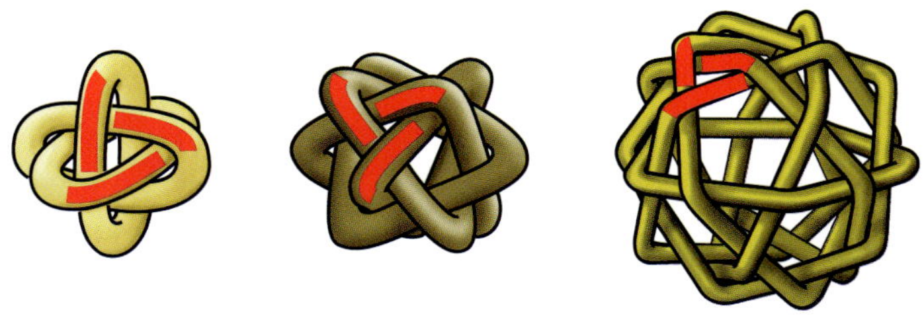

Identische Webmuster. Diese drei Modelle weisen wiederholt dasselbe dreieckige Muster um die Öffnungen von drei-, vier- und fünffacher Symmetrie auf.

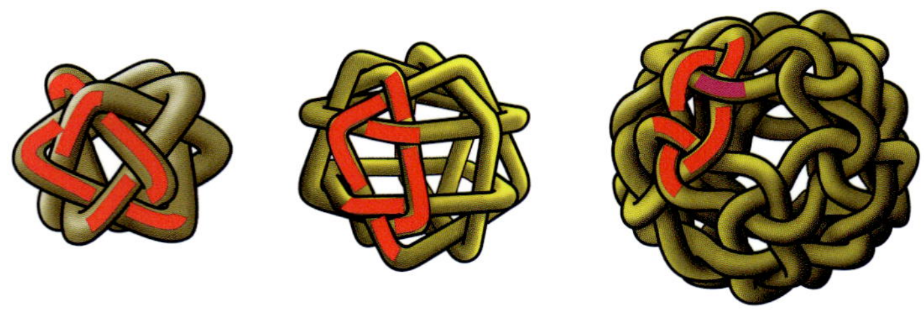

Abwechselnde Muster. In diesen drei Modellen wiederholt sich ein Muster aus einander abwechselnden Dreiecken und Rechtecken rund um die Öffnungen von drei-, vier- und fünffacher Symmetrie.

Muster projizieren. Sie können ohne Weiteres sehen, wie Grundmuster sich in einem Modell wiederholen, indem Sie das Modell auf ein es umschreibendes Polyeder mit der entsprechenden Symmetrie projizieren. Oft passen zwei Modelle, wie etwa beim Würfel und dem hier gezeigten Oktaeder.

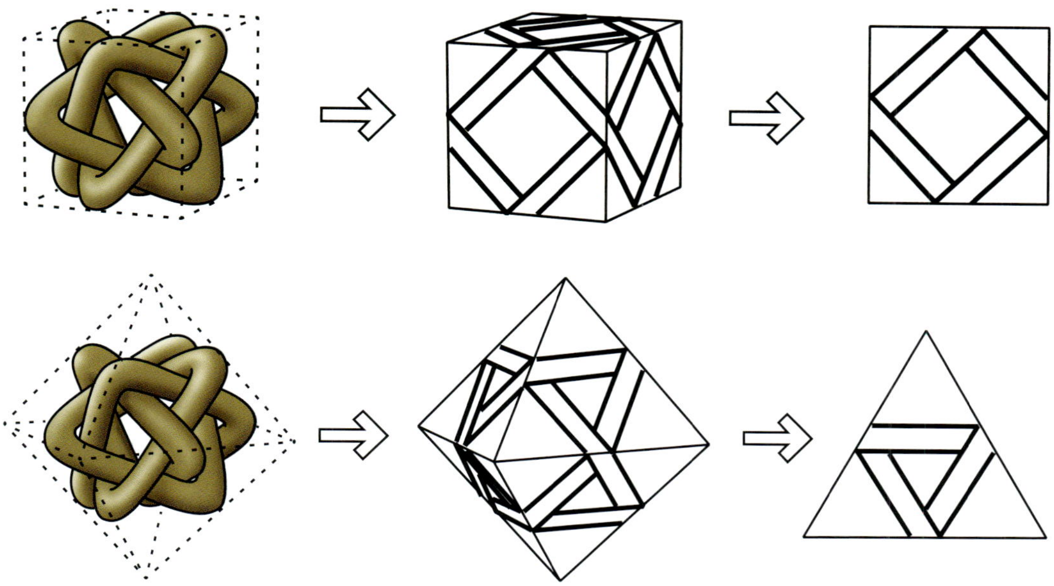

Entscheidungen vermeiden. Eine Art, um die Mehrdeutigkeit herumzuarbeiten, ist die Arbeit mit dreieckigen Unterteilungen der polyedrischen Seiten.

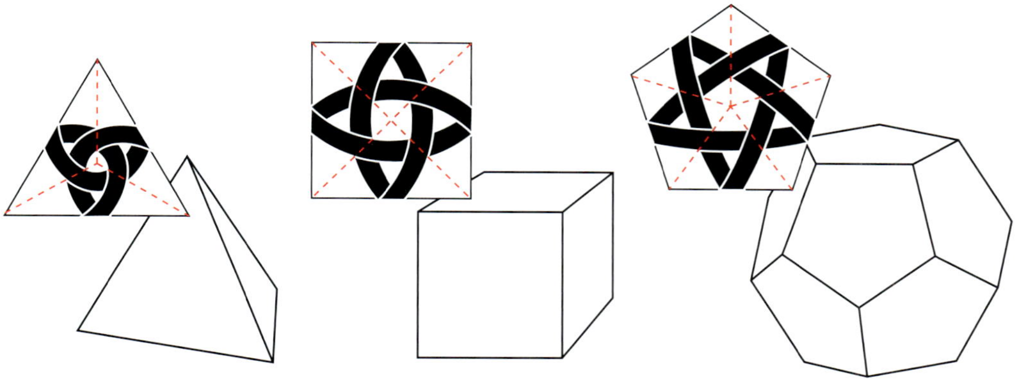

Muster kombinieren. Ich habe mich entschieden, zwei dreieckige Muster zu einem rhombischen Muster zu kombinieren. Es gibt zwei Wege, dies zu bewerkstelligen. Die sich daraus ergebenden Muster sind einander aber ganz klar ähnlich und nur in unterschiedliche Richtungen gedehnt. Auf den folgenden Seiten werden Sie erkennen, warum das eine gute Idee ist.

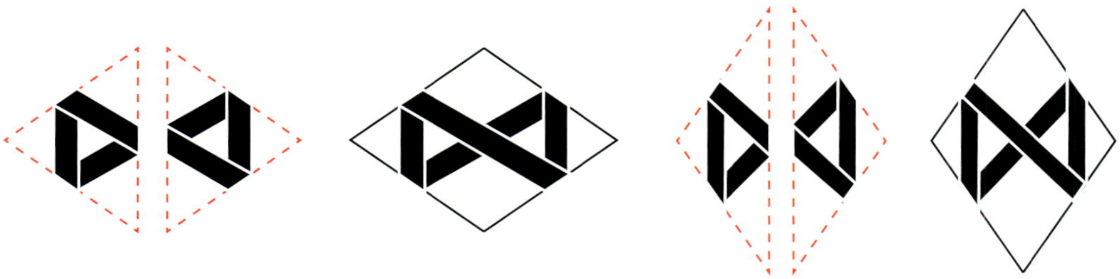

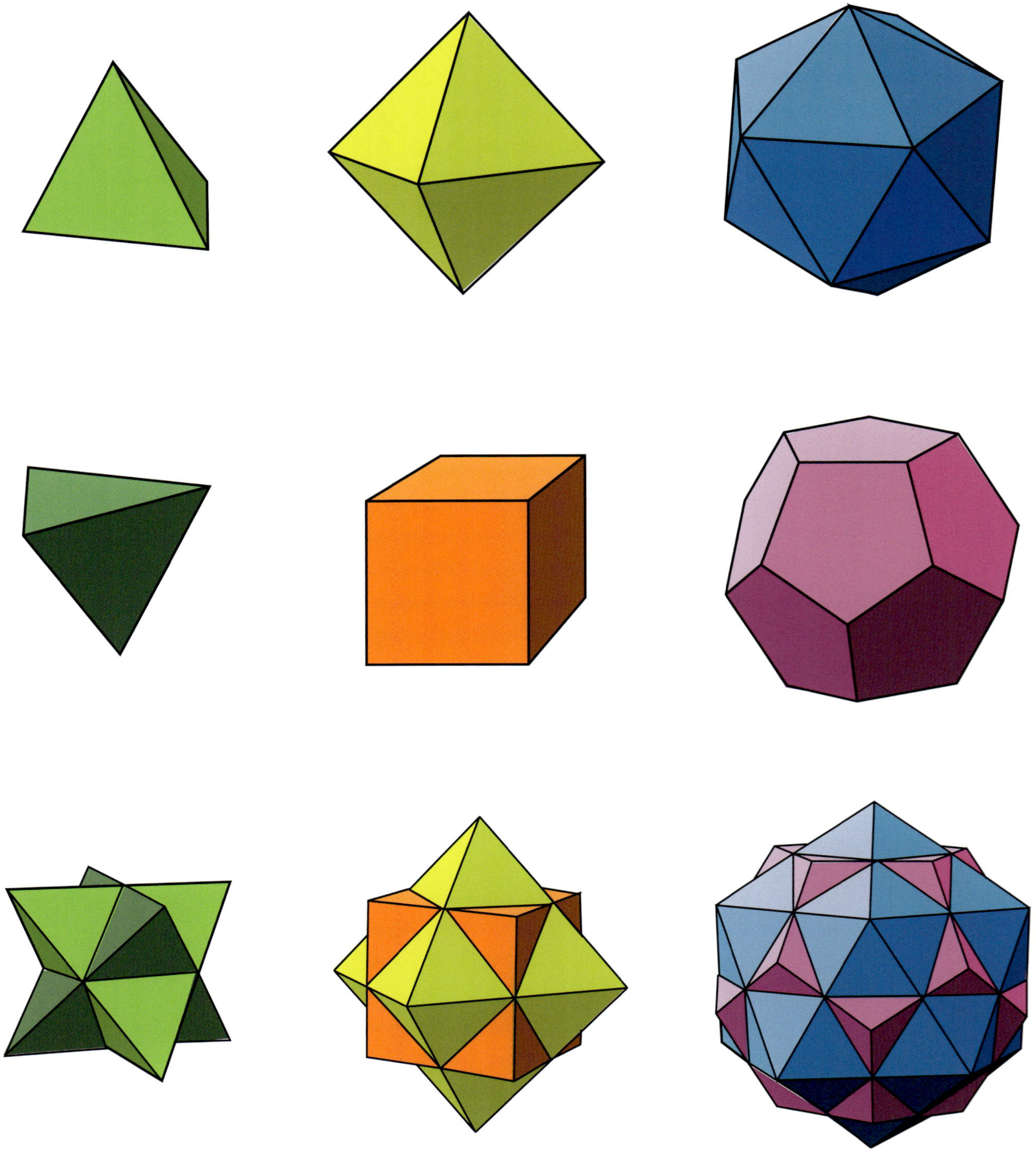

Zwei Tetraeder | Würfel und Oktaeder | Dodekaeder und Ikosaeder

Platonische Paare. Die Platonischen Körper treten paarweise in identischer Symmetrie auf. Konsequenterweise können die Angehörigen eines jeden Paares so zusammengesetzt werden, dass ihre Kanten einander rechtwinkelig an ihren Mittelpunkten schneiden. Die Seiten des einen Teils entsprechen den Eckpunkten des anderen.

Umhüllt. Die Platonischen Zusammensetzungen einzuschließen, ergibt drei Festkörper mit rhombischen Seiten.

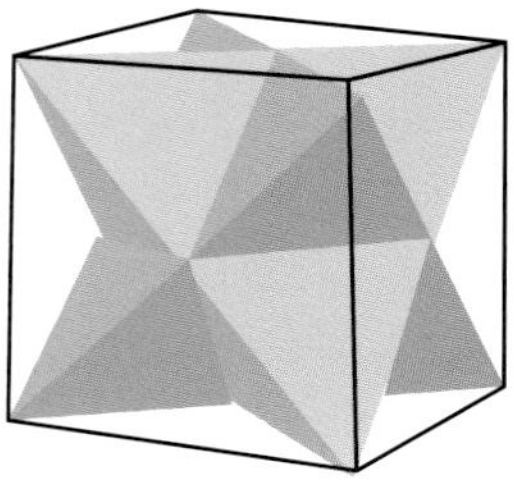

Würfel

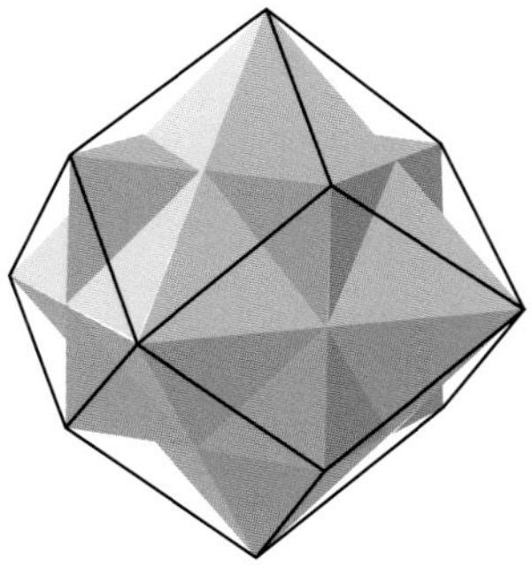

Rhombisches Dodekaeder

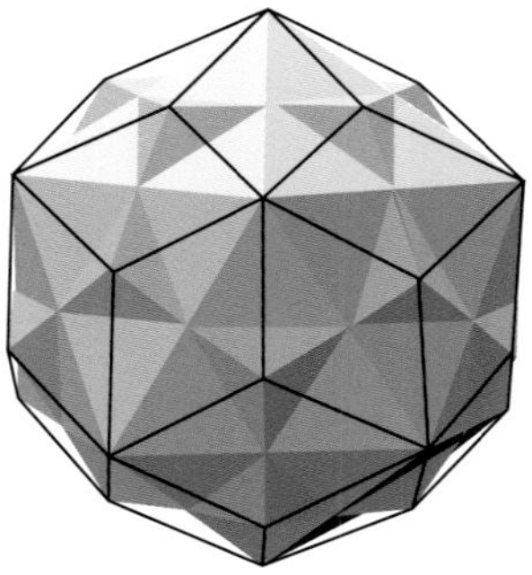

Rhombisches Trikontaeder

Dualität und Rhombische Festkörper

Es ist aufgrund der Eigenheit, die die Festkörpergeometrie durchdringt, nicht immer ganz klar, welches Polyeder man für ein Muster verwenden soll. Sie können es an den fünf Platonischen Körpern sehen. Sie können paarweise angeordnet werden, sodass die Seiten des einen Körpers den Eckpunkten des anderen entsprechen. (Das Tetraeder ordnet sich mit sich selbst an). Alle symmetrischen Elemente der paarweisen Festkörper sind identisch und die Körper können so aufeinandergelegt werden, dass die Symmetrieelemente deckungsgleich sind.

Das bedeutet, dass es nur drei interessante Arten der Symmetrie im dreidimensionalen Raum gibt, die durch die höchste Ordnung der Rotationssymmetrie charakterisiert werden: drei für das Tetraeder, vier für den Würfel/das Oktaeder und fünf für das Dodekaeder/Ikosaeder. Sowohl die Seiten als auch die Eckpunkte des Tetraeders drücken die dreifache Symmetrie aus; die Seiten des Würfels und die Eckpunkte des Oktaeders drücken die vierfache Symmetrie aus und die Seiten des Dodekaeders und die Eckpunkte des Ikosaeders drücken die fünffache Symmetrie aus.

Demnach legen diese drei Platonischen Zusammensetzungen auf elegante Weise dar, was ich benötige, um mein Klassifikationsproblem zu lösen. Darüber hinaus können drei Festkörper mit nur einer Seitenart dasselbe ausdrücken. Die kleinstmöglichen konvexen Festkörper, die Platonische Zusammensetzungen beinhalten, sind die drei rhombischen Festkörper: der Würfel mit sechs quadratischen Seiten, das Rhombendodekaeder mit zwölf rhombischen Seiten und das Rhombentriakontaeder mit dreißig rhombischen Seiten.

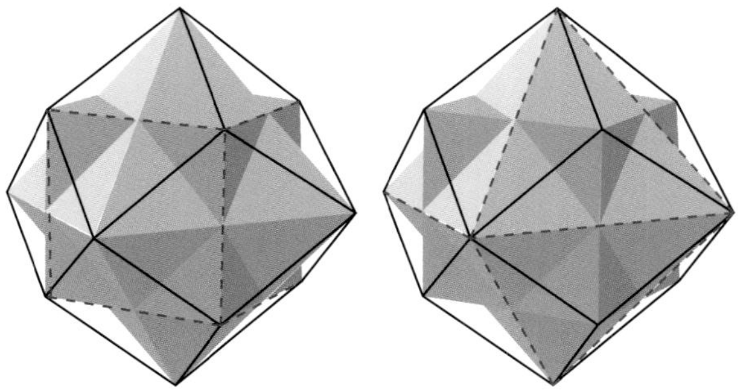

Seiten unterteilen. Bei Rhombendodekaedern entspricht das Unterteilen der Seiten entlang der kurzen Diagonalen dem Unterteilen der Würfelseiten. Das Unterteilen entlang der langen Diagonalen entspricht dem Unterteilen der Oktaederseiten.

Rhombenmuster

Sie können nun fünf artverwandte Modelle aus einem einzelnen Rhombenmuster erhalten, die eine zweifache Symmetrie aufweisen sollten. Beginnen Sie mit dem Muster des rechtwinkligen Rhombus – einem Würfel. Tragen Sie sechs Kopien des Musters so auf den Würfel auf, dass identische Ecken des Musters einander an allen Eckpunkten treffen. Drücken Sie das Muster nun so zusammen, dass es auf die Seite des Rhombendodekaeders passt, und tragen Sie eine Kopie davon auf jede der zwölf Seiten auf. Sie können das Muster von oben nach unten oder von links nach rechts stauchen, sodass Sie zwei verschiedene Modelle erzeugen. Stauchen sie das Muster noch ein bisschen mehr und tragen Sie es auf die 30 Seiten des Rhombentriakontaeders auf. Erneut können Sie es von oben nach unten oder von links nach rechts komprimieren.

Die unten gezeigte Familie aus Schnitzarbeiten ist das Ergebnis meiner erfolgreichsten Anwendung der Rhombenmuster. Ich nenne sie meine Königliche Familie. Ich kannte nur das erste und das vierte Modell, den Dreifachen Whitehead und Halo, und mir war gar nicht bewusst, dass sie eine Verbindung zueinander hatten, bis ich die Verwendung rhombischer Festkörper verstanden hatte. Die anderen drei Modelle sind direkte Ergebnisse dieser kraftvollen Technik.

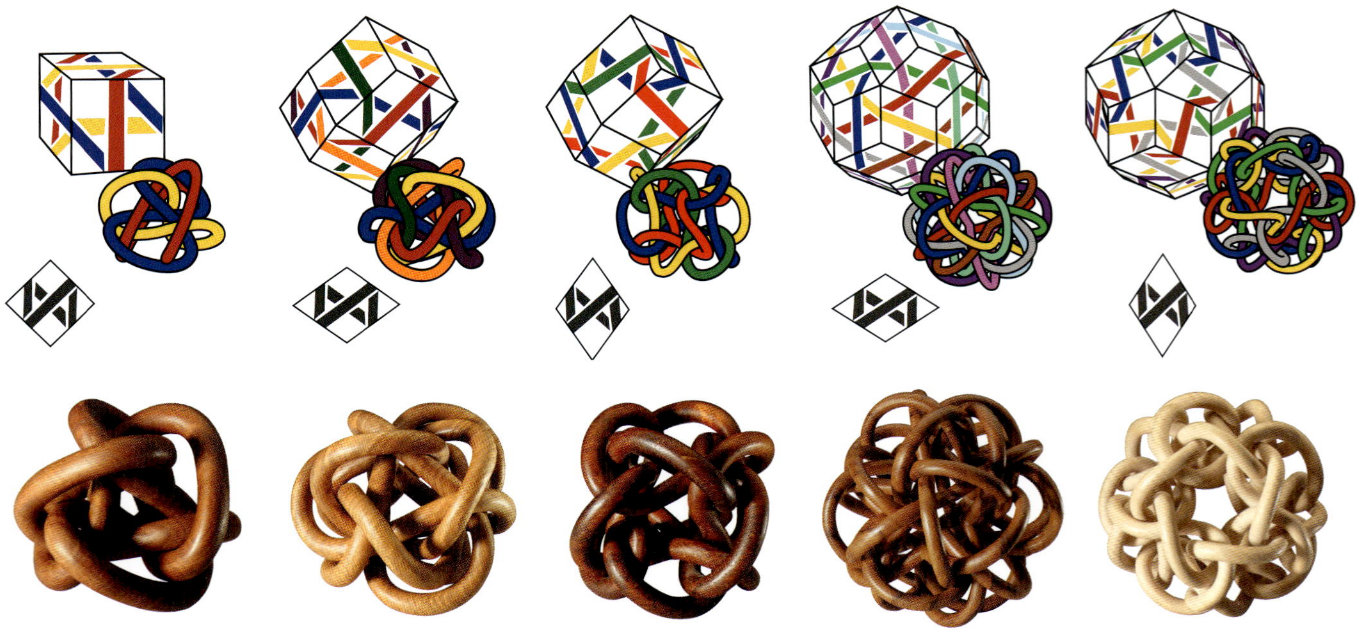

Dreifacher Whitehead, Seite 90 Wellenpäckchen, Seite 94 Dreifachspirale, Seite 92 Halo, Seite 74 Sternenhaufen, Seite 71

Familienähnlichkeiten. Ein Grundmuster zu drehen und zu stauchen, damit es auf die Seiten rhombischer Festkörper passt, erzeugt Familien mit nahe verwandten Modellen. Ein einziges Muster führt zu diesen Schnitzarbeiten, die ich unbescheiden meine Königliche Familie nenne.

Rhombische Muster verwenden

Es gibt zwei Aufgaben, wenn es um die Arbeit mit rhombischen Mustern geht. Die eine ist, das Muster für ein Modell mit der Hand zu zeichnen. Die andere ist, die unterschiedlichen Familienmitglieder, die man aus einem festgelegten Muster erhält, zu konstruieren oder zu ermitteln. Jede dieser Aufgaben bringt ihre eigenen Schwierigkeiten mit sich.

Um ein Muster für ein bestimmtes Modell zu zeichnen, müssen Sie zuerst einen Abschnitt des Modells bestimmen, der einem einzelnen Rhombus entspricht. Suchen Sie nach den Rotationsachsen des Modells. Wenn Ihr Modell vier- oder fünffache Achsen hat, entsprechen zwei Achsen den spitzwinkeligen Eckpunkten des Rhombus. Die beiden stumpfen Winkel entsprechen den dreifachen Achsen. Wenn keine vier- oder fünffachen Achsen zu finden sind, sollte es zwei Arten von dreifachen Achsen geben. Diese entsprechen gegenüberliegenden Eckpunkten des Rhombus oder, besser gesagt, des Quadrats.

Sie haben nun ein in einer Pyramide enthaltenes 3D-Netz mit dem Rhombus an seiner Grundfläche und seinem Scheitelpunkt in der Mitte des Modells. Die geistige Herausforderung ist nun, dieses Netz als vereinfachtes Muster auf der rhombischen Grundfläche darzustellen. Ein paar Tipps können hilfreich sein: Treffen sich viele Teile des Modells an den Rotationsachsen (zum Beispiel die Eckpunkte des Rhombus)?

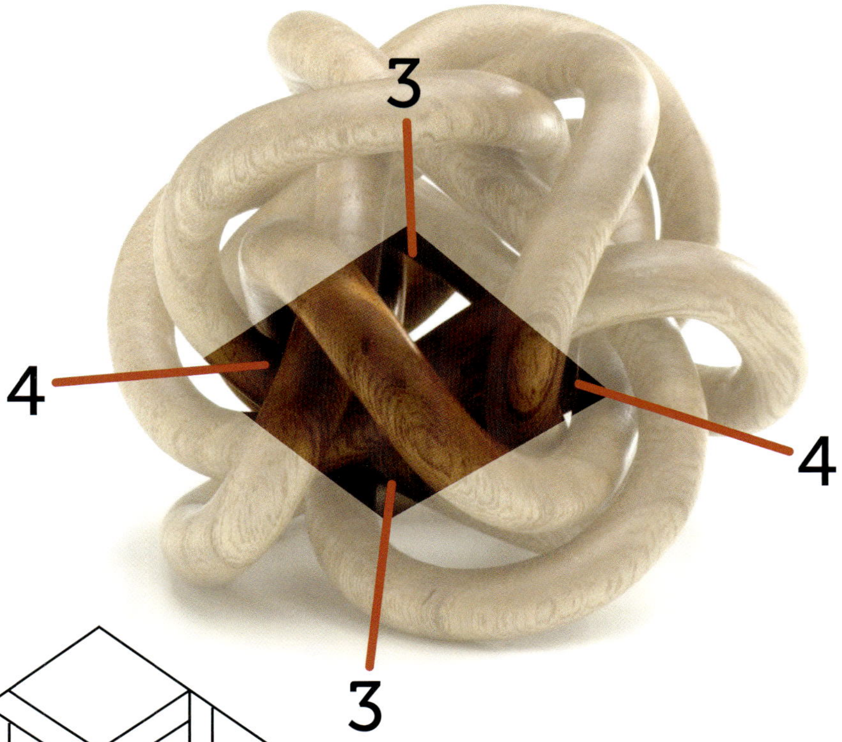

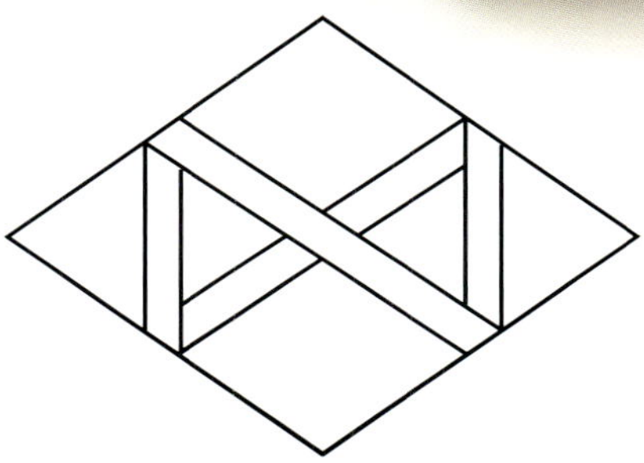

Ein Muster zeichnen. Um dieses rhombische Grundmuster für ein Modell zu zeichnen, ermitteln Sie einen Abschnitt, der auf eine Seite des umschreibenden rhombischen Festkörpers projiziert wird. Wenn es sich dabei nicht um einen Würfel handelt, haben die Rhomben ihre spitzen Winkel an den Achsen mit der höchsten Ordnung der Rotationssymmetrie (vier oder fünf) und die stumpfen Winkel an den Achsen der Dreifachsymmetrie.

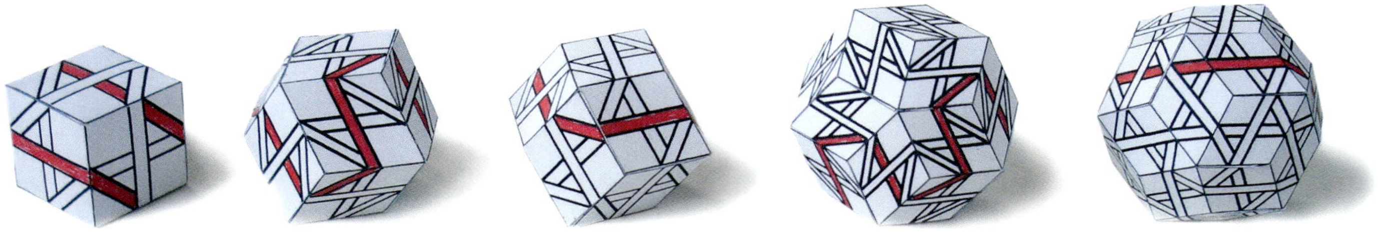

Die Familie nachverfolgen. Finden Sie nun heraus, wie die neue Familie aussieht. Beginnen Sie damit, einen einzelnen Teil auf jedem Festkörper auszumalen. Finden Sie dann eine wohlgeformte dreidimensionale Darstellung für jedes Familienmitglied. Sie können dies mit einem Pfeifenreiniger-Prototyp machen.

Wie viele Teile des Modells kreuzen jede Seite der Pyramide? Markieren Sie diese Kreuzungspunkte als Punkte an den Kanten des Rhombus. Wie sind diese Kreuzungspunkte miteinander verbunden? Kreuzen die Teile einander innerhalb des Rhombus oder an seinen Kanten? Die tatsächliche Form der Teile ist nicht wichtig; eine schematische Darstellung ist besser, weil sie für fünf verschiedene Modelle verwendet werden kann.

Die Konstruktion von Übungsmodellen für ein vorgegebenes Muster ist einfach, zumindest am Anfang. Beginnen Sie, indem Sie Modelle der drei rhombischen Festkörper aus Pappkarton oder festem Papier anfertigen. Die Illustrationen auf der nächsten Seite zeigen die Grundformen, einschließlich des Falzes, den Sie zum Falten und Zusammenkleben des Entwurfsmodells benötigen. Ich empfehle Ihnen stark, ein Zeichenprogramm am Computer zu verwenden, wie etwa Adobe Illustrator, um das Muster zu erstellen. Auf diese Weise können Sie auch die Außenlinie des Rhombenmusters zeichnen, es zum Einpassen stauchen und es an allen Seiten platzieren (zeichnen Sie das Muster immer als Außenlinie). Die Alternative ist, das Rhombenmuster per Hand zu zeichnen und Fotokopien davon an den Seiten des Musters anzubringen.

Nach dem Zuschneiden, Falten und Zusammenkleben des Übungsmodells sind Sie wahrscheinlich begierig darauf, die Strukturen zu studieren, die jedes Modell repräsentiert. Am besten malen Sie die einzelnen Teile bunt aus.

Wenn Sie mit dem Ergebnis zufrieden sind, gehen Sie zu realistischeren Modellen über. Pfeifenreiniger sind für diesen Zweck ideal, aber Sie müssen Sorgfalt, Geduld, Konzentration und auch Fingerfertigkeit walten lassen. In Kapitel 4, S. 40, finden Sie einige nützliche Tipps.

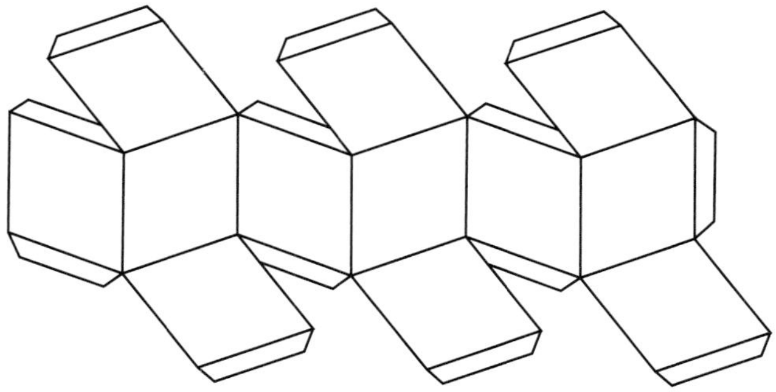

Rhombendodekaeder

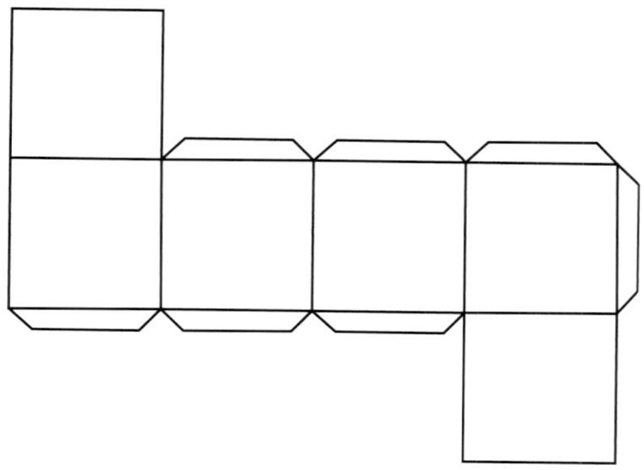

Würfel (Hexaeder)

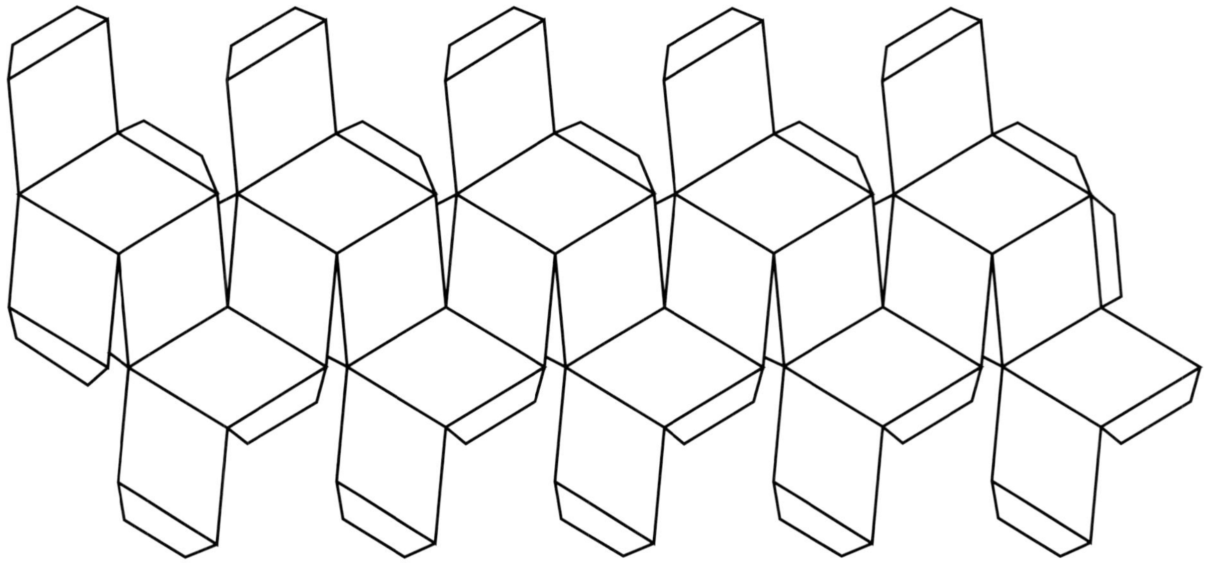

Rhombentriakontaeder

Ausschneiden und einfügen. Wenn Sie ein rhombisches Muster haben, können Sie es wortwörtlich auf die rhombischen Festkörper auftragen. Bereiten Sie die hier gezeigten Formen vor, schneiden Sie sie aus und falten Sie sie zu den drei verschiedenen Festkörpern. Es ist am besten, wenn Sie die Formen am Computer erzeugen können, da Sie dann das Muster leicht so ziehen können, dass es in beiden Richtungen auf die Rhomben passt und Sie es auf alle Seiten kopieren können.

Familie \ Zugehörigkeit	6	12h	12v	30h	30v	
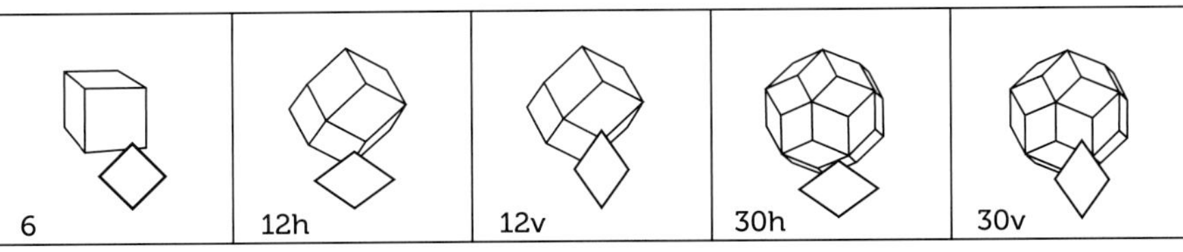						
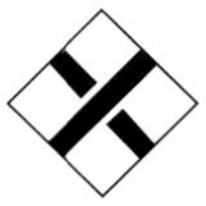 A	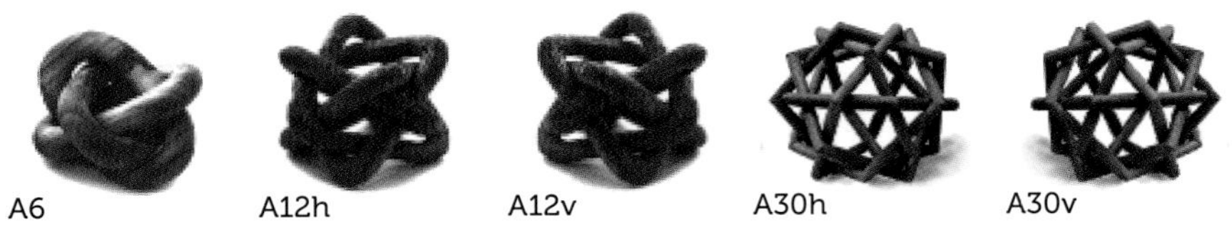 A6	A12h	A12v	A30h	A30v	A6 Borromäische Ringe, 62; A12h, v Vier Dreiecke, 65; A30h, v Sechs Fünfecke, 69
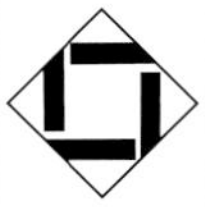 B	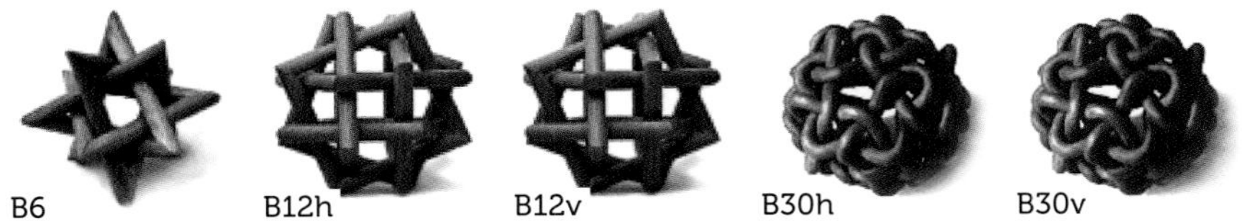 B6	B12h	B12v	B30h	B30v	B6 Vier Dreiecke, 65; B12h, v Squaredance, 67; B30h, v Sternenhaufen, 71.
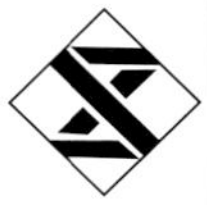 C	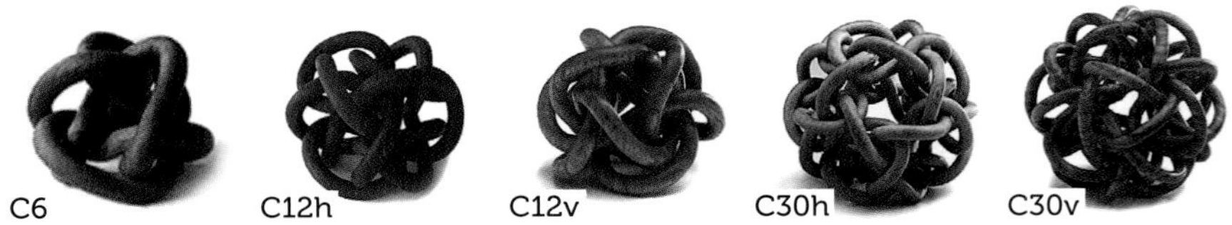 C6	C12h	C12v	C30h	C30v	C6 Dreifacher Whitehead, 90; C12h Dreifachspirale, 92; C12v Wellenpäckchen, 94; C30h Hexa-Spirale, 95; C30v Halo, 74.
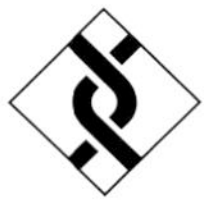 D	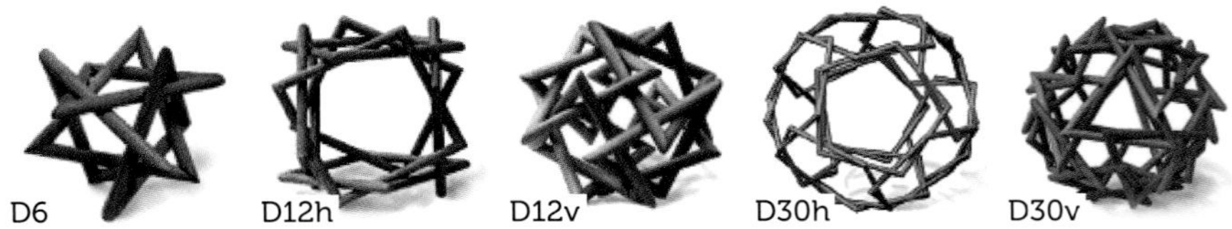 D6	D12h	D12v	D30h	D30v	D6 Kleeblätter (Holdens Version), 72.
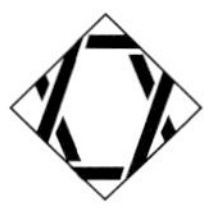 E	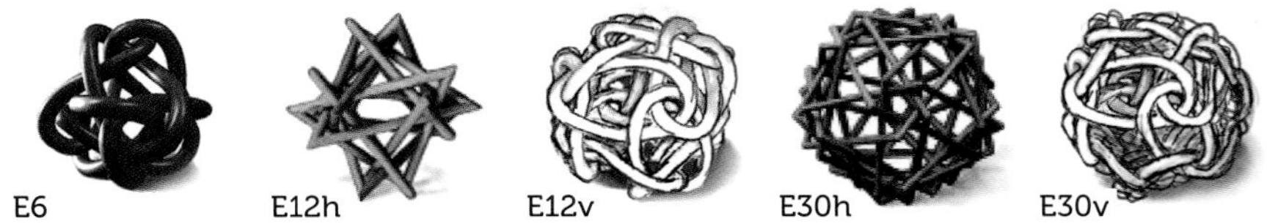 E6	E12h	E12v	E30h	E30v	E6 Helicon, 95; E12h Königliche Achterverbindung (Holdens Version), 73.
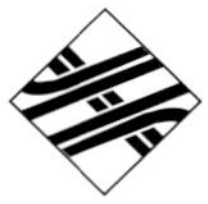 F	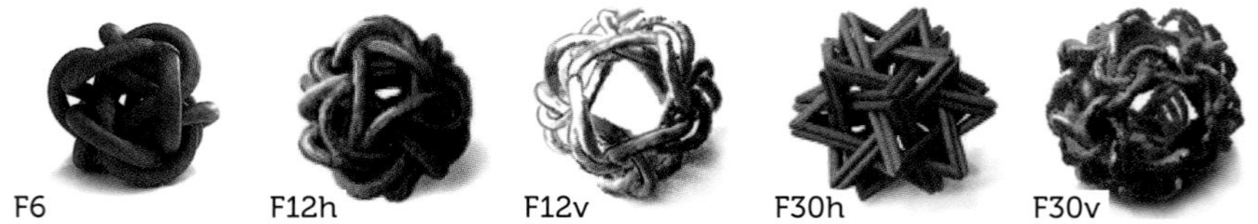 F6	F12h	F12v	F30h	F30v	F6 Umgekehrter Großer Vierfachknoten, 102.

Familienübersicht

Als ich anfangs versuchte, meine Modelle in einer Familienübersicht anzuordnen, entdeckte ich einige unerwartete Beziehungen. Die Tabelle hatte auch einige leere Zellen, die auf neue Entdeckungen warteten. Einige meiner besten Modelle, wie etwa die Hexa-Spirale und das Wellenpäckchen (Seite 96 und 94), füllten einige dieser Leerstellen. Andere brachten interessante Ergebnisse zutage, die nicht zum Schnitzen geeignet waren – entweder weil sie nur aus einem einzigen Teil bestanden oder weil die Teile einander nicht stützen konnten und zu einem Chaos zusammengebrochen wären. Einige der Zellen beinhalteten Wiederholungen oder Spiegelversionen anderer Modelle.

Familienübersicht. Diese Beispieltabelle soll Ihnen eine Vorstellung geben, wie ich Rhombenmuster verwendet habe, um Modelle zu Familien zusammenzufassen. Der Prozess führte zu neuen Entdeckungen wie bei der königlichen Familie in Reihe 3, von der ich nur zwei kannte, als ich begann. Vielleicht warten Sie mit einem Muster auf, das eine ähnlich interessante Familie erzeugt. Wenn Sie neugierig sind, welche dieser Entdeckungen es in das Buch geschafft haben, finden Sie diese Information am Ende jeder Reihe.

Weitere Informationen

Bücher, Monografien und Internetquellen für mehr über das Schnitzen, Geometrie und die Verbindung zwischen diesen beiden Bereichen.

Bücher

- Holden, Alan, *Orderly Tangles: Cloverleafs, Gordian Knots, und Regular Polylinks,* Columbia University Press, 1983.
  Eine Pionierarbeit über verbundene Strukturen, in der ich einige meiner eigenen Entdeckungen sowie viele andere fand.
- Holden, Alan, *Shapes, Space, and Symmetry,* Columbia University Press, 1971.
  Ein guter Ausgangspunkt und eine Inspirationsquelle für jeden, der mit regelmäßigen Formen im dreidimensionalen Raum arbeiten möchte.
- Springett, David, *Woodturning Wizardry,* überarbeitete Neuauflage, Fox Chapel Publishing Company, 2007.
  Das Buch beinhaltet exzellente Anleitungen für die Produktion verschachtelter Kugeln und weiterer Wunderwerke von der Drehbank.
- Tangerman, E. J., *Whittling and Woodcarving,* Whittlesey House and McGraw-Hill, 1936, Dover edition, 1962.
  Mit 36 Seiten, die sich Kettenkugeln in Käfigen und anderen launigen Stücken widmen.
- Tibetts, Malcolm, *The Art of Segmented Woodturning: A Step-by-Step Guide.* Linden Publishing, 2006
  Enthält Modelle, die einigen meiner ähnlich sind, schön gefertigt als mehrteilige Drechselarbeiten
- Wenninger, Magnus J., *Polyhedron Models,* Cambridge University Press, 1970
  Der Autor präsentiert Pappkartonmodelle interessanter Polyeder mit Anleitungen, wie sie gefertigt werden.
- Western, David, *Fine Art of Carving Lovespoons,* Fox Chapel Publishing Company, 2008.
  Ein exzellenter Führer durch die Geschichte der Liebeslöffel von Wales und andernorts. Mit Mustern und Anleitungen für viele der Designs des Autors und Anweisungen, wie Sie Ihre eigenen herstellen können.

Monographien und Artikel

- Hart, George W.: *Orderly Tangles Revisited* Proceedings of Bridges 2005 *(http://bridgesmathart.org).*
  Hart erkundet die kreative und künstlerische Nutzung des Werks Alan Holdens und präsentiert eine maßgebliche selbstprogrammierte Software.
- Hull, Thomas (Hg), *Origami3,* A. K Peters. Ltd, 2002 (mit einem 15-seitigen Artikel von Robert J. Lang: *Polypolyhedra in Origami,* einer leicht gekürzten Version des unten erwähnten Online-Artikels.
- Jespersen, Bjarne: *Geometric Tools for the Magic Woodcarver.* Tagungsbericht von Bridges 2010, S. 151, *(http://bridgesmathart.org).* Enthält Teile von Kapitel 11 dieses Buchs
- Jespersen, Bjarne: *Three Approaches to Regular Linked Structures.* Tagungsbericht von Bridges 2011, S. 139 *(http://bridgesmathart.org).* Vergleicht meine eigene Arbeit mit jener von Alan Holden und Robert Lang.

Onlinequellen

- Hart, George W.: *Encyclopedia of Polyhedra.* Ein umfassendes Online-Nachschlagewerk, das eine historische Übersicht über Polyeder in der Kunst und eine kommentierte Bibliografie beinhaltet. Ein Teil von George Harts eindrucksvoller Website: *www.georgehart.com*
- Jespersen, Bjarne: *Pocket Art* beinhaltet eine Auswahl an Trickschnitzarbeiten unter: *www.lommekunst.dk/gallery.html*
- Lang, Robert J.: *Origami Burrs and Polypolyhedra, Part III,* unter *www.langorigami.com/science/polypolyhedra/Polypolyhedra_ part_3.pdf* Lang definiert eine Klasse regelmäßig verbundener Strukturen und beweist, dass exakt 54 derartige Strukturen existieren. Er entdeckte alle regelmäßigen Polyverbindungen und einige meiner Modelle wieder.
- Lang, Robert J.: Ausführungen der 54 Polypolyeder aus Rundhölzern unter: *https://langorigami.com/article/polypolyhedra-in-dowels/*

Index

I = Illustration F = Foto

Aus unserem Programm

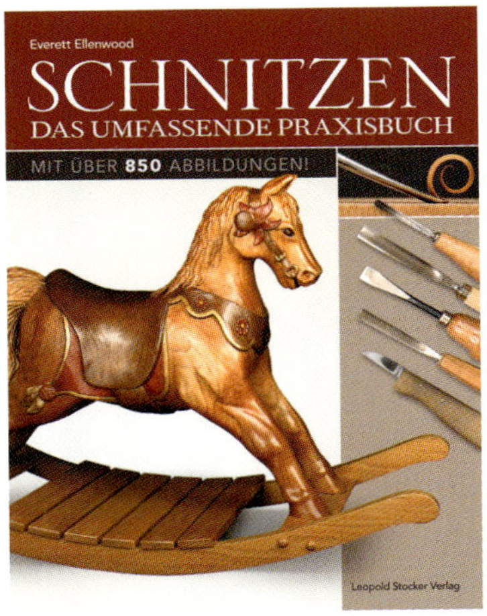

ISBN 978-3-7020-1587-9

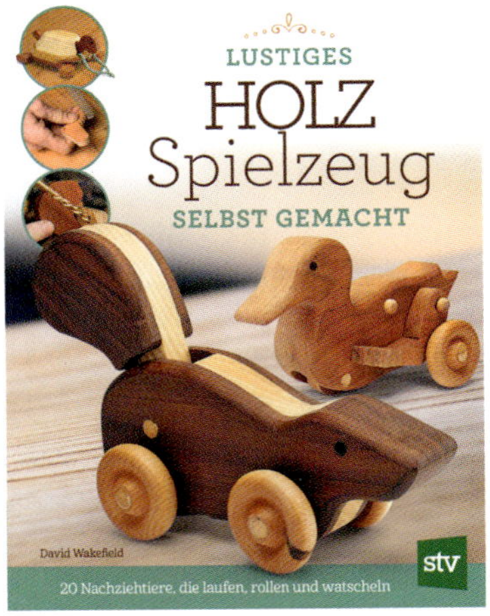

ISBN 978-3-7020-1759-0

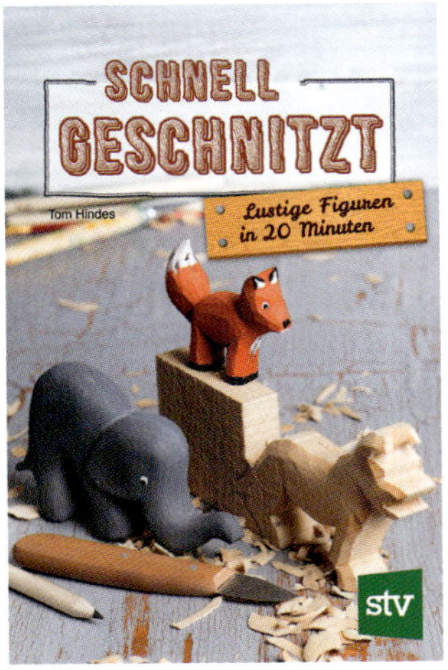

ISBN 978-3-7020-1614-2

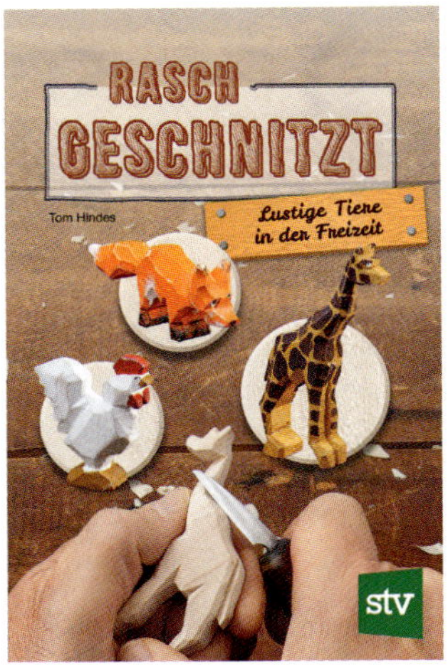

ISBN 978-3-7020-1872-6

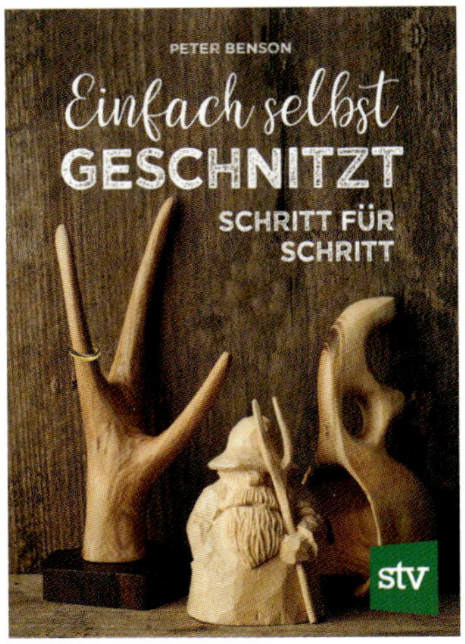

ISBN 978-3-7020-1896-2

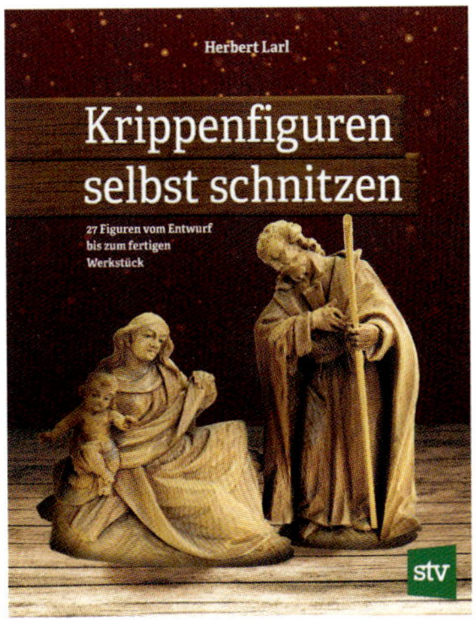

ISBN 978-3-7020-1889-4

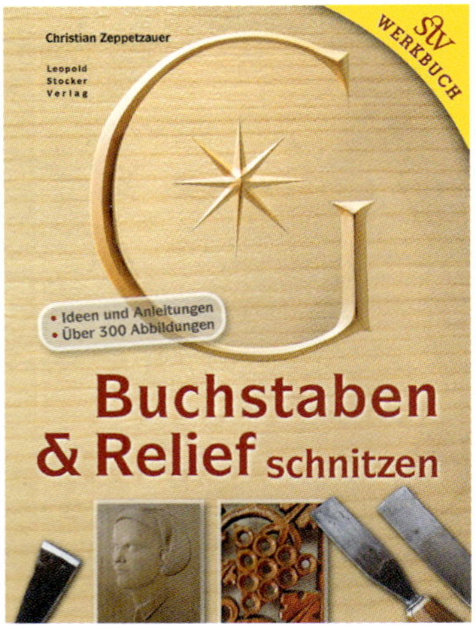

ISBN 978-3-7020-1490-2

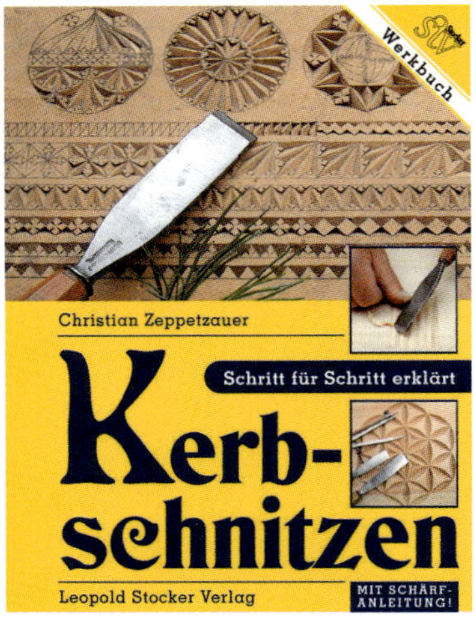

ISBN 978-3-7020-1057-7

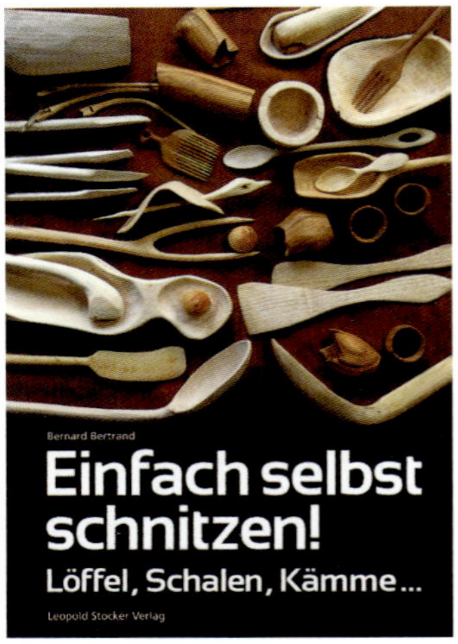

ISBN 978-3-7020-1322-6

Leopold Stocker Verlag
Graz – Stuttgart
www.stocker-verlag.com